THÉODORE CAHU

L'EUROPE EN ARMES

EN 1889

ÉTUDE DE POLITIQUE MILITAIRE

PARIS
NOUVELLE LIBRAIRIE PARISIENNE
ALBERT SAVINE, ÉDITEUR
12, RUE DES PYRAMIDES, 12

Tous droits réservés

L'EUROPE EN ARMES

EN 1889

VOLUMES DE THÉODORE CAHU
(Théo-Critt)

Entre Amoureux..	1 vol.
Les Loisirs d'un Hussard.	1 vol.
Nos Farces à Saumur.	1 vol.
La Colonelle Durantin...	1 vol.
Vive le Mariage.	1 vol.
Le Bataillon des hommes à poil.	1 vol.
Le journal d'un Officier malgré lui..	1 vol.
L'Art de se faire aimer par son mari.	1 vol.
L'ami des jeunes filles	1 vol.
Le 13ᵉ cuirassiers	1 vol.
Le Sénateur Ignace	1 vol.
Le Régiment où l'on s'amuse	1 vol.
La Vie en culotte	1 vol.
Chez les Allemands	1 vol.
Russes et Autrichiens.	1 vol.
Les mémoires de Cigarette.	1 vol.
Au pays des Mauresques.	1 vol.
Les petits potins militaires	1 vol.
Cantharinades.	1 vol.

Vient de paraître

Une jeune marquise, roman	1 vol.
Théo-Critt à Saumur, magnifique volume illustré de 200 dessins	1 vol.

Sous presse

De Batignolles au Bosphore	1 vol.

EVREUX, IMPRIMERIE DE CHARLES HÉRISSEY

THÉODORE CAHU

L'EUROPE EN ARMES

EN 1889

ÉTUDE DE POLITIQUE MILITAIRE

PARIS
NOUVELLE LIBRAIRIE PARISIENNE
ALBERT SAVINE, ÉDITEUR
12, Rue des Pyramides, 12

1889
Tous droits reservés.

AU GÉNÉRAL BOULANGER

Grand-Officier de la Légion d'honneur,
Ancien Ministre de la Guerre, Chef du Parti national,
Député de la Seine,

JE DÉDIE CE LIVRE

En temoignage de mon affection pour le général et de mon devouement à la cause qu'il a faite celle du patriotisme et de l'honnêteté.

Paris, 5 mai 1889.

THÉODORE CAHU.

PRÉFACE

A MES CAMARADES DE LA RÉSERVE
ET DE L'ARMÉE TERRITORIALE

Un avocat éloquent disait hier dans un procès désormais célèbre :

« Les hommes de ma génération, dont les heures de jeunesse se sont confondues avec les heures de deuil et de déchirement de la Patrie, les hommes de ma génération conserveront toujours au cœur je ne sais quelle tristesse intime et irrémédiable. »

Cette tristesse, je ne l'ai jamais aussi vivement ressentie qu'au moment où va paraître ce livre. La Patrie, pour laquelle tant d'hommes vaillants ont depuis dix-huit ans ardemment travaillé, la Patrie se débat dans l'impuissance qu'engendre la discorde, se réfugie dans la soumission qui s'impose à la faiblesse. La liberté, si chèrement conquise est audacieusement violée. Par une singulière ironie, notre gouvernement(?) fête le centenaire de la Révolution française, en renouvelant aux yeux du monde un des spectacles les plus lugubres de son histoire, celui des tribunaux d'exception.

Autour du palais et des fêtes de l'exposition, les étrangers sentent souffler un vent de haine, de violence, de proscription et se demandent s'ils assistent au chant du cygne de la grande nation.

De cette situation le pays n'est pas responsable.

Depuis dix-huit ans, il a montré un calme, un sang-froid, une résolution inébranlables.

Oui, si un peuple a mérité de voir se lever enfin l'aurore des grandes réparations, c'est bien ce noble peuple français qu'aucun excès, qu'aucune infamie, qu'aucune usurpation ne saurait plus désormais détourner des voies légales, et qui a concentré toute son énergie dans ses devoirs patriotiques, au mépris des misérables querelles de la politique, sachant qu'un jour arrive où, par le bulletin de vote, il parle en souverain et remet chacun à sa place.

Ce que la France paie à cette heure, ce qu'elle paiera peut-être demain de son morcellement et de sa ruine, ce sont les fautes d'une nuée de politiciens.

Mes camarades, mes amis, demandons-en humblement pardon à Dieu et aux hommes.

Nous avons ensemble fait un large crédit à

ceux qui avaient, aux jours déjà lointains de notre jeunesse, provoqué et dirigé le réveil libéral contre l'empire.

Notre patriotisme exalté les a absous au 4 Septembre d'avoir fait, ce qui en toute autre occasion eût été un crime, une révolution en présence de l'ennemi.

Pendant la lutte nationale, nous avons accepté sans mot dire cette dictature que Girardin baptisait « *la Dictature de l'incapacité* ». Nous avons combattu sous son drapeau parce que ce drapeau était celui de la France.

La défaite venue, refusant de joindre la discorde au deuil de la Patrie, estimant qu'il fallait à tout prix s'unir pour son relèvement, nous n'avons pas voulu mettre en cause ce honteux gouvernement de Paris qui n'avait su ni diriger la défense, ni maintenir l'ordre, ni éviter certaine surprise du traité de paix, et qui léguait la Commune à ce pays déjà si humilié.

Sous le gouvernement de M. Thiers et sous celui du maréchal de Mac-Mahon, tout en secondant les hommes des anciens partis, alors au pouvoir, dans leur œuvre de réorganisation militaire et financière du pays, — réorganisation qui sera leur éternel honneur dans l'histoire, — nous gardions nos sympathies aux anciens champions de la République et de la liberté, attendant avec impatience que leur heure fût venue, espérant de leurs mains la conservation définitive des institutions libérales, et surtout la réalisation du programme patriotique imposé par nos défaites.

Tant que Gambetta a vécu, nous avons eu confiance. Il avait proclamé la *justice immanente*. Il avait compris les aspirations nationales et défini la politique traditionnelle dont la République ne devait jamais s'écarter. Il avait personnifié, incarné tout en le modérant, le sentiment populaire, fermement tourné vers l'œuvre de réparation.

On pardonne bien des fautes aux hommes d'État qui ont un pareil objectif !

Nous ne nous sommes, n'est-ce pas, jamais associés à cette politique de discussion momentanée, qui devait nous conduire à Tunis ou sur quelque autre point de la Méditerranée, et qui finalement, nous a menés au Tonkin?

Encore moins nous sommes-nous ralliés à cette guerre religieuse, à cette exhumation des plus honteux décrets, à l'intervention de l'armée dans ces expulsions de gens inoffensifs, pour lesquels la police seule était faite, aux violentes entreprises contre la liberté de conscience, au régime des dénonciations infâmes et des révocations imméritées ?

Dans ces satisfactions données à quelques sectes républicaines, nous apercevions des serments irrémédiables de haine et de discorde jetés entre des hommes appelés à combattre sous le même drapeau, nous entrevoyions une menace pour cette unité française, œuvre de dix-huit siècles, nous devinions une atteinte au programme de concentration nationale imposé par nos malheurs. Il a fallu, pour faire taire nos protestations, toute notre confiance dans la parole de Gambetta, et le spectacle de ses efforts en vue de faire la trêve des partis sur le terrain patriotique.

Vous vous rappelez, mes camarades, mes amis, quel coup vint porter à nos cœurs de Français le funeste événement des Jardies, quel fut surtout notre trouble en voyant échouer la succession de Gambetta, à qui?... à M. Jules Ferry, son rival acharné, l'artisan de sa chute, l'âme du complot qui devait le pousser au pouvoir pour l'en précipiter aussitôt. A cette heure, nous avons prévu l'évolution politique qui allait s'accomplir : Recrudescence de l'inquisition et des divisions intérieures, refoulement des aspirations nationales.

Comme les événements allaient nous donner raison !

Glissons sur ce qui concerne la politique intérieure.

Que l'expulseur des moines se fît l'expulseur des princes, que l'ex-avocat sans cause dispersât la magistrature pour en créer une nouvelle à son image, que le policier du siège de Paris payât des complots anarchistes pour se donner la gloire de les réprimer, c'était là une œuvre bien digne de l'oligarchie intolérante, avide et trembleuse qui forme le *ventre* des assemblées de la république. Mais la véritable infamie, mais le crime de lèse-patrie, mais la trahison, c'est dans le programme de politique extérieure qu'il faut les chercher.

M. Jules Ferry n'est pas un diplomate de carrière.

Il a bien accompagné M. Jules Favre dans les tristes négociations de 1871. Mais ce n'est pas dans cette collaboration qu'il a pu apprendre comment on défend les droits d'un peuple et l'honneur d'une armée. Tout au plus a-t-il subi alors cette sympathie dont il a depuis donné tant de témoignages à M. de Bismark.

Ultérieurement, M. Jules Ferry a représenté la France en Grèce. Là lui est venu sans doute le goût de l'Orient, prélude de son enthousiasme pour l'Extrême-Orient.

Tout cela n'est pas une initiation diplomatique.

La vérité, c'est que M. Ferry a été élevé à Strasbourg. Il a en Alsace-Lorraine des parents qui dînent chez le statthalter. Sa famille compte aussi quelques membres en Bavière. Ses nombreux amis rayonnent dans toute l'Allemagne. Il en a un fort riche à Hambourg, un autre très puissant à Berlin.

Enfin Foucharupt, ce Varzin français, est au pied des Vosges, juste à l'endroit où, le grand jour venu, seront tirés les premiers coups de fusil. Là est le berceau de la famille du grand homme, la villégiature de son auguste frère.

En faut-il davantage pour expliquer que M. Jules Ferry ne voit pas, ne veut pas voir, dans l'Allemand, l'ennemi héréditaire, mais l'adversaire qu'on combattait hier, qu'on peut embrasser demain ?

En faut-il davantage pour ne plus s'étonner que M. Jules Ferry ait pris son programme de politique extérieure à la Conférence de Berlin, sur les lèvres de M. de Bismark, par l'intermédiaire de M. Waddington ?

Ce programme d'apaisement, de conciliation, M. de Bismark le formulait à peu près en ces termes :

« Si vous voulez avoir avec nous une paix durable, renoncez à l'Alsace-Lorraine.

Le sentiment public vous embarrasse : inaugurez une politique de diversion. Le monde est grand, il y a de belles colonies à créer. Entraînez dans cette voie le pays et l'armée et laissez le temps faire le reste.

Vous aurez moins de dépenses militaires, moins de préoccupations extérieures et vous pourrez vous absorber plus complètement dans la consolidation de la République. »

Que le chancelier d'Allemagne ait tracé à la diplomatie française une voie mortelle pour notre pays, rien de plus naturel. Notre féroce ennemi était dans son rôle. Mais qu'il se soit trouvé des hommes d'Etat, de prétendus champions de la guerre à outrance, d'anciens membres du gouvernement de la Défense nationale, pour s'approprier ce programme de déchéance et d'humiliation, c'est une honte dont le parlementarisme ne pourra jamais se laver.

A ce piège germanique, Gambetta lui-même se laissa prendre.

Il ne s'opposa point à l'expédition de Tunisie qui, en nous aliénant l'Italie, prépara la formation de la triple alliance.

Il rêva de descendre en Egypte, perdant ainsi les bénéfices de l'alliance anglaise.

Rendons cependant cette justice à l'ancien ministre du Gouvernement de Bordeaux.

Il voulait gagner du temps. Il voulait permettre au pays d'atteindre la reconstitution intégrale de ses forces, et maintenir cette poussée patriotique qui ne demandait qu'à briser ses chaînes. Entre temps, Gambetta poursuivait l'adoption du service à court terme qui devait décupler nos forces, la législation sur les sous-officiers, où la jeune armée devait puiser la solidité de ses cadres. Il envoyait à l'Alsace-Lorraine des paroles de consolation et d'encouragement.

Lui vivant, la politique nationale sommeillait, mais elle n'était pas morte.

C'est M. Jules Ferry qui devait essayer de la tuer.

Le premier acte de cet attentat fut le renversement de Gambetta. Du fond de la coulisse, le député des Vosges en fut l'âme, comme il est l'inspirateur des infamies de ce jour. Ce qu'il poursuivit, c'est bien moins le rival politique, le tribun populaire, le soi-disant dictateur, que l'homme qui personnifiait la revanche.

Le destin se mit, cette fois, du côté des coupables. Gambetta ne survécut pas longtemps à sa chute. La place devint libre aux menées du politicien qui, le lendemain de Sedan, avait osé s'écrier avec une indicible joie : « Enfin, les armées de l'Empire sont battues ! »

Dans les premiers jours de 1883, le parti républicain, ému de la perte immense qu'il venait de faire, sentit le besoin de se concentrer et d'oublier les querelles de la veille.

M. de Freycinet, nous le savons pertinemment, fit des ouvertures à M. Jules Ferry. Il s'agissait de former un ministère s'appuyant sur tous les groupes de gauche.

Mais l'ancien délégué à la guerre, l'ancien collaborateur de Gambetta, avait une teinte trop prononcée de : Défense nationale. Il fut repoussé, et le député des Vosges, pour donner à la politique extérieure française, l'orientation qu'il méditait, en attendant de devenir lui-même le chef de notre foreign-office, trouva un auxiliaire plus docile dans un ancien professeur de rhétorique, dans ce préfet patriote de Lyon qui menaçait de ses fusils, non les Prussiens dont il se tenait éloigné, mais les Français qui demandaient à combattre, dans ce singulier ambassadeur envoyé à la Cour de Londres, dans le très honorable et très éloquent M. Challemel-Lacour.

Pour se lancer dans une entreprise contraire au sentiment public, il fallait une majorité servile, qui couvrît du manteau de la légalité ce qui était la corruption, et ce qui allait être l'œuvre du pouvoir personnel, ce qui ne devait pas tarder à devenir un odieux attentat contre le suffrage universel et contre les intérêts nationaux.

Le personnel parlementaire issu des élections de 1881, quelques hommes capables ou convaincus mis à part, se composait mi-partie de gens qui avaient peur, mi-partie de gens qui avaient faim.

Les trembleurs étaient les représentants de cette bourgeoisie, cachant ses sentiments égoïstes sous l'étiquette républicaine, respectant la liberté tant qu'elle peut servir ses intérêts, mais prompte à se blottir, au premier signal, sous le parapluie autoritaire, flattant l'électeur pour capter ses votes, mais en réalité n'ayant pour la démocratie que de la défiance et de la haine, désireuse avant tout de conserver ses privilèges, ses gros dividendes, d'obtenir pour ses fils des places lucratives, essayant de s'imposer au corps électoral, bien moins par les engagements tenus ou les réformes accomplies, que par cette pluie de faveurs et d'emplois obtenue du pouvoir par les députés résolument fidèles.

Cette oligarchie, vieux débris des anciennes classes dirigeantes, au milieu de laquelle M. Jules Ferry avait grandi, avait vécu, avait gagné tous ses grades, allait recevoir prompte et entière satisfaction.

En la délivrant de ce cauchemar qu'on appelle le service obligatoire et égal pour tous, en inventant ou en provoquant des complots anarchistes immédiatement réprimés, en protégeant, par des conventions ruineuses, les porteurs de rentes contre les droits de l'Etat, en détruisant la vieille magistrature pour faire entrer dans la nouvelle les fils à papa, le président du conseil de 1883 enrôlait sous sa bannière tous les bourgeois républicains qui le suivaient aveuglément, partout où il voulait aller, et qui avaient, en cas d'infortune électorale, pour refuge contre l'ingratitude populaire, les fauteuils bien rembourrés du Luxembourg.

Les affamés du Parlement étaient extraits de ce que Gambetta avait dénommé les nouvelles couches sociales.

Fruits secs de toutes les carrières, avocats sans causes, médecins sans clientèle, journalistes sans talent, ayant fait dans les brasseries leur apprentissage politique, mal élevés, mal vêtus, possédant surtout la science du piquet, venus de la province avec l'avidité de jouir, étonnés que les fonctions parlementaires fussent si peu propres à remplir les poches, ces déclassés songeaient surtout à faire des profits, à trafiquer de leur mandat, à vendre leur titre et leur influence, à devenir les courtiers de ces affaires véreuses qui se trament dans l'ombre autour du budget d'un grand pays.

Avec une habileté toute commerciale, sur laquelle il est inutile d'insister, chacun sachant à quoi s'en tenir sur ce point, M. Jules Ferry allait réunir dans le même dévouement ces jeunes convoitises et les vieux égoïsmes, pour former cette majorité, grâce à laquelle il prétendait s'élever au rang des Bismark, des Gladstone, des Gortschakoff.

Dès qu'il a en main cet instrument de pouvoir sans contrôle, le Chancelier de France se met à l'œuvre. Il peuple nos ambassades de ses créatures. Dans ces postes jadis réservés aux grands noms de France, à des hommes pour qui la diplomatie était autant une tradition de famille qu'une fonction publique, les cours européennes peuvent voir s'installer d'anciens préfets jugés incapables, d'anciens députés besoigneux, des ministres déconsidérés et jusqu'à des membres de la Commune repentis.

Mais les idées de M. Ferry sont sa religion. Il chante la gloire de l'Allemagne. Cela suffit bien.

A l'étranger, on se moque, on rit, on se dit, en haussant les épaules : C'est cela, la nouvelle diplomatie française ? — Qu'importe : les fidèles sont casés, les acteurs sont en place, la pièce peut commencer.

Au commencement de 1883, M. de Bismark fait dire par ses reptiles que l'Allemagne préfère voir en France la République parlementaire plutôt que tout autre gouvernement et que les d'Orléans au pouvoir susciteraient les défiances germaniques. Vite, on dégrade les princes sous le prétexte d'un complot imaginaire.

Un ministre de la guerre soucieux de ses devoirs va visiter la frontière. Sur les injonctions de la presse d'outre-Rhin, on lui interdit ces excursions imprudentes.

La loi de trois ans qui doit élever nos forces à leur suprême puissance, donne à nos ennemis l'inquiétude qu'ils avaient ressentie quelques années auparavant devant le vote de la loi des cadres.

On en ajourne la discussion, puis devant les exigences de l'opinion et dans un but électoral, on la fait accepter par la Chambre, sous une forme tellement absurde, qu'elle est d'avance vouée à un échec devant le Sénat.

Le plan Freycinet, téméraire au point de vue financier, mais capable d'augmenter de moitié notre vitesse de concentration, est en cours d'exécution. On l'anéantit par le vote des conventions passées à l'insu du département de la guerre.

Enfin, le roi Alphonse demande à traverser la France dans son costume de colonel de uhlans. On lui rend à la gare du Nord les honneurs souverains.

D'ailleurs, ni la question du fusil à petit calibre, ni celle des nouveaux explosifs ne peut voir le jour. Ce serait provoquer la colère du dogue germanique.

Voilà déjà, bien caractérisée, la politique de diversion qui va s'affirmer encore davantage par l'expédition du Tonkin.

On n'ose violenter ouvertement le sentiment public. On va le tromper. Dans ce but, on se prépare à commettre une violation flagrante de la constitution.

Un jour le Conseil des ministres s'assemble sous la présidence de M. Grévy. Il faut venger l'héroïsme, d'autres auraient dit la folie de Rivière.

Le professeur Challemel-Lacour monte sur ses grands chevaux, et de cet air crâne des gens dont les pieds doivent rester sur les chenets, il s'écrie : Bombardons Hué !

— Mais, dit le président Grévy, c'est la guerre !

— Oui, répond l'ancien préfet de Lyon, c'est la guerre !

— Et la guerre sans la déclarer !

— La guerre sans la déclarer.

Le président résiste. On ne bombarde pas Hué, mais on organise une expédition de toutes pièces.

La Chine est une quantité négligeable. D'ailleurs M. Jules Ferry vient d'implorer, par une dépêche désormais célèbre, la bienveillance du chancelier d'Allemagne. Pour se justifier devant le pays, M. Jules Ferry qui vient de prendre les affaires étrangères, invente l'état de représailles, inconnu jusque-là dans le code international. Il y a, disait-il, en Extrême Orient, un placement de bon père de famille à faire.

Ce placement, nous allons le juger.

Un premier bataillon s'embarque, puis un second.

Au troisième, le ministre de la guerre résiste. Il veut connaître l'objectif final de cette entreprise.

Dépliant devant le conseil une carte du Tonkin, il s'exprime à peu près en ces termes :

« Voilà, dit-il, ce pays de 700 kilomètres carrés, adossé à cette immense nation qu'on appelle la Chine.

« Personne d'entre vous ne peut avoir la folle idée d'en tenter la conquête immédiate.

« Le seul objectif possible est d'y prendre pied, en un point facile à garder et à ravitailler.

« Une entreprise aussi modeste n'éveillera aucune défiance. Puis, avec le temps, avec la sagesse, avec la bonne administration, avec quelques colonnes, nous nous étendrons. Nous ferons, comme disait Bugeaud il y a quarante ans, nous ferons la tache d'huile.

« Limitons-nous donc au Delta, facile à fortifier, pourvu de bonnes communications fluviales et d'où nous sommes maîtres de la mer. Installons-y un camp retranché qui soit notre réduit en cas d'insuccès, notre magasin, en cas de réussite.

« Mais de grâce renonçons à éparpiller de faibles contingents dans une vaste région sauvage. Le moins qui puisse nous y attendre, c'est de toujours combattre, sans jamais y asseoir notre prépondérance. »

Paroles d'un patriote et d'un soldat expérimenté qui auraient peut-être rallié la majorité du conseil, si M. Jules Ferry, mettant le doigt sur un point placé très au nord du Delta, n'avait objecté : « Oui, mais il y a des mines, là. »

M. Bavier Chauffour devait en cette occasion l'emporter sur la France entière.

Le ministre de la guerre récalcitrant fut renvoyé. Son successeur accepta la charge de désorganiser nos forces continentales au profit d'une aventure coloniale conseillée par M. de Bismark.

Ne trouvant plus d'opposant dans le conseil, sûr de sa majorité, M. Jules Ferry alla de l'avant.

Nos noyaux d'unité de mobilisation furent décimés, nos magasins de réserve pillés, notre flotte désemparée, nos communications, en cas de guerre avec l'Algérie, absolument compromises.

Les crédits demandés aux Chambres étaient insuffisants, malgré leur importance. Des virements vinrent les augmenter.

Le système des petits paquets permit de tromper le pays sur les effectifs expédiés. De fausses dépêches, arrivant toujours en temps opportun, dissimulèrent les échecs et les pertes.

Les généraux trop sincères furent sacrifiés. Les chefs, d'une ambition docile, eurent la faveur de voir changer en héroïsme leur funeste imprévoyance.

Le désordre éclatait partout dans la direction

de cette criminelle entreprise. On donnait des instructions aux subordonnés en passant par-dessus la tête de leurs supérieurs. On improvisait diplomates des officiers qui ne savaient pas lire un traité.

Comme Jules Favre, pour l'armée de l'Est, on oubliait de notifier aux troupes les armistices conclus.

Les blessés revenaient sans soins et les convalescents en haillons.

Des germes de discorde étaient habilement semés entre les chefs qui se succédaient à la tête du corps expéditionnaire.

C'était Millot contre Brière de l'Isle, Négrier contre Herbinger, Courcy contre Warnet. Les rencontres étaient évitées avec peine.

L'aventure n'atteignait donc pas seulement la mobilisation, les approvisionnements, le trésor public, mais encore la cohésion, la confiance, la discipline, tout ce que forme le moral de l'armée.

En un mot Courbet mourait de douleur, 12,000 hommes succombaient où devenaient invalides, 760 millions étaient pris à nos caisses ou à nos magasins. Une dépense de 40 millions par an nous était imposée, pour payer là-bas des résidents et des sous-résidents recrutés parmi les invalides de la politique ou les amis besoigneux.

Le dégoût et l'indignation étaient tels que, pour la seconde fois, le ministre de la guerre se refusait à endosser plus longtemps la responsabilité de pareilles trahisons.

Le dernier qui consentait à se compromettre avec M. Ferry osa venir à la tribune, prononcer en manière d'épilogue ces mots fameux qui résument une politique criminelle : « Il ne faut pas s'hypnotiser sur la trouée des Vosges. »

Ces mots, qui flétrissent à tout jamais les lèvres d'où ils sont tombés, comblaient la mesure.

Le 1ᵉʳ avril 1885, la Chambre chassait ce ministère qui avait compromis l'honneur de la nation.

Au mois d'octobre suivant, le pays venait à son tour commencer à faire justice. Malheureusement cette justice encore incomplète ; mais un avenir prochain permettra de rechercher et de frapper les coupables, que les divisions politiques et le mécanisme parlementaire ont mis jusqu'à ce jour à l'abri du châtiment.

On ne violente pas le patriotisme d'un peuple tel que le nôtre, on ne ment pas aux promesses qu'on lui a faites, on ne lui impose pas des ministres indignes, une administration incapable, sans amasser au fond des cœurs de sourdes indignations, prêtes à se changer en ardents enthousiasmes à la moindre aurore de vaillance et d'honnêteté.

En arrivant aux affaires, le général Boulanger trouvait le pays dans l'attente fiévreuse de ce signal : « En avant » qu'on avait médité de lui faire oublier.

Il apportait au pouvoir un brillant passé militaire, un ardent patriotisme, une foi inébranlable dans les destinées du pays, et surtout la résolution de ne pas laisser ce peuple dans l'abattement, de mettre en action ses qualités natives, de ressusciter ses vieilles ardeurs qu'on croyait éteintes, et de lui faire réparer la léthargie de la veille par le sang-froid et la résolution du lendemain.

Le peuple a compris le jeune ministre. La fibre nationale a vibré de nouveau. Un souffle de concorde et de confiance s'est pris à renaître dans la nation. Gambetta est mort. Vive Boulanger !

Tel est le cri qui s'est élevé d'un million de poitrines.

Voilà le secret de cette popularité contre laquelle s'épuisent toutes les manœuvres des politiciens. Tel est le phénomène psychologique que l'on soumet à l'appréciation de la haute Cour de Justice.

M. Jules Ferry est d'abord incertain sur les vues du nouveau ministre de la guerre. Qui sait s'il ne pourra l'attirer dans son giron et lui faire le même sort qu'aux Thibaudin, aux Campenon, aux Lewal, c'est-à-dire le compromettre sans retour devant le pays?

Le camp opportuniste procède donc d'abord par flatterie :

— C'est la jeune armée qui passe, s'écrie l'un. Saluons!

— C'est le ministre réformateur qu'il nous fallait, ajoute hypocritement un second compère.

Mais le général Boulanger évite le piège. Ministre muet, indolent, soumis, il ne veut pas l'être. Il élève la voix. Il parle à l'armée. Il parle à la jeunesse des écoles, il parle au pays, se souvenant de cette maxime de Montluc, reproduite par le prince Charles, par Napoléon : Un général doit haranguer le soldat, lui montrer le but, lui indiquer ses devoirs, et faire vibrer dans son âme la corde du devoir et du sacrifice, sans laquelle il n'est qu'un mannequin armé.

La confiance intuitive de la première heure s'affermit à ce mâle langage. Elle se manifeste ouvertement. Il se produit comme une renaissance de la fierté française.

On commence à remettre le képi sur l'oreille, dit un maréchal de France. C'est un bon signe.

Puis viennent les œuvres qui consacrent définitivement la popularité du jeune ministre.

Du petit au grand, tout est revu, tout est coordonné et la plupart du temps amélioré.

Toute entreprise humaine est sujette à la critique et l'infaillibilité n'est pas de ce monde.

Mais ce qui est inattaquable, ce que des plumes françaises n'auraient jamais dû attaquer, c'est le but nettement indiqué par l'unité de vues, par l'ardeur des efforts qui caractérisent l'œuvre ministérielle du général Boulanger.

Comme disait un brave ouvrier, dans son langage primitif : « Cette fois, ce n'est pas pour rire. »

Sans doute, il y a eu du bruit, il y a eu du tapage, il y a eu un grand nombre de mesures qui semblaient inspirées par un désir immodéré de réclame.

Mais peut-on réveiller un peuple par des chants mortuaires, par des oraisons funèbres, par une plainte éternelle? On bat le tambour devant des bataillons en marche. Pourquoi ne pas battre la grosse caisse devant une nation qui doit toujours être prête à marcher? Qu'importent les moyens quand le but est atteint, alors que ces moyens sont honnêtes et que ce but c'est le réveil de l'esprit national !

Riez, politiciens, riez, stratégistes en chambre, riez, militaires aspirant surtout à la trêve et au repos. Riez parce qu'on a replacé les trois couleurs à la porte et sur les frontons de nos édifices. Riez, parce qu'on a mis sur les bâtiments militaires les noms illustres de notre histoire, parce que l'armée a reparu périodiquement sur nos places publiques, parce qu'on a adapté le chant national aux sonneries des troupes, parce que les recrues et les réservistes ont été conduits et reconduits aux gares, musique en tête. Oui, vos critiques semblent puériles à ceux qui ont de près vu l'effet produit. Quinze années de bavardages, de discours emphatiques, de protestations solennelles avaient laissé la nation dans la sombre désespérance. Ces petits, ces tout petits moyens ont réveillé ses souvenirs et sa foi. Qui connaissait mieux ce peuple, de vous ou du chef de l'armée? Et puis, ô politiques funestes, pendant qu'on jetait cette pâture à vos dissertations, à votre presse, à vos harangues, le fond de l'œuvre était soustraite à vos indiscrètes appréciations. La réclame, c'est vous qui l'avez faite. Vous poursuiviez le ridicule, vous avez ancré la popularité.

C'est au milieu de vos criailleries que le soldat a vu se perfectionner son outillage, s'orner ses casernes de souvenirs patriotiques, s'améliorer son existence, s'humaniser sa discipline, se multiplier la sollicitude ministérielle.

C'est malgré vos indignes attaques que le sous-officier a vu se relever sa situation morale, s'augmenter ses heures de liberté, s'annoncer un avenir assuré à sa carrière d'honneur et de sacrifices.

C'est au milieu de vos embûches que l'officier,

b.

soustrait au vieil éteignoir de la routine, à l'inquisition occulte, au favoritisme corrupteur, est rentré dans ses droits, dans sa dignité, dans son initiative.

On voit enfin un ministre de la Guerre qui veut en finir avec les interminables discussions où s'embarrasse depuis quinze ans notre organisation militaire, qui proclame sans détours le dogme patriotique du service obligatoire, personnel et égal pour tous, qui a des idées d'ensemble sur la constitution de l'armée, qui poursuit sur son terrain ministériel la politique des résultats et des économies, qui excite les dévouements, mais qui barre la route aux convoitises, qui appelle les ardents à l'œuvre, mais qui chasse les voleurs du temple.

On voit un chef de l'armée qui maintient dans la règle les généraux podagres ou indisciplinés, qui réveille de leur léthargie des comités fainéants, qui combat le particularisme des armes, pousse à l'initiative, au progrès, à la mise en œuvre des qualités natives de notre race combattante, qui remet l'offensive en honneur, arme l'infanterie d'un fusil incomparable, l'artillerie d'explosifs permanents, qui encourage les aérostiers, met l'épée dans les reins aux compagnies de chemins de fer, et pour bien affirmer que nous sommes maîtres chez nous, prépare l'installation des régiments de couverture, organise le commandement actif des forteresses et poursuit dans leurs repaires les espions de l'Allemagne. O politiciens! survivants et élèves de ceux qui vivaient il y a vingt ans, de leurs outrages contre l'armée, champions du pouvoir central, qui avez proclamé un jour l'abolition des armées permanentes, parvenus de l'émeute ou de la capitulation, qui conspiriez alors qu'il fallait combattre, peu vous importait, nous le savons, l'œuvre militaire du général Boulanger.

Aviez-vous du moins des griefs contre son attitude politique? Pour obtenir votre silence, votre union et poursuivre en paix sa noble tâche, le ministre de la Guerre n'a-t-il pas beaucoup, n'a-t-il pas trop sacrifié à votre RRRépublique, en signant les lois d'exil, en exécutant la spoliation des grades, en prononçant des paroles d'apaisement lors des grèves que vous provoquiez sournoisement ?

Pourquoi donc, après tant d'ordres du jour de confiance, tant de témoignages rendus à une activité qui ne connaissait pas de bornes, pourquoi malgré l'enthousiasme populaire, malgré la force qu'un pareil ministre apportait à votre RRRépublique, pourquoi, au lendemain du jour où il avait tenu haut et ferme le drapeau de la Patrie, pourquoi avez-vous comploté sa chute?

S'agirait-il d'économies comme vous le disiez alors? nul ministre n'en avait davantage réalisé.

S'agirait-il de la dictature, comme vous le criez si fort aujourd'hui ? Vous croyez donc vos électeurs bien dégénérés, le suffrage universel bien voisin de l'enfance ?

Non, mille fois non. En vous couvrant de tels prétextes, vous mentez, vous perpétuez ce système qui vous est si familier : l'escroquerie politique.

Non, cette évolution qui voue aujourd'hui au peloton d'exécution l'homme que vous avez si longtemps applaudi, cette évolution a des causes plus graves que les oscillations de la politique intérieure. C'est la Patrie elle-même qui se trouve en jeu.

S'il ne s'agissait que de vous, de vos intérêts, de vos soi-disant libertés, qui donc s'intéresserait à la querelle ; qui ne vous laisserait accomplir votre suicide ? Mais la menace monte plus haut ; elle s'adresse à la France, à ses droits imprescriptibles, à sa fierté séculaire, à son rayonnement dans le monde, voilà pourquoi il faut tout dire. Bien aveugles ceux qui croient qu'à cette époque, à cet âge de la civilisation du vieux monde, l'invasion par les armes soit la plus menaçante pour le pays.

Dans l'ordre politique comme dans les phénomènes géologiques, les irruptions subites, instantanées produisent des troubles, et des cataclysmes. Mais l'effacement vient surtout de ce travail lent, presque imperceptible, grâce auquel les couches se superposent, grâce auquel la disparition des plus anciennes est fatal, si un bouillonnement de lave ne vient se mettre en travers de cette longue mais inévitable substitution. L'histoire le dit assez haut : Ce ne sont pas les combats qui ont tué les civilisations tour à tour disparues. C'est l'inoculation patiente des idées du vainqueur dans l'esprit des vaincus, c'est l'assimilation par le conquérant des forces morales du pays soumis par les armes.

Depuis cent ans, la France a semé ses soldats sur tous les chemins du monde. Mais les naufrages ont laissé sa civilisation intacte, grâce à cette indépendance morale qui a fait sa force et que, même dans l'infortune, elle n'a jamais abdiquée.

C'est cette indépendance, faite de souvenirs et de fierté, à laquelle s'attaque aujourd'hui l'ennemi héréditaire, servi à merveille par les voies de propagation que lui ouvre le progrès, comme aussi par nos divisions politiques.

Pour nous inonder de germanisme, et, qu'on me pardonne l'expression, pour nous *choucrouter*, le chancelier d'Allemagne a usé d'abord des droits du vainqueur sur le vaincu de la veille. Il a pesé par ses menaces constantes sur notre politique intérieure, sur nos projets de réorganisation, sur les emplacements de nos forteresses.

Il a déjoué tous nos projets d'alliance en dénonçant notre faiblesse. Il s'est posé sur tous les points du globe comme l'adversaire acharné de notre influence.

Après avoir ainsi entravé notre relèvement matériel et moral, et avoir donné sa bénédiction à notre régime parlementaire comme au meilleur instrument de ses desseins, M. de Bismark organisait son invasion pacifique.

Ses troupes n'avaient pas plus tôt repassé les frontières qu'il nous avait imposées, que les flots de l'émigration allemande coulaient à pleins bords sur notre pays, nous amenant le trop-plein d'une race jeune, pleine de vitalité et à laquelle ne suffit pas la production d'outre-Rhin.

En même temps, les clauses commerciales du traité de Francfort livraient nos marchés à la concurrence germanique, fermant les débouchés à notre travail national et préparant la crise des affaires qui pèse si lourdement sur notre pays de France.

Un réseau d'espionnage admirablement organisé allait nous enfermer dans ses mailles et permettre au cabinet de Berlin d'exercer sur nous un véritable gouvernement.

La liberté dont la presse jouit en France, jointe à la facilité des communications et des informations, donnaient au chancelier d'Allemagne le moyen de rendre chez nous l'opinion publique tributaire de ses visées et complexe de ses projets.

Enfin, cette race sans foi et sans Patrie, qui promène depuis des siècles dans l'univers le culte du veau d'or ; cette franc-maçonnerie de l'argent pour laquelle les nations n'existent pas ; cet odieux sémitisme, capable de tous les krachs, de tous les accaparements, de toutes les ruines, ne tardait pas à se ranger sous la bannière de M. de Bismarck et sous la haute direction des Rothschild, des Blechrœder et autres israélites de marque, constituant ce vaste syndicat commercial et financier dont le pôle est à Berlin, qui est maître des affaires dans toute l'Europe, qui dans tous les pays domine à la Bourse, et qui, grâce à l'égoïsme de la bourgeoisie, aux convoitises des politiciens, aux nécessités de la petite banque et du petit commerce, arrive à exercer sur la politique des États une influence irrésistible.

C'est ainsi que le Germanisme s'est installé en France, à la barbe de nos gouvernements, sans qu'émus de ce danger, nous ayons eu comme l'Amérique, la prudence ou le courage de le combattre, sans que nous ayons entrevu ce que contient de menaces l'article du code d'outre-Rhin qui proclame pour l'Allemand l'immanence de la nationalité et rend vaines nos formalités de naturalisation.

Il y a bon nombre d'années qu'on peut voir dans tous nos centres les colonies allemandes, constituées, hiérarchisées, ayant leurs organes, leurs sources d'informations, leurs postes de mot d'ordre, leurs chefs et leurs banquiers.

Il y a longtemps que ce monde intervient dans nos crises commerciales, financières, politiques, suivant les consignes venues de Berlin, et cherche à entraver, en semant la discorde ou en favorisant certains intérêts, le réveil de notre patriotisme. Il y a longtemps qu'il se dévoue à surveiller notre réorganisation militaire et qu'il serait en mesure au cas de guerre, à jouer un rôle important.

Condamnons les ministres qui n'ont pas ouvert les yeux sur ce grave péril ; réprouvons ce cosmopolitisme de race ou de sentiment qui se fait le complice de cette action étrangère ; mais reconnaissons que sous le règne du suffrage universel, cette invasion pacifique nous était moins funeste que dans les pays ou le pouvoir est entre les mains des classes dirigeantes. Reconnaissons que la démocratie a le pouvoir d'échapper à cet empoisonnement si facile à subir par un souverain, par une cour, par une oligarchie, et qu'un peuple de paysans et d'ouvriers, pourvu qu'il soit libre, écrasera toujours dans l'œuf, par la loi du nombre, les complots de l'étranger.

Mais le parlementarisme républicain, où le gouvernement tout entier est dans les mains des assemblées, c'est-à-dire des rivalités, des convoitises, des ambitions d'une foule d'irresponsables ; le parlementarisme où les engagements s'oublient, où les consciences s'achètent, où les portefeuilles se vendent, où le mandat est chose à trafic, quel admirable terrain pour le chancelier d'Allemagne, et comme on comprend bien ses sympathies pour ce régime incroyable, dans lequel l'inviolabilité d'un président remplace la garantie que donnait autrefois l'honneur d'une dynastie.

Que fallait-il à M. de Bismark pour protéger cette politique de pénétration, d'assimilation sur laquelle il compte, pour conserver sans coup férir les conquêtes de 1871, et faire insensiblement évoluer la France vers l'hégémonie allemande ?

Que fallait-il pour défendre ses projets de prépondérance contre les ardeurs de notre patriotisme et la justice de nos revendications ?

Il lui fallait avoir un pied dans nos états-majors politiques. Il lui fallait trouver en France un homme consentant à jouer le rôle des de Giers en Russie, des Andrassy en Autriche, des Crispi en Italie.

Il lui fallait mettre la main sur un homme qui consentît à être en France le chef du parti allemand. Eh bien ! moins de quinze ans après nos défaites, en présence de la Patrie mutilée, de l'Alsace-Lorraine qui résistait toujours, en dépit des protestations, de notre patriotisme, un pareil homme s'est rencontré et il s'appelle M. Jules Ferry.

Nous l'avons vu à l'œuvre en 1883, 1884 et au commencement de 1885.

Nous savons le verdict qu'en octobre le pays rendait contre lui.

Mais on ne quitte pas la partie pour cela. Le groupe dont on est le chef tient une place importante dans la majorité. On en profite pour s'imposer à ses successeurs, non par la discussion libre et loyale, mais par l'action souterraine des couloirs, par les calomnies et les fausses nouvelles, par tous les moyens qui constituent l'escroquerie politique.

Après sa fuite du 1er avril 1885, M. Jules Ferry reste ministre dans la coulisse.

Isaac Levaillant dirige en son nom la sûreté générale et Caubet la police municipale.

Les ministres opportunistes vont prendre le mot d'ordre Avenue de l'Alma.

Les autres sont circonvenus par des employés supérieurs que le député des Vosges dirige en sous-main.

La plupart des préfets et quelques généraux font visite à M. Jules Ferry, chaque fois qu'ils viennent à Paris.

Les diplomates prennent surtout leur rendezvous à Foncharupt, relié avec Berlin par un fil plus ou moins mystérieux.

A Paris, M. Jules Ferry a parmi ses hommes d'action, Saussier et Galliffet. Mais à défaut d'autre besogne, il les emploiera surtout à miner l'autorité des ministres de la guerre qui n'obéiront pas aux injonctions des centriers.

La presse opportuniste et la presse des reptiles agissent de concert pour soulever l'opinion.

La Juiverie, au moment voulu, introduira la panique à la Bourse.

Enfin, il y a l'action sur le personnel parlementaire que M. Jules Ferry sait diriger de main de maître.

Ah! excellents radicaux, augustes indépendants, ce n'est pas d'hier que ce nouveau Machiavel s'est mis à vous jouer.

En 1886 et pendant la moitié de 1887 vous vous figurez être au pouvoir. Quelle niaiserie!

Il eut fallut pour réellement gouverner, désinfecter l'administration du personnel ferryste et couper court à la conspiration, à l'embauchage pratiqué audacieusement autour de vous.

Aussi, dès que le général Boulanger s'affirme comme l'homme de la politique traditionnelle, comme le véritable successeur de Gambetta, commence cette campagne contre un seul qui dure depuis deux ans, dans laquelle on n'a rien ménagé, où toutes les armes ont servi, et dont, cependant, la prochaine issue ne semble pas devoir répondre aux espérances de ceux qui l'ont si imprudemment entreprise.

A l'origine, de simples crocs-en-jambe pour obtenir un trébuchement individuel.

Les généraux Schmitz et Saussier s'en chargent. Ils se mettent en révolte contre le ministre, certains d'avance d'être soutenus.

« Que le Gouverneur de Paris, cette gloire si pure (comme disait M. Joseph Reinach), soit coupable ou non, il ne doit pas être touché ! La politique l'exige. »

Tel était le propos d'un centrier. Qu'importait la discipline, pourvu que le truc politique pût réussir !

Mais ce coup fait long feu aussi bien que l'incident des lettres monté par Limbourg, à l'instigation de quelques députés ferrystes.

Pour détourner du ministre de la guerre, les fractions parlementaires qui l'appuient, il faut semer la défiance, inquiéter les opinions, faire revivre aux yeux des vétérans de la république, les épreuves d'antan. C'est le coup de la dictature.

Dans un accès maladif qui, chez lui, paraît devenir chronique, M. Maret, s'écrie : « Le cercle militaire, c'est la maison des coups d'État. »

Le *cheval noir* horripile M. Reinach, officier d'ordonnance de M. de Galliffet.

Les acclamations à Paris, en province, donnent sur les nerfs à une foule d'honorables.

On crie à fructidor, même à brumaire.

Dans les jours qui précèdent la session extraordinaire de 1886, on croit être arrivé à *tomber le monstre*.

Le général Ferron arpente déjà victorieusement la rue Saint-Dominique, et Saussier, déjà nommé, prépare la liste de proscription des officiers qui ont servi l'aspirant dictateur.

Au paysan, c'est un autre langage qu'on tient.

Boulanger, sans doute, c'est un vaillant soldat. Mais il n'a dans ses états de service ni Marengo, ni Austerlitz, ni même Kaïrouan. Et puis, il veut la guerre, il la veut quand même, pour s'illustrer, pour devenir un nouveau Bonaparte, un autre Napoléon.

Or Napoléon, c'est 1815, c'est 1870, c'est l'invasion, c'est le démembrement, c'est la ruine.

Le pays répond par un formidable haussement d'épaules.

Dans le ministre de la guerre qui a exécuté comme une consigne pénible, mais inéluctable, la radiation des princes de l'armée, dans l'homme libéral qui a voulu détruire la défiance des mineurs à l'égard de l'armée, dans l'orateur qui a toujours prêché l'union dans une République large et forte, le peuple ne veut pas reconnaître la silhouette de brumaire.

Dans le Général qui a remis en honneur la tactique offensive, qui a doté l'armée du fusil Lebel, qui a construit les baraquements de la frontière ; dans l'organisateur prévoyant qui osait dire : « Si je poussais à la guerre je serais un fou, si je ne m'y préparais pas je serais un misérable »; dans le fier patriote qui voulait accepter, « non la paix qu'on subit, mais la paix qu'on impose par une attitude digne et résolue, » l'opinion publique ne reconnaissait pas l'aventurier qui pousse aux expéditions ruineuses et va chercher des profits dans une inutile effusion de sang.

A l'ouverture de la session extraordinaire de 1886, à la grande rage de M. Ferry, le général Boulanger reparaissait donc à son banc ministériel. La popularité avait déjà grandi de toutes les infamies des politiciens.

Pour le chasser, il fallait chasser le cabinet tout entier.

C'est ce qui fut fait, non pas en portant la vraie question à la tribune, mais par un de ces procédés si familiers au député des Vosges.

C'est sur le dos des pauvres sous-préfets que se livra la première bataille sur l'orientation de la politique extérieure de la France.

M. de Freycinet comprit et se retira. Cette fois on crut avoir terrassé la bête. On comptait sans la force de l'opinion qui brise au besoin les barrières de l'Elysée.

Le premier collaborateur dont M. Goblet réclamait le concours, c'était le général Boulanger.

A ce moment M. Jules Ferry dépouilla son masque et vint imprudemment éclairer le but secret de ses manœuvres.

Le général Boulanger, avant la constitution définitive du cabinet Goblet, n'avait pas caché et avait confié à la presse qu'il mettait pour condition de sa rentrée aux affaires, le dépôt sur le bureau de la Chambre de la demande des crédits nécessaires pour armer l'infanterie du fusil Lebel.

Dès le ministère formé, l'homme du Tonkin s'approchait sournoisement du nouveau président du Conseil et lui tenait ce langage : « Je sais que l'Allemagne se défie du général Boulanger. Suspendez la fabrication du nouveau fusil. Il y aura une détente immédiate. »

M. Goblet répondait par le dépôt de demande des crédits.

Immédiatement après avoir fait voter le Septennat, M. de Bismark, heureux de donner raison aux prévisions de M. Jules Ferry, suscitait l'incident Schnæbelé.

On sait de quelle façon honorable fut résolue cette grave affaire, quel accord patriotique ne cessa de régner pendant sa durée entre tous les ministres, *même et quoi qu'on en dit, entre MM. Flourens et Boulanger.*

Mais ce que l'agent opportuniste trama dans la coulisse pour enlever, dans ce moment décisif, la confiance publique au ministre de la Guerre, dépassa toute mesure.

Avec la complicité du général Ferron, installé à Enghien sans permission régulière au lieu de commander sa division à Chaumont, avec l'aide de MM. Saussier et Galliffet la coalition allait déployer toutes ses ressources.

Devant les vieilles barbes de la Chambre, devant les trembleurs du Sénat, le spectre de la dictature reprenait sa promenade.

La Juiverie agitait la Bourse, des agents essayaient d'inquiéter l'opinion, la presse opportuniste répercutait les menaces reptiliennes, Herbette, ce funeste ambassadeur, se répandait en dépêches alarmantes, le Grand Français faisait à Berlin un voyage de mendicité et en rapportait, disait-il, la paix moyennant le sacrifice du ministre de la guerre. Enfin on donnait assaut à l'Élysée par des voies dont la préparation habile était due au général Brugère.

Herbette, enfin, était arrivé avec un ultimatum et ne devait revenir à Berlin qu'avec un bulletin de victoire. Tous ces efforts aboutirent à treize voix de majorité, obtenues non pas sur la véritable question qu'on n'eut osé soulever, mais sur une vétille du budget.

Le concours de la droite assure le triomphe

de ceux qui reprochaient au général Boulanger de vouloir détruire la République.

La faiblesse de M. Grévy, faiblesse dont il devait être la première victime, consacra les résultats de la coalition hybride qui s'était mise audacieusement en travers du courant national.

Le cabinet Rouvier naquit de cette crise humiliante pour la Patrie.

Quelques manifestations intempestives lui permirent de se poser comme le sauveur de l'Ordre et de la République.

Rendons-lui cette justice, il s'empressa d'offrir à l'Allemagne ses dons de joyeux avancement. La fabrication du fusil Lebel fut aussitôt modérée et 150 bataillons d'infanterie furent supprimés.

L'organisation générale des cadres fut renvoyée aux calendes grecques.

Le projet d'essai de mobilisation réduit à une ridicule comédie.

M. de Bismark se reprit à sourire. Le spectre de la guerre avait produit tout son effet. On le remisa pour promener dans le pays son jumeau, le spectre de la dictature.

Qui ne se rappelle l'apostolat des Spuller, des Barbey, des Dautresme, leurs voyages au milieu des sifflets, leurs harangues contre un commandant de corps d'armée, leurs persécutions odieuses, leur ridicule posture de défenseurs de la liberté ?

Mais dans ce cabinet de sinistre mémoire, c'est à M. Ferron qu'allait être dévolue la tâche la plus ingrate et la plus criminelle.

Aux haines accumulées il ne suffisait déjà plus d'avoir renversé le ministre, il lui fallait encore briser l'épée du soldat.

Jamais, dans aucun temps, sous aucun régime, l'armée ne subit de plus mortelle injure que ce sceptacle d'un de ses chefs les plus glorieux et les plus aimés, entouré dans son quartier général de Clermont d'une nuée de mouchards, commandés par le préfet et dévisageant les visiteurs, confisquant les correspondances, en ayant soin d'intimider les domestiques, de voler des papiers, traitant un général à plumes blanches, grand officier de la Légion d'honneur, quatre fois blessé à l'ennemi, comme jamais n'ont été traités ni Allmayer, ni Jacques Meyer, ni Pranzini. Encore n'était-ce là qu'une préface ! Ce que M. Ferry tramait dans l'ombre était autrement audacieux.

Il n'y a pas lieu de revenir sur les détails de cette déplorable affaire Caffarel, où le chef de l'armée, gardien naturel de la dignité du corps d'officiers, a fait arrêter un général par des argousins, a semé dans la presse contre un commandant de corps d'armée des insinuations outrageantes, et quand ce dernier a repoussé dans un interview ces atteintes à son honneur, s'est cru permis de le frapper disciplinairement, comme s'il n'existait pas quelque part dans les réglements militaires, l'interdiction de punir par haine et pour des fautes non explicitement prévus par les règlements.

Si jamais la politique fut introduite dans l'armée, ce fut certainement dans ce cas par le ministre de la guerre lui-même, devenu le valet docile d'une coterie politique. Pendant que l'opinion était absorbée par ce scandale, M. Ferry poursuivait ses visées ambitieuses, recrutait ses voix, et quand M. Grévy, victime des fautes de son gendre, était obligé de se démettre, il semblait que l'élévation du député des Vosges à la présidence de la République était déjà un fait accompli.

Mais l'opinion publique, mais le patriotisme de quelques-uns, mais la haine du plus grand nombre, faisaient bonne garde et barraient la route à cette ambition malsaine.

M. Jules Ferry avait rêvé de déshonorer le général Boulanger, et le commandant du 13ᵉ corps gagnait à cette manœuvre infâme un surcroît de popularité.

M. Jules Ferry avait voulu escalader la première magistrature de l'Etat à la barbe de M. de Freycinet, de M. Floquet, de M. Brisson, et il était obligé d'y pousser M. Carnot, quitte à lui imposer, comme programme, les rancunes et les haines de l'opportunisme. M. Carnot accepta ce pacte.

Son premier ministère présidé par M. Tirard, est comme le ministère Rouvier, un ministère de combat contre un homme. On se sert pour atteindre le général Boulanger dans ses droits militaires, d'un vieil officier général, que M. de Galliffet lui-même range à la quatrième classe, et qui, chef de bataillon en 1870, a failli troquer son épée contre la casquette de commissaire de surveillance dans une compagnie de chemin de fer.

La popularité toujours croissante du général Boulanger ne va pas tarder à offrir un prétexte à ses ennemis. L'opinion publique est lasse de l'ostracisme imposé à l'ancien ministre de la Guerre. Elle manifeste ses sympathies dans quelques élections.

Ce fait rapproché de lettres intimes illégalement saisies et dont le chiffre est livré par un officier, traître à sa parole et à ses devoirs de reconnaissance, produit un accès de fureur dans les régions officielles. Mais on ne peut s'insurger contre le suffrage universel, mais on ne peut arguer de papiers volés. Alors le cordon de police jeté sur tous les pas du général Boulanger joue son rôle.

On invente une absence illégale, comme si les commandants de corps n'étaient pas journellement coupables d'une pareille faute.

On assaisonne le crime, de lunettes bleues et de claudication. Le général est mis en retraite d'emploi. L'opportunisme s'écrie : « Plus de panache, partant plus de vogue. » — Quels imbéciles!

Le commandant du 13ᵉ corps, par égard pour l'autorité dont on vient de le dépouiller, quitte les troupes qu'il n'a plus le droit de commander. Il livre à la publicité une lettre du ministre de la Guerre qui le lave entièrement de la faute pour laquelle il a été mis en non-activité.

Le gouvernement va jusqu'au bout de l'illégalité et de l'infamie. Il fait comparaître l'ancien ministre devant un conseil d'enquête arbitrairement composé et dont par suite les décisions sont d'avance frappées de nullité.

Il ne doit soumettre à ce conseil que les fautes postérieures à la fonction précédente. Il le saisit depuis *a* jusqu'à *z*, de tous les dossiers recueillis par les mouchards.

C'est par un pareil tribunal, qu'on a osé appeler tribunal de ses pairs, que le général Boulanger est déclaré mériter une peine, qui, en droit, ne lui est pas applicable et qu'on transforme illégalement en retraite d'office.

Pour qui connaît la jurisprudence et les choses militaires, ce fameux arrêt dont les opportunistes ont tant joué n'a pas et ne peut avoir l'autorité de la chose jugée.

C'est un simple avis, personnel à cinq membres choisis sans garanties pour l'accusé, précédé d'un débat engagé dans le mystère du huis clos, et qui, d'après le décret de 1878, n'est nullement impératif pour le gouvernement.

Contre le général Boulanger il n'y a, quoi qu'on en dise, qu'un décret signé Carnot: Autant en emporte le vent, comme un jour prochain le prouvera.

Voilà donc le panache à terre, les plumes blanches envolées. Le boulangisme est mort.

Il l'est si peu que quarante-huit heures après le conseil d'enquête, on négocie dans certains groupes la formation d'un ministère Floquet, où Boulanger le réformé sera ministre de la guerre, après avoir été vengé par le conseil d'Etat des sottises du conseil d'enquête. Vous voyez comme les plus illustres des radicaux apprécient les pairs qui ont condamné leur collègue.

Mais Jules Ferry veille. Il a des armes contre les velléités d'indépendance.

Il y a des beaux-pères, des cousins, une grand'mère, chez qui les deux hommes d'Etat mangent souvent ensemble la choucroute de famille. Il y a les vieux compères, les vieux complices que les dossiers des mouchards ont définitivement convertis, et qui voient le général Boulanger dans les bras de Jérôme ou aux genoux du comte de Paris.

Il y a les jaloux d'une popularité qui leur a été volée, les amis des princes héritiers, engagés dans la triple alliance, les alliés de journalistes qui travaillent pour l'empereur d'Autriche, c'est-à-dire pour le roi de Prusse. Il y a les jeunes ambitieux, les doctrinaires précoces.

Il y a les représentants de la juiverie polonaise qui est avec l'Allemagne contre la Russie.

Il y a par-dessus tout les besogneux, les véreux, les tripoteurs qui ne sont jamais mieux servis que par un ministère de rouviéristes ou de ferrystes.

Il y a les anti-revisionnistes, les députés qui tremblent pour leur élection, ceux qui ont besoin d'argent pour leur campagne électorale, ceux qui ont tellement maudit Boulanger qu'un retour leur est impossible.

Toute cette cohue, toutes ces influences, sont autour de Floquet, connaissant sa vanité, l'inondant d'un encens perfide, lui disant : « Vous êtes la dernière carte de la République. »

L'illustre Président de la Chambre ne résiste pas. Le 20 janvier 1888, il invitait le général Boulanger à dîner, deux mois plus tard, il acceptait de le combattre, puis il l'insultait, puis il se battait avec lui et le blessait grièvement, puis il dépassait en violence Rouvier et Tirard lui-même, et commençait à réunir les éléments de cette fameuse accusation d'attentat, la dernière arme du parlementarisme aux abois.

Au milieu de ce déchaînement, non seulement la popularité du général grandissait sans cesse, non seulement le Nord, l'Aisne, la Dordogne, la Charente-Inférieure et plusieurs autres départements lui donnaient leurs suffrages, mais Paris lui-même, ce réduit des politiciens de la République, Paris était pris d'assaut.

Cet échec et l'approche des élections eussent sans doute suffi à pousser le parlementarisme aux résolutions extrêmes, aux projets que seul peut conseiller l'affolement, si un autre phénomène d'une importance capitale n'était encore venu donner plus d'acuité à la bataille engagée.

Ce phénomène, c'est l'évolution du parti national russe vers le parti national français dont le général Boulanger est le chef. Déjà, pendant son passage aux affaires, l'ancien ministre de la Guerre avait conquis de nombreuses sympathies sur les bords de la Néva.

Son passé militaire, sa bravoure, son patriotisme étaient sans doute pour le sentiment russe d'un attrait puissant.

Mais la solidarité entre les nations naît difficilement de sympathies personnelles. C'est sur l'affinité des races ou, à défaut, sur la conformité des aspirations que l'alliance des peuples, plus forte que l'alliance des gouvernements, doit s'étayer pour être solide et par suite efficace.

Jamais à une autre époque de l'histoire les

aspirations françaises et les aspirations russes ne se sont plus étroitement confondues.

Les deux peuples ont été également trompés, et sont également menacés par la politique germanique.

Enserrant l'Allemagne dans un formidable étau, ils la maintiennent s'ils restent unis. S'ils restent divisés, ou s'ils ne sont pas susceptibles d'une action commune, ils sont exposés à être isolément victimes de cet esprit de conquête que les Hohenzollern considèrent comme une tradition de famille.

A une alliance intime sont intéressés également, et le succès de cette expansion panslaviste qui dominera tôt ou tard la politique russe, et l'avenir de ces revendications qui sont en France les principaux articles du code patriotique.

Joignez à cela une affinité de tempérament, d'humeur, d'esprit chevaleresque qui a survécu à de longues inimitiés.

Considérez encore ces flots d'émigration allemande qui menacent la France et qui constituent en Russie un parti assez fort pour avoir autorité dans les conseils du gouvernement, et vous comprendrez l'entente instinctive qui s'est faite entre les deux partis nationaux, entre les hommes qui veulent la puissance et l'indépendance absolue de leur patrie.

On ne peut le nier, pendant son ministère, le

général Boulanger a donné une nouvelle impulsion aux idées de solidarité franco-russe. Dès que sa popularité a été assise et que ce qui semblait d'abord une aventure politique est devenu une véritable manifestation nationale, un courant impossible à endiguer, on a compris à l'extrémité de l'Europe le cas qu'on devait faire de ce réveil succédant à des heures si longues d'inertie.

Plus les persécutions se sont multipliées contre le général Boulanger, plus vives se sont manifestées les sympathies russes.

A cette heure les deux nations ont les yeux dans les yeux, les mains dans les mains.

Le gouvernement du czar se tait, dites-vous ; peut-il faire autrement ?

Ce gouvernement est autocratique, anti-libéral, contraire à nos tendances. Qu'importe ? Il ne s'agit pas d'aller vivre avec les Russes, mais de combattre et de mourir avec eux.

Défiez-vous des sophistes qui prétendent qu'une nation libre ne peut pas s'allier avec une nation encore asservie.

Sous le drapeau, on obéit aux lois militaires, les mêmes dans tous les pays. On n'a que faire de disserter sur les constitutions ou de comparer son état politique et social.

Vous n'avez pas peur, n'est-ce pas, de devenir Cosaque.

Ce qu'il faut considérer, c'est ce qui doit nous unir aux Russes le jour de la bataille, et non ce qui nous en sépare pendant la paix.

Après tout, au point de vue de la politique extérieure, ces czars, ces autocrates comme vous les appelez, valent bien mieux que des parlementaires à la tête d'un pays, car ils écoutent la voix du peuple, ils secondent les aspirations nationales. Députés et sénateurs de la troisième République, êtes-vous capables de vous battre aussi bravement qu'eux ?

Ils quittent leur palais, leur pourpre, leur majesté pour aller au feu. Combien d'entre vous quitteraient leurs sièges pour marcher à l'ennemi.

Cette sympathie entre les deux peuples, prélude d'une alliance durable qui nous a déjà sauvés en 1875, devait, à la moindre manifestation, attirer les foudres de M. de Bismark et précipiter la marche des persécutions depuis longtemps méditées contre les chefs et les membres du parti national, contre la Ligue des patriotes, son moyen d'action.

L'affaire Atchinoff a été le prétexte des rigueurs que M. Jules Ferry avait, depuis plus d'un an, mis dans son programme, sans pouvoir trouver même parmi ces parlementaires peu scrupuleux des bras pour les exécuter.

Mais M. Constans est revenu. M. Thévenet

s'est affirmé, M. Rouvier n'avait que 8,000 francs de rente !

Cette fois, ce devait être le coup final, le meurtre, à la provocation duquel poussent depuis si longtemps MM. Sigismond-Lacroix, Reinach, Tony-Révillon et autres plagiaires des Conventionnels.

D'abord, il fallait s'attaquer aux gardes du corps, d'où l'affaire des patriotes, misérablement avortée grâce à des magistrats indépendants et courageux. Ensuite, c'était le général arrêté malgré son inviolabilité parlementaire, ce qui provoquait une émeute et permettait de lui donner un tout petit coup dans l'oreille.

Mais le procureur général Bouchez était là. Nouvelle déception.

M. Ferry ne s'est pas découragé. Le général Boulanger n'était plus dans ses griffes. Mais ses droits civiques, son éligibilité, sa croix de grand officier, ses biens, tout cela était encore d'une proie facile, si l'on pouvait trouver un tribunal condamnant quand même.

Ce tribunal, M. Ferry croit l'avoir trouvé dans le Sénat, dans la haute cour de justice, et à défaut dans un Conseil de guerre trié sur le volet.

Dans ce but, on a porté au Luxembourg huit cartons remplis de rapports d'argousins et d'articles opportunistes, de lettres volées et peut-être fabriquées pour les besoins de la cause. On crochète des serrures, on met des maisons à sac, on menace des officiers, on entasse bêtises sur gredineries. C'est le dernier épisode qui commence. Et comme toujours le mineur se cache. M. Jules Ferry reste dans la coulisse.

Que la haute cour de justice condamne, que le Conseil de guerre condamne, qu'importe puisque l'opinion a déjà prononcé et que le suffrage universel dira bientôt son verdict souverain !

Mais à qui fera-t-on croire que ces deux années de violence, ces deux années de persécutions ne visent que l'homme politique, le prétendu dictateur? Non, non, MM. Ferry et consorts connaissent trop bien le peuple pour le soupçonner de vouloir se forger des chaînes. Cet argument est pour les badauds, pour les naïfs, pour les illuminés. Non, ce qui est réellement engagé devant la haute cour de justice, c'est le procès du réveil national, c'est le procès de la politique de revendication, c'est le procès de celui qui personnifie la Justice immanente, c'est le choix entre l'alliance allemande et l'alliance russe. C'est plus que le suffrage restreint s'apprêtant à juger le suffrage universel, c'est la peur devenue justicière du patriotisme.

Il faut empêcher à tout prix, par tous les moyens, notre politique extérieure de s'orienter vers le relèvement, de tendre la main à des alliés. Il faut subir l'invasion allemande, se courber devant cette hégémonie qui menace l'Europe. Il faut dire adieu à l'Alsace-Lorraine.

Sinon, c'est le crime, c'est le complot, c'est l'attentat et par suite l'exil et la dégradation.

Combattants de 1870, verrez-vous cette nouvelle humiliation ?

Verrons-nous le Sénat de la République se faire la succursale de la cour de Leipsick?

Repoussera-t-il, au contraire, ce rôle dégradant qui lui portera le dernier coup ?

Verrons-nous un jour une haute Cour de justice jugeant le crime de haute trahison, qui s'appelle le Tonkin, et châtier justement les odieuses intrigues de M. Ferry, *persona grata* à Berlin.

Qui pourrait à cette heure rien présager ?

Mais ce que chacun peut et doit, c'est faire la lumière devant le suffrage universel, c'est de bien lui dire que, cent ans après la Révolution française, notre pays compte encore des émigrés de l'intérieur, sur lesquels une main vengeresse ne devra pas tarder à s'étendre.

Ce qu'il faut dire au pays, c'est qu'en réveillant la nation, en préparant activement la défense, en nous rappelant les chemins glorieux conquis par nos pères, en poursuivant une République de concorde et d'union, le général Boulanger a prévu les orages qui vont gronder, les luttes de géants qui vont s'ouvrir, le devoir pour la France de ne pas être inférieure aux autres pays.

S'il avait besoin d'une justification, ce livre en serait une nouvelle. Il montre l'Europe en armes en exceptant la France sur laquelle la discrétion s'impose, et l'Allemagne, impossible à étudier dans l'espace restreint d'un chapitre. Que les patriotes lisent cet ouvrage, qu'ils en méditent les chiffres et qu'ils se demandent ensuite quelle politique il faut adopter, celle de M. Jules Ferry ou celle du général Boulanger. Quand le pays aura prononcé, il n'y a pas de sentence qui ne s'efface devant son arrêt suprême.

Vive la France ! Vive Boulanger !

T. C.

Il convient, pour exactement apprécier la la puissance militaire d'une nation, d'analyser au double point de vue offensif et défensif, la valeur des éléments divers, des facteurs distincts, dont l'ensemble et l'harmonie constituent cette puissance, savoir :

L'organisation de l'armée et de ses ressources ;

Le terrain et son utilisation défensive.

Le développement du réseau ferré et sa capacité offensive ;

Les moyens économiques.

Tels sont les éléments tangibles, les facteurs primordiaux à soumettre à la discussion.

J'omets quant à présent, comme coefficient échappant à l'estimation mathématique, les efforts nerveux et psychologiques, et je mentionnerai seulement pour mémoire, afin de paraître ne rien négliger, le *nervus rerum*.

RUSSIE

RUSSIE

I

Organisation générale de la puissance militaire. — L'armée active; infanterie, cavalerie, les Cosaques, artillerie, génie, services auxiliaires. — L'armée de réserve; divisions de réserve, troupes de garnisons, dépôts, troupes locales. — L'armée territoriale. — Récapitulation des forces.

Depuis la guerre de 1877-78, l'armée russe a subi une transformation presque complète. Elle est en majeure partie redevable des progrès qu'elle a accomplis, à la sollicitude de l'empereur Alexandre III, à l'active et intelligente initiative du Ministre de la guerre, le général Wannowski, et du général Obroütschew, chef d'état-major général.

Pierre le Grand est le véritable créateur de l'armée nationale russe. Son décret de novembre 1699 est le premier, imposant une conscription régulière. En 1712, son armée comptait 210,000 hommes et 100,000 Cosaques.

Catherine II crée le corps des chasseurs et organise les circonscriptions territoriales.

Alexandre I⁺ʳ appelle pour la première fois la milice nationale (Opoltschenie). Elle lui fournit, en 1812,

320,000 hommes et 50,000 chevaux. Après la campagne de France, le général Araktschejew imagine l'établissement des colonies militaires. L'empereur Nicolas modifie et réduit notablement ces colonies militaires; il signale son règne par la création du corps des dragons (1825) et par l'organisation du ministère de la guerre (1838).

Au moment de la guerre de Crimée, la Russie disposait d'une armée régulière de 1.150,000 hommes et de 246,000 irréguliers.

En 1862, sous le règne d'Alexandre II, le ministre de la guerre, général Miljutin, soumet l'armée à une organisation, qui a surtout pour but de former une armée permanente, solide, et bien instruite.

Les événements de 1870-1871 montrent que ce principe est de fausse application.

L'armée permanente doit encadrer la nation armée. Le service obligatoire est alors admis.

La Russie subissait cette organisation lorsque éclata la guerre de 1877-1878.

La loi du 1ᵉʳ janvier 1874 crée *une armée active* et *une milice* (opoltschenie), et établit le principe du service obligatoire et personnel (pour la Finlande, loi du 18 décembre 1878) de vingt à quarante ans.

D'après les nouvelles dispositions de la loi de juillet, la durée totale du service dans l'armée active et la réserve a été fixée à 18 ans pour les provinces Européennes; elle est maintenue à 10 ans pour les troupes de la marine, et les levées dans les provinces asiatiques.

La durée du service actif est fixée uniformément

pour toutes les armes à 5 années et à 13 ans dans la réserve.

La rigueur de la loi est tempérée par de nombreuses concessions, faites aux jeunes gens pourvus de diplômes universitaires, et, qui sont en quelque sorte, assimilables aux conditionnels d'un an.

Dans les autres armées, on trouve aussi une autre catégorie d'engagés volontaires pour deux ans; la loi exige de ces derniers un examen préalable.

Enfin l'ukase comporte des dispositions spéciales, avantageant le rengagement des sous-officiers.

Les équipages de la flotte servent 7 ans.

Les troupes cosaques sont régies par des dispositions spéciales sur lesquelles nous reviendrons.

Par décret du 2 juin 1882, les Mennomites accomplissent le service légal dans le corps des forestiers.

Le recrutement est régional.

L'empire d'Europe est partagé en 13 gouvernements militaires, scindés en subdivisions, divisées à leur tour en districts de régiments.

A chaque régiment d'infanterie, à l'exception de la garde, correspond un *district territorial*.

Plusieurs corps ont deux districts de recrutement : l'un *principal*, qui leur fournit à peu près 75 p. 100 de leur contingent, l'autre secondaire.

Cette disposition particulière est adoptée en Pologne, en Bessarabie, dans les provinces baltiques, dans les gouvernements de Kasan, Perm, Orembourg, Astrakan, la région du Don, etc., partout enfin où les nationalités sont mêlées.

Les Polonais, les Finnois, les habitants des provinces baltiques sont répartis dans toute l'armée.

Les armes spéciales et la garde sont recrutées sur l'ensembie du territoire,

La classe 1883, pour spéculer sur un exemple, devait fournir 830,074 hommes. 317,810 ont subi le conseil de revision ; le contingent appelé s'est élevé à 215,463 hommes ; sur ce chiflre 213,725 ont été incorporés dans l'armée active, et le surplus a été placé dans la réserve. Le nombre des engagés volontaires s'est élevé à 7,980. Celui des jeunes gens ayant obtenu une réduction de service sur la présentation d'un certificat d'étude n'a pas dépassé 4,000.

La nouvelle loi organique augmentera le contingent annuel d'environ 15,000.

Nous allons successivement détailler les valeurs composant l'armée active, la réserve et la territoriale.

Armée active. L'armée active comprend les troupes de toutes armes et de divers services appartenant aux diverses catégories :

1° Troupes de campagne ; 2° de réserve ; 3° de dépôt ; 4° troupes locales ; 5° cosaques.

Nous consacrerons à chacune de ces armes un rapide résumé :

INFANTERIE. — L'armée active comprend les formations suivantes :

Les troupes de campagne comptent : .

a) 12 régiments de la garde ; les deux plus anciens *Préosbaschensk* et *Semenow* (des noms de deux villages voisins de Moscou) datent de 1683 ; les autres sont dénommés : Ismaïlow, chasseurs de la garde; Moscou, grenadiers de la garde; Pawlow, Finlande; Lithuanie, grenadiers ; Kexholm, grenadiers de Pétersbourg; Wolhyme. Plusieurs de ces régiments conservent dans la tenue de parade des souvenirs historiques, rappelant de glorieux faits d'armes; tels les schakos des régiments de Pawlow (bataille de Borodino);

b) 16 régiments de grenadiers; les 12 premiers de ces régiments portent un numéro de série, une désignation d'origine et le nom d'un chef honoraire.

Exemple : 5ᵉ régiment de grenadiers de Kiew, du roi des Pays-Bas.

Les régiments 13 à 16 forment la 1ʳᵉ division du 1ᵉʳ corps du Caucase.

c) 164 régiments de ligne.

d) 56 bataillons de chasseurs, 4 de la garde, 20 de la ligne, 8 finnois, les autres aux formations particulières au Caucase, le Turkestan, la Sibérie, etc.

Les 20 bataillons de chasseurs forment 5 brigades, dont 4 stationnées sur la frontière de l'ouest et une à Odessa. Ces brigades subissent actuellement un dédoublement, les transformant en autant de divisions, dont les régiments (anciens bataillons) sont provisoirement tenus à 2 bataillons seulement.

Tous les régiments d'infanterie sont à 4 bataillons de 4 compagnies l'un ; plus par régiment, une compagnie de non combattants, et un cadre de dépôt.

Le régiment aligne, sur le pied de guerre, en combattants : 79 officiers et 3,874 hommes de troupe, (3,536 fusils).

Le bataillon de chasseurs peut être compté en moyenne à 21 officiers et 960 hommes de troupe.

La compagnie est à l'effectif normal et théorique de 3 officiers et 144 hommes. Elle encadre sur le pied de guerre 4 officiers, 243 hommes dont 218 armés.

L'infanterie présente, par suite, un ensemble de 16.400 officiers et 896,000 hommes de troupe.

Elle est armée du fusil Berdan n° 2, modèle 71, et possède une certaine quantité de chargeurs rapides du système Kruka. L'adoption d'une armes à répétition et à calibre réduit que certaines tendances d'une psychologie peut-être trop accentuée avaient fait ajourner, paraît à la veille d'être décidée[1]. Chaque compagnie est pourvue de 80 pelles Linnemann et de 20 haches. Le train régimentaire transporte de plus par compagnie, 24 haches, 10 pelles et quelques autres outils. (Instruction du 11 juillet 1881 sur l'emploi de l'outil portatif.) La dotation en cartouches s'élève à 194 dont 84 portées par l'homme, 48 dans le caisson de munitions (8 par régiments), 52 aux sections de munitions et 10 au parc.

Les règlements de l'infanterie ont été révisés en 1881 dans leurs parties essentielles, savoir :

Instruction sur les manœuvres ;

Règlement sur l'instruction du tir ;

Instruction pour l'emploi des outils portatifs.

La tenue a été réglementée par une décision du 14 novembre 1881.

Coiffure : de service et de campagne, bonnet rond en drap noir avec une cocarde et le numéro du régi-

---

[1] On parle actuellement d'expériences avec un fusil Cumin

ment, les officiers ont la visière; de parade, bonnet rond en astrakan et calotte en drap noir avec cocarde et aigle.

Vêtement : vareuse ample en drap vert foncé sans boutons (agrafes), pattes d'épaule en drap de nuance différente, deux grandes poches sur le devant de la poitrine, manteau roulé en sautoir dans la tenue de campagne. Le pantalon est porté dans les bottes.

Par décision du 13 avril 1882, l'infanterie a renoncé au sac. Elle a reçu en échange deux musettes en toile imperméable : l'une contient les vivres, l'autre les effets. Deux poches à cartouches sont attachées au ceinturon.

Les ustensiles de campement, la deuxième paire de bottes (dans un étui), la toile de tente et ses accessoires sont fixées sur le manteau.

CAVALERIE. — L'arme compte :

12 régiments.
3 escadrons de Cosaques du Kouban, du Tereck et de l'Oural. } Garde.

46 régiments de dragons.
108 régiments de Cosaques.
77 sotnias de Cosaques. } Ligne.

La garde forme en temps de paix, deux divisions, et trois en temps de guerre :

Divisions des cuirassiers de la garde : *chevaliers gardes de l'impératrice*, gardes du corps, régiments de cuirassiers de l'empereur, régiment de cuirassiers de l'impératrice.

*I*re *division :* grenadiers à cheval, uhlans, hussards, cosaques.

IIe division: dragons, uhlans, hussards de Grodno, cosaques.

Chaque division est pourvue de deux batteries à cheval.

Au total sur le pied de guerre, y compris les formations de dépôt : 603 officiers, 93 employés assimilés, 17,029 sous-officiers et cavaliers combattants, 1,318 non combattants; 1,283 chevaux d'officiers, 15,744 chevaux de troupe, 2,041 chevaux de trait ou de charge.

Le régiment des chevaliers gardes de l'impératrice a été créé en 1799, celui des gardes du corps en 1721, les cuirassiers de l'empereur en 1702, ceux de l'impératrice en 1704. Ces régiments coiffent le casque doré frappé de l'étoile surmonté de l'aigle aux ailes déployées, et revêtent la tunique blanche avec galons et parements jaunes, la culotte bleue à bandes jaunes, enfin la cuirasse d'acier.

Les deux régiments de uhlans (uhlans de la garde, 1803, et uhlans de l'empereur, 1817) portent le czapka rouge, uhlanka bleue avec parements rouges et le pantalon bleu à bande rouge.

Les hussards se montrent avec l'attila vert à brandebourgs jaunes, la pelisse blanche et la culotte bleue. Le bonnet à poil est orné d'une flamme verte pour les hussards de l'empereur (1775), rouge pour les hussards de Grodno (1824).

Pour le régiment des grenadiers à cheval (1803): casque en cuir bouilli avec garniture en cuivre, chenille noire et flamme rouge ; tunique et pantalon verts; parements et bande rouges.

Pour les régiments de dragons (1814) : bonnet à

poil avec calotte rouge, tunique grise, ceinture rouge lisérée de vert, pantalon gris bleu à bande rouge.

Dans les cosaques du Don, le régiment de l'empereur et celui du grand-duc datent de 1775; l'escorte a été formée par Catherine II.

Les 14 divisions de cavalerie de ligne sont composées à 3 régiments de dragons et un régiment de cosaques.

Les régiments de dragons marchent à 6 escadrons (36 officiers, 6 employés assimilés, 920 sabres, 28 non combattants, 70 chevaux d'officiers, 902 chevaux de troupe, 83 chevaux de trait ou de bat).

Les dragons portent la casquette ornée d'un plumet, la tunique et le pantalon vert sombre, le manteau gris et les bottes éperonnées. Les couleurs distinctives sont indiquées au collet et sur les pattes d'épaule. Le sabre légèrement recourbé, dit *schaschka* garnissant un fourreau de bois est porté à un baudrier auquel est également fixé la bayonnette. Le fusil est d'un modèle un peu plus court que celui de l'infanterie.

Les régiments de cosaques formés à 6 sotnias comptent 25 officiers, 3 employés assimilés, 889 combattants, 73 non combattants et 1,018 chevaux.

La composition des régiments d'Orembourg et de l'Oural est peu différente.

Les cosaques du Don ont le caftan bleu foncé, ceux d'Orembourg, d'Askrakan et de l'Oural endossent la tunique vert sombre; les cosaques du Terek et du Kouban portent le caftan rouge et par-dessus la tcherkaska, avec dix étuis à cartouches sur chaque côté de la poitrine. — Armement: sabre des dragons, carabine Berdan et lance (sans flamme) pour le premier rang.

La selle très particulière des cosaques est formée par un simple cadre en bois avec coussins; les cosaques n'ont pas d'éperons mais le fouet dit *nagaika*.

Les régiments de cosaques 1 à 8, 11, 12, 14 sont attribués aux corps d'armée du numéro correspondant.

Les régiments 9, 10, 13, 15 constituent la division des cosaques du Don.

Les 4 derniers régiments de dragons et les 10 derniers régiments de cosaques forment les 3 divisions de cavalerie stationnées dans le Caucase.

Deux batteries (6 pièces de 8 centimètres) sont adjointes à chaque division.

Nous retrouverons l'emplacement de ces divisions dans le tableau présentant la dislocation des troupes.

Plus encore que dans l'infanterie, il est exceptionnellement rare de trouver groupés les divers escadrons d'un même régiment. J'ai fait à ce sujet, au cours de mes voyages, de singulières constatations : il n'est pas rare de trouver le petit état-major seul, les 6 escadrons étant dispersés. Je prends dans mes notes tout au hasard : dans la 3ᵉ division, les 7, 8, 9ᵉ dragons et le 3ᵉ régiment de cosaques sont totalement dispersés. Il en est de même dans la 2ᵉ division, 31, 32, 33ᵉ dragons et 11ᵉ cosaques.

Ainsi le 32ᵉ dragons occupe :

Dubno, Verba, Sémédouby, Pogoretzy, Mlynoff, avec deux escadrons à Radgivyloff.

Cette dispersion, qui est motivée par les exigences du cantonnement, a été exploitée par la presse allemande et austro-hongroise pour accréditer la légende d'une accumulation considérable de forces russes sur la frontière occidentale; là où gîtait un escadron, les reptiles des deux pays dénonçaient mensongèrement la présence de tout un régiment.

L'instruction sur les manœuvres de la cavalerie date du 15 mai 1881. Une attention toute spéciale est attribuée dans la cavalerie russe au combat à pied; cette question y est très étudiée. Qu'il nous suffise de citer l'ouvrage si remarquable du colonel Baikow : « *Emploi et exécution du combat à pied dans la cavalerie.* »

Le service des sapeurs n'y est pas non plus négligé; chaque escadron est pourvu de 16 outils et de 40 cartouches à dynamite. Il a même été formé dans quelques divisions, notamment dans la 4e, un escadron de sapeurs.

L'instruction télégraphique est également donnée avec soin. Il a été question à diverses reprises de doter les régiments d'un petit appareil portatif; le système Herschelmann paraît définitivement adopté.

La Russie européenne possède environ 15 millions de chevaux dans l'âge de travail; 20 à 25 p. 100 de cet ensemble se groupe dans les provinces du Volga. Les provinces baltiques sont les plus pauvrement partagées (2 1/2 p. 100)[1].

---

[1] Plus exactement, d'après le dernier recensement : 19.674.723 chevaux dans la Russie d'Europe, dont 14.835.051 aptes au service militaire; de cette dernière catégorie :

Gouvernement militaire de Pétersbourg	. . . .	646.879
—	de Wilna	1.722.380
—	de Varsovie	736.505
—	de Kiew.	1.210.132
—	d'Odessa	1.094.626
—	de Charkow	2.257.623
—	de Moscou.	3.063.379
—	de Kasan	4.103.528

Proportionnellement à la population, la Russie est au point de vue de la richesse chevaline, beaucoup plus avantageusement pourvue que les autres pays de l'Europe. Il revient sur 1,000 habitants 235 chevaux, alors que la proportion s'établit : 100 en Autriche-Hongrie, 82 en Allemagne et 80 en France.

Mais les conditions ne sont plus les mêmes, si nous établissons le rapport par kilomètre carré. On constate alors : Russie 3,5 ; Autriche-Hongrie 5,7 ; Allemagne 6,3 et France 5,3.

L'Etat entretient 6 haras avec 2,710 animaux. Les établissements privés, d'élevage, sont au nombre de 3,430 avec 9,500 étalons et 92,791 juments poulinières.

On trouve en Russie deux races indigènes : la race tartare et la race finnoise. Elles peuvent se répartir en 4 groupes :

Le cheval de montagne de race tartare, dont le plus noble type se localise dans la province de Karabagh ;

Le cheval des steppes qui sert à la remonte des cosaques du Don et des Khirhiz ;

Le cheval des régions boisées de race finnoise dans les gouvernements de Perm, de Kazan et d'Arkangel ;

Le cheval des terres noires (gouvernement de Woronesh), bien certainement le plus parfait cheval de travail.

Il n'est pas inutile, avant de passer à un autre sujet, de faire constater combien est insuffisante en *temps de paix*, l'utilisation des ressources considérables dont dispose la Russie.

Nous ne constatons pas à proprement parler l'existence de divisions indépendantes; dans la règle chaque corps d'armée est pourvu d'une division, sauf la garde qui en a deux, ainsi que le XIVe corps renforcé par la division de cosaques du Don (Zamosl); par contre, quoique les ressources soient disponibles, les XVe XVIe et XVIIe corps ne sont pas encore pourvues de divisions de cavalerie.

L'opinion publique en Russie se préoccupe de cette situation. Elle réclame l'augmentation de la cavalerie et l'organisation de divisions indépendantes, plus exactement, de gros corps de cavalerie comme il en avait déjà été formé sous Alexandre II. Elle réclame, de plus, l'affectation d'une brigade à chaque corps d'armée.

Ces vœux ont été résumés et brillamment présentés, au mois de février dernier, dans une conférence faite par le général Schuchotin [1], qui proposait, entre autres, l'augmentation du nombre des escadrons dans la brigade afin de permettre à la mobilisation le dédoublement des régiments.

J'ai eu soin de faire remarquer que cette pénurie en cavalerie n'affectait que les formations du temps de paix, *sachant* fort bien que la Russie à prévu pour *après la mobilisation*, ce qui lui était largement nécessaire. Il y a inconvénient néanmoins, dans les condi-

---

[1] Le général Schuchotin est également l'auteur d'un livre sur les *raids*, une des questions très discutées et prônées dans la cavalerie russe comme en témoignent toute une série d'études. Celles récentes, de P. Rennenkampf (livraisons de septembre des Wajenny-Sbornik) du cap. Willahoir et les tendances de Skobelew, Pistolkow, Davydow, prince Galitzin, Dragamirow, Terchow, etc.

tions particulières où se trouve la Russie, de ne pas procéder à une organisation permanente ; c'est le seul point sur lequel il me soit permis d'insister.

Je me suis contenté en parlant des régiments de cosaques, de l'énoncé d'un simple chiffre ; je reviens sur cette organisation qu'il est intéressant d'exposer avec plus de détails.

Un décret organique de 1874 fixe à 20 ans la durée du service pour les populations cosaques :

3 années à la disposition (18 à 21 ans). 12 années de service actif (21 à 33 ans).	1er ban.
5 années dans la réserve (33 à 38 ans).	2º ban.
Le cosaque sert ensuite dans l'opoltschenie jusqu'à l'âge de 50 ans.	3º ban.

En principe, la durée du service actif est réduite à 3 ou 5 ans. Le cosaque libéré dans ces conditions, n'est plus astreint qu'à une convocation de trois semaines.

Le nombre des cosaques soumis à l'obligation du service militaire s'élève à environ 320.000 hommes, c'est-à-dire de 27 à 28 p. 100 de la population mâle. Un bon tiers revient aux cosaques du Don.

L'effectif des officiers en service est environ de 2.050.

Les cosaques du Don fournissent en temps de paix :

2 régiments de la garde à 4 sotnias ;

15 régiments de la ligne à 6 sotnias ;

8 batteries à 6 pièces, sauf celle de la garde qui n'en attèle que 4.

Augmentations du temps de guerre :

2 escadrons à chacun des régiments de la garde;
1 régiment de service de la garde;
15 régiments du 2ᵉ ban (16 à 30);
30 sotnias du 2ᵉ ban accaparées par l'intendance pour le service des convois;
15 régiments du 3ᵉ ban (31 à 45);
7 batteries du 2ᵉ ban (8 à 14);
7 batteries du 3ᵉ ban (15 à 31).

Chacune de ces batteries est pourvue dès le temps de paix de 3 pièces.

Le régiment compte en moyenne 25 officiers et 770 sabres.

Les cosaques du Kouban lèvent en temps de paix :

2 escadrons de l'escorte de l'empereur;
2 escadrons détachés à Varsovie;
10 régiments;
5 batteries à cheval.

En temps de guerre : 20 nouveaux régiments et 10 pièces, pour porter à 6 pièces l'effectif de la batterie.

Les cosaques du Tereck entretiennent en temps de paix :

2 escadrons de l'escorte de l'empereur;
4 régiments;
2 batteries.

Augmentation du temps de guerre : 8 régiments et 4 pièces.

Les cosaques de l'Oural fournissent en temps de paix un escadron de la garde, un escadron d'instruction et 15 escadrons, — à la mobilisation, formation de 30 nouveaux escadrons.

Les cosaques d'Astrakan n'entretiennent qu'un régiment par ban.

Les cosaques d'Orembourg lèvent en temps de paix 6 régiments et 3 batteries à cheval.

Formation du temps de guerre : 18 régiments et une brigade d'artillerie à 8 pièces.

Nous ne tenons ici, aucun compte des autres formations cosaques inemployables pour une guerre en Europe : cosaques du Kutaïs, du Dagestan, de la Sibérie orientale, de la région transbaïkalienne, etc., etc.

ARTILLERIE. — L'arme de l'artillerie comprend, comme dans toutes les armées européennes, trois subdivisions :

L'artillerie montée ;
L'artillerie à cheval ;
L'artillerie de forteresse.

L'artillerie montée compte :

3 Brigades de la garde (1 à 3);
4 Brigades de grenadiers (la 3ᵉ affectée au Caucase);
41 Brigades de ligne (1 à 41).

Les 48 brigades stationnées dans la Russie d'Europe sont à 6 batteries ; les batteries 1 et 2 sont armées de canons lourds, de 10 ᶜᵐ· 67 ; les batteries 3 et 4 sont légères, de 8 ᶜᵐ· 69 ; les batteries 5 et 6 sont de même calibre sauf dans les brigades 13, 19, 20, 21, 38 et 39 où elles sont remplacées par des pièces de montagnes de 7 ᶜᵐ· 62.

La batterie à 8 pièces n'est attelée en temps de paix que dans les brigades établies à proximité de la frontière.

Effectif d'une batterie : 8 officiers, 221 hommes de troupe, 8 pièces et 12 à 16 voitures.

Chaque brigade établit de plus, une batterie de dépôt.

L'artillerie de réserve est constituée dès le temps de paix à 6 brigades de 6 batteries (4 pièces). Elles organisent à la mobilisation 24 brigades à 4 batteries affectées aux divisions de réserve.

L'artillerie à cheval compte :

1 Brigade de la garde à	5	batteries.
Batteries de ligne...	23	—
Batteries de cosaques..	18	—

46 batteries.

Les batteries doivent toutes atteler 6 pièces.

L'artillerie de forteresse est formée à 48 bataillons, plus 9 compagnies isolées.

Les bataillons portent outre le numéro de série, la dénomination de la place à laquelle ils sont affectés.

Je crois devoir comprendre dans l'artillerie de forteresse les batteries dites de sortie, attribuées aux places de Warsovie, Nowo-Georgiewesk, Brest-Litewski, Ivangorod et Kowno.

L'artillerie se distingue de l'infanterie et de la cavalerie par un double passe-poil rouge au col. Elle porte le sabre des dragons et le revolver.

Nous avons déjà dit que le matériel d'artillerie adopté par décision du 28 mai 1878 était pour l'artillerie de campagne du calibre de 10 $^{cm.}$ 67 ou

8 cm. 69 et de 9 cm. 62 pour l'artillerie de montagne.

Ces pièces proviennent ou de chez Krupp ou de la fonderie nationale de Obuchoff.

Les deux modèles de pièces de 8 cm. 69 se différencient en pièce longue ou courte ; la première fait traîner par cheval 350 kilogr., la seconde 310 kilogr. (sans les servants).

Les affûts sont munis de l'appareil de contre-recul du colonel Rugelhardt.

Les pièces tirent trois sortes de projectils : l'obus, l'obus à balles et la boîte à mitraille.

Approvisionnements :

Pièces lourdes : 126 coups dans les coffres, 144 aux sections de munitions.

Pièces légères : 165 coups dans les coffres, 159 aux sections.

Les principaux établissements de l'artillerie sont :

Les trois manufactures d'armes de Sestroriask, Tula et Ishew ;

Les trois fabriques de poudre de Ochta, Kaganet, Michailo-Schostka ;

La cartoucherie de Pétersbourg ;

La fonderie de Pétersbourg avec l'ancienne aciérie de Obuchow ;

Les trois arsenaux généraux de Pétersbourg, Briansk et Kiew servent d'atelier de constructions de toutes sortes (forage des pièces, affûts et voitures, arçonnerie.

Enfin l'artillerie organise et dessert en temps de guerre :

Les 48 sections de munitions attribuées aux divisions d'infanterie (2 sections pour l'infanterie et 2 pour l'artillerie), organisées par les parcs des brigades d'artillerie.

Les 24 parcs de corps d'armée (plus exactement pour groupe de 2 divisions), formés dans chacune des 15 directions de corps d'armée.

Ces mêmes établissements fournissent aux divisions de réserve, les sections de munitions et les parcs aux corps d'armée à grouper éventuellement avec certaines de ces divisions..

Outre ces éléments mobiles, le service de l'artillerie dans chaque région de corps d'armée (circonscription militaire), organise les parcs ou dépôts sédentaires à raison de 1 pour 2 divisions.

Enfin, notons encore 3 parcs de siège à 400 pièces dont l'un pour l'armée du Caucause.

Génie. — L'arme du génie comprend ;
17 bataillons de sapeurs, à 5 compagnies (dont 2 de la garde);
 8 bataillons de pontonniers;
 4 bataillons de chemin de fer de campagne;
 4 compagnies de torpilleurs;
17 parcs de télégraphie militaire;
 2 parcs de siège;
 6 parcs de campagne.

Ces diverses unités sont organisées en brigades de sapeurs, 5 pour la Russie d'Europe (Pétersbourg, Vilna, Kiew, Varsovie, Odessa); et la 6ᵉ pour le Caucase. Chacune des 5 premières brigades compte : 3 bataillons de sapeurs, 1 ou 2 bataillons de pontonniers, 1 bataillon d'ouvriers de chemin de fer, 1 parc de campagne, 3 parcs de télégraphie.

Le bataillon de sapeurs est à 4 compagnies actives, plus une de dépôt. Cette dernière se dédouble à la mobilisation et l'on obtient ainsi 34 compagnies; 16 de ces compagnies sont appelées à un service actif, les 18 autres sont affectées aux places.

Le bataillon compte 26 officiers et 1,000 hommes de troupes. La compagnie est pourvue de 240 outils; le bataillon porte en outre sur ses voitures 576 pelles, 400 haches et 192 pics.

Les pontonniers, dont les deux derniers bataillons datent de janvier 1877, comptent au bataillon, 12 officiers avec un effectif de 360 hommes (et deux compagnies). L'équipage de pont chargé sur 58 voitures, permet d'établir un pont de pontons de 215 à 311 mètres, ou un pont sur chevalets de 47 mètres.

Le premier bataillon d'ouvriers de chemin de fer a été créé en octobre 1876. En 1878, le quatrième était formé.

Deux des compagnies du bataillon sont dites de construction, les deux autres d'exploitation.

Ce sont deux de ces bataillons, spécialement affectés à la région transcaspienne qui ont été chargés de l'établissement de la voie de la Caspienne à Samarcande.

Les 4 compagnies de torpilleurs ont été créées les deux premières en 1878 — pour Kronstadt et Kertsch — les deux dernières en mai 1882. Elles présentent, sur le pied de guerre, un effectif de 44 officiers et 968 hommes de troupe, et sont réparties : Kronstadt, Sweaborg, Odessa, Sébastopol.

En 1876, il n'existait que 6 parcs de télégraphie militaire. Ce nombre a été successivement porté à 17.

(6 officiers, 250 hommes, 124 chevaux et 37 voitures.) Chacun de ces parcs peut établir une ligne de 70 kilomètres.

Les deux parcs de siège à Dunabourg et à Bobrinsk sont servis chacun par 7 officiers, 286 hommes de troupe, 387 chevaux et 116 voitures. Ils entretiennent le matériel et l'approvisionnement nécessaire à un siège régulier.

Les 6 parcs de campagne sont attribuées aux brigades de sapeurs et chaque parc forme dix sections. Chacune d'elles doit emporter la réserve d'outils à l'usage des divisions d'infanterie et des troupes techniques.

Le parc charge au total 10,500 outils.

Les troupes du génie sont habillées comme l'infanterie. Elles sont armées du fusil des dragons, mais sans sabre. Les hommes attachés aux parcs et à la télégraphie ne sont armés que de revolvers.

L'instruction militaire se donne comme dans l'infanterie. L'instruction technique est conforme au reglement du 22 septembre 1881.

Les principaux établissements du génie sont :

L'arsenal principal de Dunabourg, le dépôt central de Bobruisk, les dépôts régionaux de Pétersbourg, Moscou, Dunabourg, Brest-Litewky, Kiew, Tiflis; les dépôts de places fortes à Varsovie, Ivangorod, Brest-Litewky, Modlin et Bender.

TRAIN [1]. — Le train des équipages ne se retrouve pas dans l'armée russe comme formation spéciale.

---

[1] *Création de bataillons-cadres du train.* — Un ordre récent vient de prescrire la formation, à la date du 1ᵉʳ janvier 1889, de cinq bataillons-cadres du train chargés des transports mili-

Les corps de troupe très richement gratifiés, les états-majors et les divers services pourvoient à leurs transports. Ainsi, le régiment d'infanterie est doté de 86 voitures et 151 chevaux. Soit 23 voitures au premier et 63 voitures au second échelon. Le régiment de cavalerie a 16 voitures au premier échelon et 26 au second.

Nous avons déjà examiné les trains particuliers de l'artillerie et du génie. Il nous reste à dire deux mots du service hospitalier et de celui de l'intendance :

L'ambulance divisionnaire en deux échelons peut recevoir 600 blessés.

Deux hôpitaux mobiles par division avec 600 places chacun.

Quatre hôpitaux de réserve par division d'infanterie.

taires en temps de guerre. Les bataillons n°⁵ 1, 2, 4 et 5 comprendront chacun 4 compagnies, et le n° 3, 2 compagnies. Les compagnies seront numérotées de 1 à 18 ; chacune d'elles se subdivisera en 5 sections.

Les bataillons-cadres recevront les prestations en nature et en argent attribuées à l'infanterie ; chacun d'eux possédera des hangars de voitures avec le harnachement et les accessoires nécessaires, ainsi qu'un approvisionnement de réserve pour le personnel des transports militaires ; certains d'entre eux seront pourvus du matériel nécessaire pour les transports sur bâts.

Les bataillons sont chargés de la conservation et de l'entretien de leur matériel ; ils serviront à instruire les recrues et les jeunes soldats qui leur seront envoyés par les corps de troupes. Ils pourront, en outre, être appelés à faire le service des transports dans les corps, les directions et les établissements militaires.

En cas de mobilisation, les 18 compagnies se transforment en 18 bataillons de guerre comprenant chacun 5 unités de train. En tout 90 unités.

Le service des vivres est ainsi réparti :

Les hommes portent, dans l'infanterie, trois jours de vivres, deux jours dans la cavalerie et l'artillerie.

Le convoi régimentaire charge dans l'infanterie un jour de vivres, deux jours et demi dans les troupes à cheval.

Le convoi divisionnaire transporte quatre jours de vivres.

Le convoi administratif roule avec 260 voitures, huit jours de vivres pour 8,500 rationnaires, et quatre jours d'avoine pour 1,500 chevaux (2 convois administratifs pour une division d'infanterie et 1 pour une division de cavalerie).

Nous venons d'examiner les divers éléments constituant l'armée active; passons maintenant aux formations de deuxième ligne ou de réserve, dans laquelle nous introduirons, quoique peut-être pas très correctement, les troupes de dépôt et les troupes locales.

Les *troupes de réserves*, appelées à grossir l'effectif de l'armée et à pourvoir à divers services spéciaux, existent dès le temps de paix sous forme de bataillons de réserve à 5 compagnies.

1 bataillon pour la garde;
96 — pour la ligne;
6 — pour le Caucase.

A la mobilisation, chacune de ces compagnies se constitue en un bataillon, et quatre de ces bataillons forment un régiment continuant, pour la ligne, la série de 165 à 260.

76 de ces régiments (63 officiers, 3,845 combat-

tants) servent à la formation de 19 divisions de réserve (42 à 60) et 12 de ces divisions (42 à 53) paraissent avoir été récemment désaffectées (notamment celles de Pétersbourg et Kronstadt (42 et 43), des formations auxquelles elles étaient primitivement destinées, pour doter d'une troisième division les corps formant l'armée d'opération.

Des mesures ont été prises en même temps pour porter de 32 à 48 pieces. l'artillerie de ces divisions. Les cinquièmes bataillons de ces régiments restent à la disposition des autorités locales.

Les 20 régiments de réserve encore disponibles (non compris celui de la garde) sont formés en régiments à 5 bataillons (78 officiers, 4,755 combattants) pour le service des places fortes; nous les trouvons :

1	à Sweabog et à Bobruisk.	2
2	à Kronstadt, Dunabourg, Ivangorod.	6
3	à Brest-Litewsky.	3
4	à Nowo-Georgiewsk.	4
5	à Varsovie.	5
		20

Le Ministre de la guerre s'est, en ces derniers mois, tout spécialement occupé à accroître la valeur et le nombre de ces formations de réserve.

L'ukase de juillet, modifiant la composition organique de l'armée, a augmenté de trois classes (16, 17 et 18); la réserve et les manœuvres de 1888 autour de Elisawethgrad [1] ont montré combien était grande

---

[1] 51ᵉ division de réserve comprenant les cadres de bataillons de réserve nᵒˢ 54, 61, 67 et 68, appelant les classes 78 et 83. — Et 51ᵉ brigade de réserve d'artillerie constituée à l'aide de la 3ᵉ batterie de la 4ᵉ brigade d'artillerie de réserve.

la confiance que méritaient l'instruction et la solidité de ces troupes.

Dans la cavalerie chacun des 56 régiments fournit un peloton de dépôt dont la réunion par division est dotée d'un cadre, et forme un *cadre de brigade de dépôt*.

Ces cadres préparent en temps de paix la remonte des régiments, et forment en temps de guerre deux escadrons de dépôt (soit : 112).

Nous avons déjà dit que l'artillerie de réserve était constituée, dès le temps de paix, de 6 brigades de 6 batteries et qu'elles groupaient à la mobilisation 24 brigades. Les cinquième et sixième batteries de ces 6 brigades de réserve forment à leur tour, 48 batteries de dépôt à 4 pièces l'une.

Les *troupes* de dépôt fournissent à l'armée de campagne les ressources nécessaires pour tenir les effectifs au complet.

Chaque régiment d'infanterie (garde, grenadiers, ligne) et un groupe de 4 bataillons de chasseurs forment un bataillon de dépôt, soit : 199 bataillons.

58 de ces cadres fournissent des compagnies employées comme troupes locales (ensemble 61, atteignant 5,500 hommes). Les autres servent dans les bureaux de recrutement.

Les troupes locales assurent l'escorte des prisonniers, l'occupation de certains postes, et quelques services sédentaires.

En Russie d'Europe :

6 bataillons à 4 compagnies;

165 détachements de subdivisions de région.

Au Caucase :

7 bataillons;

52 détachements de subdivision de région.

Les troupes locales ont été supprimées en majeure partie en 1881, ce qui fit tomber l'effectif entretenu de 863,000 à 736,000, remplacés par des bataillons de réserve.

L'*opoltschenie* ou *armée territoriale* a été appelée pour la première fois, sous le règne d'Alexandre Ier. Elle a été réorganisée par la loi du 1er janvier 1884 et doit comprendre trois levées, chacune de 150 bataillons (druschine) et 24 sotnias, soit : 200,000 hommes.

L'*Invalide russe* prétend que l'opoltschenie permet de disposer de deux millions d'hommes. Il convient toutefois de faire observer que cette armée territoriale, commence seulement maintenant, à être l'objet d'une organisation sérieuse.

Le premier ban, d'après l'économie des plus récentes dispositions, serait complètement organisée et les ressources existent en magasin pour son armement et son équipement.

Récapitulation. — Nous venons de détailler les éléments organiques de la puissance militaire de la Russie ; nous pouvons déduire maintenant le coefficient numérique de cette valeur, en nous attachant *uniquement a l'armée de campagne* en Europe, non compris les troupes du Caucase :

62 divisions d'infanterie;

28 divisions de cavalerie.

Soit, en combattants, de 910,000 à 1,040,000, autrement dit *un million*.

Soit un million, ne faisant entrer en ligne de

compte que les combattants *fusils* et *sabres*, et négligeant même le personnel de l'artillerie.

Négligeant à plus forte raison les garnisons des *places fortes* et les troupes retenues à l'intérieur, soit dans les dépôts d'instruction ou pour un service local.

J'ai essentiellement tenu à m'affranchir de toutes les données inutiles, si elles ne sont pas fantaisistes, habituellement usitées pour chiffrer la valeur d'une armée.

Il faut compter, *la concentration achevée*, le nombre de fusils et de sabres mis en ligne sur *l'échiquier de manœuvre et rien de plus*.

J'ai à peine besoin de dire que les ressources de l'Empire russe sont autrement considérables.

En 1812, peu de temps avant la campagne, l'armée russe comptait au total 570,000 hommes (population 42 millions).

En 1828, avant la première guerre contre la Turquie et avant l'insurrection polonaise, l'armée montrait 815,300 hommes (population, 50 millions).

En 1853-56, la Russie, avec une population de 65 millions, mit sur pied de guerre une armée de 1,265,000 hommes.

Aujourd'hui, sa population chiffre 81,725,185 âmes. Son budget de la guerre dépasse 280 millions de roubles et elle disposait au 1er janvier 1887 d'une armée entretenue, sur l'effectif de paix à 855,417 hommes (30,655 officiers et 824,762 hommes de troupe), effectif qui, depuis 1880, a subi les variations ci-après : (1er janvier 1880) 930,808 ; 893,192 ; 843,534 ; 852,210 (1er janvier 1883), etc.

D'après l'*Invalide russe*, la Russie peut mettre sur le pied de guerre :

Armée active.	671.227 hommes.
Réserve	1.516.914
Opoltschenie. . . .	2.090.000
Cosaques.	158.446
Total	4.436.587 hommes.
	400,000 chevaux.
	3.876 pièces d'art. montée.

II

Le terrain et son utilisation défensive. — Le développement
du réseau ferré et sa capacité offensive.

Trois théâtres d'opérations intéressent la Russie :

Sur la frontière occidentale, le pays entre le Dnieper et la Vistule ;

Sur la frontière méridionale, la Bessarabie et la côte de la mer Noire ;

En Asie Mineure, l'Arménie.

Nous ne voulons nous occuper que des confins austro-allemands.

Le véritable échiquier est compris entre la Vistule et la ligne de la Duna et du Dnieper, que l'on doit considérer comme la véritable base de centralisation et de ravitaillement de l'armée russe, accaparant toutes les ressources pour entretenir et actionner l'armée.

En avant de cette base s'étale une ligne à intervalles dessinée par le *Niémen*, le *Bug* et le *Dniester*, que nous définissons *base de concentration* de l'armée.

Enfin, plus à l'avant encore, les confins de la Vistule, avancée, ou si l'on préfère, *première ligne* de résistance, pour les troupes de couverture.

C'est cette ligne de première résistance que l'état-major russe a eu l'intention de solidement organiser en établissant au centre le solide camp retranché de Varsovie, et sur ses flancs, Nowo-Georgiewsk et Ivangorod.

Sur la ligne même de concentration se trouvent :

Kowno. — Qui doit être enlacé de douze forts, mais dont les travaux sont bien moins avancés que ne le prétendent les journaux allemands.

Goniaz. Ossowietz. — Sur la rive droite de la Bober, au point de passage du chemin de fer Konigsberg-Bjelostock, quatre ouvrages sont projetés; leurs abords sont protégés par les marais de la Bober et de la Lyck.

Grodno. — Qui doit être entouré de onze forts dont sept sur la rive gauche du Niemen.

Bjelostock. — Qui a déjà reçu quelques ouvrages en style provisoire, mais que l'on projette d'améliorer.

Brest-Litewsky. — Au confluent du Bug et du Muchawiec. Ancienne citadelle avec caserne défensive, réduit central et lignes de défense dites : front de Kobrine, de Wolhynie et de Terespol; sur la rive gauche, le pont du chemin de fer sur le Bug est couvert par le fort « Comte Berg »; la place est actuellement transformée en un camp retranché, avec deux forts sur la rive gauche et quatre forts sur la rive droite du Bug.

Varsovie. — A un chapelet de quinze forts détachés, dont onze sur la rive gauche, à une distance moyenne de 6 kilomètres du pont de la Vistule. Ces forts entourent les anciens ouvrages de la place : sur la rive gauche, au nord de la ville, la citadelle Alexandre, avec ses cinq bastions ornés de dehors, et sur la rive droite, formant tête de pont, le fort de *Sliwicki*.

Nowo-Geogiewsk. — S'élève sur un petit plateau entre la Vistule et le Narew ; on y distingue une caserne défensive à l'abri des bombes, et de nombreuses casemates. Actuellement, huit forts détachés se construisent ou s'achèvent autour de la ville ; sur la rive droite de la Vistule à : Pomiechowo, Wymysly et Zakroczym, sur la rive gauche de la Vistule, à Grochale, Cybulice, Czasnord et Debina ; entre le Narew et la Vistule à Janowiec.

Iwangorod. — Montre, sur la rive droite de la Vistule, une enceinte bastionnée et projette sur la rive gauche le fort Gortschakow. Autour de ce noyau s'étalent, à éloignement moyen de deux kilomètres, six forts, dont deux sur la rive gauche.

Citons encore pour mémoire *Kowel*, dont le projet établi par le général Todleben subit quelques modifications, indiquant peut-être une prochaine exécution ; *Luszk*, *Rowno*, *Dubno* sur la frontière de Gallicie, où les Russes ont établi quelques travaux de campagne dont la valeur et l'importance sont prodigieusement exagérées par la presse austro-hongroise.

L'inquiète mauvaise foi des feuilles reptiliennes est telle, que tout leur est sujet à conclusion pleine d'alarmes, et que les moindres racontars sont immédiatement honorés d'une reproduction dans toute la presse. Citons comme exemple de cette exploitation : le voyage à Dubno du général Drentelen, fin mars 1888 ; la revision des cantonnements à Berdyerjew et Drugkopol faisant prévoir la prochaine arrivée de troupes ; la nouvelle donnée de Varsovie, par la correspondance politique le 15 mai, que l'administration des chemins de fer avait invité la direction de Varsovie-Granica et celle de Ivangorod-Dabrowna à réunir à bref délai des approvisionnements de charbon, etc., etc.

Varsovie. — Avec son annexe Nowo-Georgiewsk, comme Thionville est celle de Metz, — *Ivangorod* et *Brest-Litewsky* forment « *un triangle de manœuvre defensive* » sur l'importance duquel il conviendra de revenir.

Mais ces places ont besoin d'être refectionnées. En tenant compte des récents progrès réalisés au profit de l'attaque, leur valeur n'est plus que relative et n'inspire qu'une assez médiocre confiance. Le général Gourko lui-même, et naturellement bien des officiers après lui, mais alors en exagérant, ne cachent pas la piètre estime dans laquelle ils tiennent ces défenses.

Leur réfection, c'est-à-dire principalement l'augmentation du nombre des abris voûtés, le bétonnage et l'installation de coupoles cuirassées coûteraient malheureusement beaucoup, d'argent et plus malheureusement encore l'argent fait défaut en Russie.

J'ai toutefois ouï parler d'un nouveau mode de défense « *par organisation de champ de bataille preparé* » qu'on aurait l'intention d'appliquer à ces trois places en commençant par celles de Varsovie et d'Ivangorod.

Cette organisation est relativement très économique; la seule grosse dépense est l'acquisition de tourelles pour grosses pièces, mortiers et mitrailleuses.

Les lignes d'opérations traversant cet échiquier sont au nombre cinq.

1° Pétersbourg, Dunabourg, Wilna, Bjelostoch, Varsovie (deux voies) ;

2° Moscou, Smolensk, Minsk, Baranowitschi, Brest-Litewsky, Ivangorod (également à double voie);

3° Orel-Gomel, Pinsk, Brest-Litewsky ;

4° Kiew, Kagalin Rowono, Kowel, Varsovie ;

5° Ckarkow, Balta, Jmerinka.

Ces lignes d'opérations sont coupées par les transversales :

1° Dunabourg, Smolensk, Briansk, Orel ;

2° Wilna, Minsk, Gomel, Bachmatsch, Pultawa.

3° Wilna, Grodno, Rowono.

4° Bjelystoch-Brest-Litewsky, Rowono.

Enfin, nous définirons d'une façon plus particulière comme *aire des manœuvres stratégiques*, le quadrilatère Bjelostoch-Kowel-Cholm-Varsovie, à la base duquel se soudent toutes les lignes d'opérations, et qui, en son intérieur, est entre-croisé et tronçonné par des ramifications permettant la manœuvre des masses, face au nord, à l'ouest ou au sud-ouest.

Depuis trois ans, le gouvernement russe a consacré près de 80 millions de roubles à parfaire au point de vue du rendement militaire son réseau ferré. Nous devons reconnaître que beaucoup a été fait, mais il reste encore beaucoup à faire, ce qui ne paraît guère possible, pour l'instant tout au moins, les finances russes commençant seulement à se relever.

De plus : 1° Le nombre des lignes d'opérations aboutissant à l'*aire des manœuvres stratégiques* est notoirement insuffisant, deux de ces lignes surtout n'étant qu'à simple voie;

2° L'installation et le service même des lignes sont à

améliorer : augmentation du nombre de voies garrage des quais de débarquement pour le matériel ; les prises d'eau sont trop distantes l'une de l'autre pour un service forcé ; le nombre des voitures paraît tout juste suffisant. Il est à craindre surtout que le personnel expérimenté fasse défaut au moment du besoin.

L'ensemble des considérations que nous venons de présenter influe comme une très préjudiciable cause de retardement sur la CONCENTRATION.

D'autre part :

La très faible densité de la population [1],

La longueur des distances à franchir [2],

La difficulté, souvent aussi la pénurie des moyens de communication [3],

grèvent la MOBILISATION d'une fatale lenteur.

---

[1] Pologne, 58 âmes par kilomètre carré, circonscription de Vilna, 26, circonscription d'Odessa, 29, circonscription de Kiew, 42, etc.

[2] La distance moyenne des centres de production au chemin de fer le plus voisin est : en Belgique, d'environ 3 kilomètres ; aux Etats-Unis, de 6 kilomètres, dans les districs les plus peuplés, de 22 kilomètres pour l'ensemble de la République; en Russie, cette distance moyenne est de 380 kilomètres.

[3] La Russie ne possède pas 30,000 kilomètres de chemins de fer. Il lui faudrait pour se mettre dans une situation analogue à celle des Etats-Unis, en tenant compte de son étendue et de sa population, un réseau développant 400,000 werst.

En Russie, la construction des chemins de fer est très coûteuse ; on l'estime à 50,000 à 70,000 roubles le werst, et le capital ne peut être acquis par l'État à moins de 6 p.100, ce qui équivaut à 3,000 roubles verstiques.

L'exploitation est peut-être plus onéreuse encore. Exemple :

1° Ligne de Morchansk à Syzrane (497 w.). Ouverte en octobre 1874 ; frais de construction, 27,482,899 r. ; en onze ans la

Ainsi, *lente mobilisation* et *concentration pénible*. Il en résulte fatalement un retardement dont la fixation précise est malaisée, impossible même à déterminer, à moins d'être — ce que je ne suis pas, — le confident secret de l'état-major général.

Des calculs très complets, quelques indices qu'il nous a été possible de recueillir de-ci de-là, nous font croire que dans les conditions actuelles l'armée russe n'achève sa COMPLÈTE MOBILISATION qu'entre le quarante-cinquième et le cinquantième jour.

Comme les deux Etats voisins, dont il doit redouter l'agression, mobilisent et concentrent avec une rapidité beaucoup plus grande, l'état-major russe a dû chercher par d'autres mesures à compenser les périls de cette situation. Il a réussi : en portant sur la frontière ouest, la majeure partie de ses corps, en facilitant la mobilisation des formations de réserve stationnées dans les provinces occidentales, et en constituant dans cette zone même de grands centres d'approvisionnements.

Toutes ces mesures assez récentes, qui se sont plus spécialement manifestées en novembre 1887, par la poussée à l'ouest de la 13ᵉ division de cavalerie, des

---

dette d'exploitation monte à 20,731,100 r. ; le prix verstique primitif a donc augmenté de 75 p. 100.

2º Ligne d'Orenbourg (507 w.). Ouverte en janvier 1877 ; frais de construction, 36,885,014 r. ; en 9 ans de dette au trésor ; chiffre 18,550,280 r., le prix verstique primitif a donc augmenté de 50 p. 100.

Dans ces conditions, étant donné le peu de ressources des finances russes, malgré la confiance que leur sage gestion inspire justement à l'étranger, il n'y a pas lieu de compter, d'ici quelque temps encore, sur une amélioration réelle et importante de ce réseau ferré.

15°, 2° et 19° divisions d'infanterie, ont provoqué dans les organes allemands et austro-hongrois une polémique éhontée dont il serait fâcheux de ne pas garder le souvenir.

Cette polémique mérite bien d'être qualifiée ainsi, car elle débordait de mensonges voulus pour créer, de propos délibéré, une situation pleine d'alarmes. N'est-ce pas ainsi que la *Post*, la *Gazette de Cologne*, la *Gazette de Voss*, la *Gazette de la Croix*, le *Pester Lloyd*, etc., etc., ont fait trois fois voyager dans le courant de l'année, la 19° division d'infanterie qui vient tout récemment, seulement de quitter sa garnison de Stawropol dans le Caucase ?

Et que de fois aussi n'est-il pas arrivé à ces grands organes de reproduire, avec une complaisante emphase, les cancans et commérages des feuilles locales : *Przeglond* de Lemberg, *Czas* de Cracovie, *Nova Reforma*, etc., etc. ?

Mais ces articles n'ont pas simplement un caractère militaire, — autant laisser aux prises le *Militar-Wochenblatt* et l'*Invalide russe*, — ils ont surtout une accentuation politique, s'en prenant au panslavisme. La correspondance de *Petersbourg* du 17 janvier 1888, insérée dans la *Gazette de Voss* du 23 est un modèle du genre.

Nous sommes maintenant conduits à déduire, de l'emplacement des corps d'armée, leur groupement hypothétique.

RUSSIE

ÉTAT D'EMPLACEMENT DES CORPS D'ARMÉE

CORPS	Anciens quartiers généraux	Divisions d'infanterie	Divisions de cavalerie
Garde	Pétersbourg	1 et 2e	1, 2.
	Varsovie	3e	
Grenadiers	Moscou	1, 2, 3	»
I	Pétersbourg	22, 23, 37	Ire.
II	Wilna	26, 27	IIe.
III	Riga	28, 29	IIIe.
IV	Minsk	16, 30	IVe.
V	Varsovie	7, 10	Ve.
VI	Varsovie	4, 6	VIe.
VII	Sébastopol	13, 34	VIIe.
VIII	Odessa	14, 15	VIIIe.
IX	Orel	5, 33	IXe.
X	Charkow	9, 31	Xe.
XI	Chitomir	11, 32	XIe.
XII	Kiew	12, 19	XIIe.
XIII	Moscou	1, 36	»
XIV	Lublin	17, 18	XIVe. Ire de cosaques du Don.
XV	Brest-Litewsky	2, 8	XIIIe. détachée de son corps d'armée
XVI	Dunabourg ou Mohilew	25, 41	»
XVII	Circonscrip. de Moscou	3, 35	»
Armée du Caucase		20, 21, 38, 39	I et II de cosaques Div. de dragons. Brig. du Terek. Brig. du Kauban.

DIVISIONS NON COMPRISES
DANS LES CORPS D'ARMÉE

24e Helsingfor.
40e Saratow.

BRIGADES DE CHASSEURS

De la garde............ Pétersbourg.
I. Plotchk............ }
II. Cientoschau........ } Pologne.
III. Toultchid.......... Podolie.
IV. Odessa
V. Souvalki (frontière de Prusse). — (Brigade du Caucase.)

GROUPEMENT DES CORPS D'ARMÉE CORRESPONDANT EN QUELQUE SORTE A LA CONSTITUTION DES ARMÉES.

A). *Armée du nord, dans le gouvernement militaire de Vilna.*

Général GANETZKI. II.

IIe corps., g^l de div. baron Driesen.	}	8 divisions d'infanterie.
IIIe — Alchasow.		2e brigade de sapeurs.
IVe — Petruschewski.		5e brigade de chasseurs.
XVIe — Zege de Manteuffel.		3 div. de cavalerie (le XVIe corps n'étant pas encore pourvu).

B). *Armée du centre, dans le gouvernement militaire de Varsovie.*

Général GOURKO.

3e division de la garde.
3e br. de la 2e d. de cav. de la garde.
V^e corps gén. de div. Dandeville.
VIe — Pawlow.
XIVe — Narbut.
XVe — N..

9 divisions d'infanterie.
4e brigade de sapeurs.
1re et 2e brigade de chasseurs.
5 divisions de cavalerie

C). *Armée du sud, dans le gouvernement militaire de Kiew.*

Général RADETZKY.

IXe corps, g^l de div. Friède.
X^e — Sswjaetschin.
XIe — P^{ce} Schachowskoi
XIIe — baron Taube.

8 divisions d'infanterie.
3e brigade de sapeurs.
3e brigade de chasseurs.
4 divisions de cavalerie.

D). *Armée des côtes de la mer Noire, dans le gouvernement militaire d'Odessa.*

Général DE ROOP.

VIIe corps, gén. de div. Aller.
VIIIe — Rœrherg.

4 divisions d'infanterie.
5e brigade de sapeurs.
4e brigade de chasseurs.
2 divisions de cavalerie.

E). *Armée du Caucase.*

Général prince DONDUKOW-KORSAKOW.

Corps d'armée du Caucase, général Tschawtschawadze
{ 20ᵉ, 21ᵉ, 32ᵉ, 39ᵉ division d'infanterie.
4ᵉ division de grenadiers.
une brigade de sapeurs.
une brigade de chasseurs.
Brigade de cosaques du Kouban.
Brigade de cosaques du Terck.
Une division de dragons.
Iʳᵉ et 2ᵉ divisions de cosaques.

F). *Armée de réserve, dans le gouvernement militaire de Pétersbourg.*

Grand-duc WLADIMIR-ALEXANDROWITSCH.

Corps de la garde, prince Alexandre d'Oldenbourg.
Iᵉʳ corps.
{ 3 divisions d'infanterie.
Une brigade de sapeurs.
Une brigade de chasseurs.
Trois divisions de cavalerie moins une brigade.

G). *Armée de reserve, dans le gouvernement militaire de Moscou.*

Général comte BREWERN DE LAGARDIE.

Corps de grenadiers, gén. Stolypin.
XIIᵉ corps, général Mansei.
XVIIᵉ corps.
} 7 divisions d'infanterie.

Enfin, en *Finlande*, la 24ᵉ division d'infanterie avec les troupes locales et le 19ᵉ régiment de cosaques du Don.

A Saratow, dans une situation isolée, la 40ᵉ division d'infanterie avec les régiments de cosaques d'Orembourg nᵒˢ 4, 5 et 6 et une brigade d'artillerie à cheval.

Si maintenant nous étudions le nouveau groupement de l'armée russe tel qu'il résulte de l'application du décret du 1/13 novembre nᵒ 222, il nous sera donné de constater :

1ᵒ Création de deux nouveaux corps d'armée

n⁰ˢ XV et XVII, auxquels il manque encore l'artillerie et la cavalerie. Pour la cavalerie notons simplement que les régiments de dragons n⁰ˢ 43 à 46 de la division du Caucase, les deux régiments de dragons n⁰ˢ 47 et 48 dont la création est projetée, enfin les cosaques d'Orembourg, suffisent amplement à la formation de ces deux divisions.

2° Mise sur pied normal des corps d'armée à deux divisions, sauf exception pour la garde, les grenadiers et le Ier corps.

Ces exceptions se justifient d'elles-même pour les corps spéciaux ; elle s'expliquent pour le Ier corps par cette considération, que la 23ᵉ division dont l'état-major réside à Riga, est probablement destinée à former, éventuellement avec la 24ᵉ division à Helsingfors, un corps spécial chargé de la protection des côtes de la Baltique.

Les II, IV, VI, XIIIᵉ et le IIᵉ corps de l'armée du Caucase perdent chacun une de leurs divisions; de plus, le IIᵉ corps de l'armée du Caucase disparaît pour être fondu avec le Ier dans un seul commandement.

3° Mutation des divisions dans les corps d'armée, conséquence de la suspension des troisièmes divisions, de façon à provoquer une poussée générale vers l'Orient.

Ainsi, l'ancien XVᵉ corps comprenait la 40ᵉ et la 2ᵉ division; la 40ᵉ reste à Saratow. En échange le XVᵉ corps reçoit la 8ᵉ division à Wilna, et comme la 2ᵉ division se trouve non à Kazan mais à Brest-Letewsky, le XVᵉ corps tout entier s'est déplacé de Kazan pour se rapprocher de la Vistule.

Le XIIIᵉ corps à Moscou a perdu à la fois ses 3ᵉ et 35ᵉ divisions; il ne lui reste que la 1ʳᵉ à laquelle est adjointe la 36ᵉ tirée du IXᵉ corps (Orel). Celui-ci à son tour a reçu en remplacement de la division perdue, la 33ᵉ de l'ancien XIIᵉ corps (Kiew); la place laissée vacante dans ce dernier corps est occupée par la 19ᵉ division tirée de l'armée du Caucase.

Ces mutations multiples ont pour conséquence première et essentielle de faciliter les conditions de la mobilisation. Elles ont aussi quelque peu modifié les conclusions d'un très remarquable article de la *Revue militaire de l'Étranger*, établissant au commencement de cette année le décompte des troupes réparties dans une zone de 150 kilomètres à partir de la frontière.

Allemagne. . . . (I, II, V, VIᵉ corps).	92.671 hommes	18.975 chevaux.
Autriche-Hongrie. (Gallicie).	36.005 —	10.821 —
	128.676 hommes	29.796 chevaux.
Russie.	199.328 —	40.952 —

soit différence en plus au profit de la Russie :
70.652 hommes   11.156 chevaux.

Conclusions qui sont néanmoins à conserver dans leur aspect général, ne serait-ce que pour fixer les idées.

Le groupement que nous avons indiqué comme donnant en quelque sorte la répartition des armées, fait ressortir en première ligne l'existence de 12 corps d'armée que nous avons déjà dit devoir être à 3 divisions.

Il est presque superflu de faire remarquer, que cette masse n'a pas besoin, pour se mobiliser, de la très longue période que nous avons précédemment indiquée comme nécessaire à la *mobilisation complète* de toutes les ressources de l'empire.

III

Groupement des armées. — Hypothèses stratégiques.

Nous avons étudié l'armée russe dans son organisation et dans son travail de préparation à la guerre; puis nous avons examiné l'échiquier sur lequel elle serait appelée à manœuvrer durant la phase de ses premiers mouvements. Il nous reste maintenant à suivre les déductions les plus logiques de certaines hypothèses stratégiques.

Nous écrirons simplement ce que nous avons conclu de notes recueillies sur place, de conversations échangées, d'études particulières puisées dans les discussions des divers ouvrages qui ont paru sur la question[1].

Nous pensons pouvoir affirmer, sans crainte de

---

[1] Citons entre autres :
Res Austriacæ, imitation sans valeur de la fameuse brochure du général Haymerle. — *Russland's næchster krieg*, qui conclut à la défensive stratégique de la Russie. — *Der næchste Krieg mit Russland und Seine politische Folgen* prévoit la défaite de la Russie et proclame le rétablissement du royaume de Pologne et une fédération des États balkaniques sous le protectorat de l'Autriche-Hongrie. *Um, was kæmpfen wir?* rêvasseries politiques en faveur du succès des armes autrichiennes, table sur la difficulté pour la Russie de recompléter ses effectifs après une première bataille, a l'impudence de parler de dissentiments politiques, de l'action dissolvante du nihilisme, etc. *Die Schlacht bei Bochnia*, ridicule élucubration d'un ignorant qui affectionne ce genre de littérature. Il suffit pour être fixé sur la valeur de la

beaucoup nous égarer, que la conception stratégique de l'état-major russe repose sur l'hypothèse d'une guerre simultanée avec les deux puissances voisines l'Allemagne et l'Autriche-Hongrie.

Le général Berthaut dans ses « *Principes de stratégie* » a magistralement énoncé le *mode* de concentration d'une armée condamnée à lutter à la fois sur deux de ses frontières ; mais l'adoption absolue, rigoureuse du procédé ne serait pas, dans le cas particulier, d'une application heureuse.

Envisageons en effet la bizarre découpure de la frontière Austro-Allemande, dessinant géométriquement les trois côtés d'un quadrilatère, dont la quatrième face serait tracée suivant la direction Augustowo-Dubno.

brochure de lire à la page 31, la surprise du bivouac de la cinquième division de cavalerie. — *Der Krieg in Gallicien im Frühjahre* 1888, réponse critique à une autre brochure — *Der Oesterreichisch-russische Zukunftskrieg* — *Die Wehr kraft oesterreich.* — *Ungarns in zwölter Stunde* — *Hauptziel der Oesterreichisch-Russischen krieges der Zukunft.* L'*Allemagne en face de la Russie*, par le major Z... (*Journal des Sciences militaires*). Divers articles de la *Revue militaire de l'Étranger*, et de la *Revue du Cercle militaire*. Les remarquables études de Sarmaticus, *der Polnische Kriegschauplatz.* — *Der Nachbar im Osten*, tom., Dr. Ao Frænkel,, 2 vol. *Beitræge zur Kenntniss der Russischen. Armee Russland's Wehrfraft.* — *Das Russischen Reich in Europe.* — *Gedanken uber Oesterreich-Ungarns militær politische Lage* et *Das Kriegs theater an der Weichsel und Seine Bedentung fur den Begium der operatinnen in einem Kueg, Russland's Gegen duf nut Dentsbhland verbundete Oesterrich.* Ces deux brochures pourraient bien être dues à la même plume ; elles imputent à la Russie même son terme par la France comme un acte de folle témérité de risquer une guerre contre l'Autriche-Hongrie. L'effort de la Russie menace principalement la Gallicie orientale *Konstantinople*, du *dritte Haupsladt Russland's*.

Notons encore que le centre du cercle passant par les points de Augustowo, Thorn, Myslowitz, Dubno, tomberait à l'intérieur même *du triangle de manœuvre défensive*, marquée par les places de Varsovie, Ivangorod, Brest-Litewsky.

Le système de la dissémination en cordon, si fatal aux armées françaises au début des guerres de la Révolution et, en 1870, a été depuis longtemps condamné comme étant des plus mauvais.

Par contre, les avantages de la position centrale de la manœuvre, sur la ligne intérieure, si glorieusement appliquée par Napoléon en 1814, concilie tous les suffrages chaque fois que son adoption est possible.

Nous avons certaines raisons pour croire que l'état-major général russe s'est inspiré de ce principe et qu'il a admis, pour sa masse principale, un groupement dont la densité pourrait même faire supposer à première vue que la facilité de manœuvre en sera entravée.

A l'objection que je présentais ainsi à un des plus éminents officiers de l'armée russe, il me fut répondu par une théorie dont je me bornerai à constater la parfaite justesse.

« Dans les guerres futures la victoire appartiendra plus que jamais à celui des deux adversaires qui *pourra* manœuvrer toutes masses réunies. Or, *une judicieuse répartition* des *ressources économiques* sagement *préparée*, *peut attribuer* cet *avantage* à la *défensive*; l'offensive, obligée d'étendre sa ligne d'opérations, encombrée de convois, contrainte à se distendre pour vivre et marcher. »

Je n'insiste pas, ne voulant pas trop en dire et me montrer indiscret.

D'une façon générale, il est aisé de déterminer par le groupement dont nous avons précédemment donné le tableau, le rôle ou la direction d'action des masses agissantes.

L'armée du nord, fournie par la circonscription militaire de Wilna, peut s'établir entre la *Narew* et le *Bug*, la gauche à Sierok, la droite vers Bielostock, couverte sur cette aile par un corps détaché porté sur le Niemen, quelque part entre *Kowno* et *Grodno*, pour servir de trait d'union avec les troupes que nous savons être affectées à la défense des côtes de la Baltique.

L'armée du sud, mobilisée dans la circonscription militaire de Kiew, s'étale dans la direction *Kowel-Michaïlogrod* (Linsk). — *Dubno* avec une importante fraction sur le flanc gauche vers *Proskurow*.

Le groupe du centre, dont une partie fournit la couverture, se localise dans l'aire de manœuvres stratégiques Bielostock, Warsovie, Kowel, Chelm. Sa mission consiste à appuyer soit l'armée du nord, soit ce qui est plus probable l'armée du sud, pour se porter entre Ivangorod et Kowel.

Enfin, en arrière de ces trois groupes, entre Minsk et Smolensk, se constituent soit en une seule masse, soit en deux fractions, les armées de réserve assemblées dans les circonscriptions militaires de Moscou et de Pétersbourg.

On sera peut-être étonné de la proportion relative inférieure que j'attribue à l'action de l'armée du nord.

A cela, je répondrai par la simple observation que je ne suis pas de ceux qui prennent pour argent comptant les fameuses déclarations de M. de Bismarck, et les vantardises de l'état-major général de Berlin établissant que l'Allemagne peut, ou a seulement l'intention de placer un million de soldats sur la frontière orientale.

J'ai la conviction qu'il ne peut et qu'il ne doit pas en être ainsi et que l'état-major allemand ayant des préoccupations autrement graves, des soucis plus importants, immobilisera le moins de monde possible sur cette frontière, afin d'être apte à porter *rapidement* son effort principal sur la frontière des Vosges.

La règle stratégique est absolue : « Lorsque vous combattez sur deux frontières, l'effort premier et principal doit être dirigé contre celui des deux adversaires qui est le plus redoutable, c'est-à-dire contre celui qui est le premier prêt avec le plus de monde; sur l'autre frontière menacée, la défensive s'impose.

Je crois donc que l'Allemagne adoptera, à l'origine tout au moins, jusqu'à ce que l'événement qu'elle espère se soit produit au delà des Vosges, une attitude strictement défensive.

Probablement cinq corps d'armée, les I, II, V, VI et XII⁰ ou des formations équivalentes de réserve et 4 divisions de cavalerie, constitueront cette armée d'*observation*, éventuellement d'*occupation*, lorsqu'il conviendra de couvrir le flanc gauche de l'ordre de bataille austro-hongrois. On a souvent dit que cette armée devait être commandée par le roi de Saxe.

Quoique cette information ait été démentie, il convient de noter la mission remplie en juin 1882 en

Gallicie par le général de Planitz de l'état-major du XII° corps avec un petit groupe d'officiers. Les journaux allemands ont bien naturellement prétendu qu'il ne s'agissait que d'un voyage d'agrément. Le croira qui voudra, mais certainement aucun de ceux qui savent combien intime est le travail commun entre les états-majors de Berlin et de Vienne.

D'autre part, du reste, l'organisation de la frontière prussienne paraît établie en prévision d'une défensive et les perfectionnements qui y ont été apportés en ces derniers temps nous confirment davantage encore dans cette opinion.

La frontière prussienne de la province de Prusse et du grand-duché de Posen est, disons-nous, préparée pour la défensive, mais pour une défensive permettant ensuite le débouché offensif.

Konigsberg, fort Boyen, *Dantzig*, *Graudenz*, *Thorn*, et *Posen*, jalonnent la base en équerre, si chère à la stratégie allemande, bizarrement découpée sur cette frontière.

Konigsberg, est un point d'appui offensif, fermant très au loin son chapelet de treize forts détachés. Passe pour Konigsberg, dans un isolement dangereux, dont l'action peut être facilement paralysée par un corps d'observation sur le Niémen.

Posen avec les onze forts sur les deux rives de la Wartha a également un caractère de base offensive, car Posen est à gauche, la borne appui du dispositif stratégique.

Dantzig, place maritime, dans l'avenir le troisième port militaire de la marine allemande, a un caractère purement défensif.

Mais *Thorn*, avec 5 forts sur la rive droite de la Vistule et 3 sur la rive gauche, est une double tête de pont pour le débouché offensif, et *Graudenz* dont la haute formation est annoncée tiendra le même rôle.

Le réseau des voies ferrées est sur cette frontière très heureusement perfectionné. Il serait quelque peu fastidieux d'en donner le détail. Je résumerai simplement.

Sur la rive droite de la Vistule, sans parler de la ligne qui remonte de Konigsberg la vallée du Prégel, quatre têtes d'étapes :

Thorn, Jablowod, Ilowo et Hohenstein, sont desservies par des lignes qui seront prochainement à double voie; un projet de loi spécial proposant pour ces travaux un crédit de 18 millions de marcks. Quatre lignes à voie double sur un front de 120 kilomètres, on conviendra que ce n'est pas vilain.

Sur la rive gauche de la Vistule, les conditions de concentration des troupes sont non moins favorables. Les têtes de station sont : Ottlotschin, Inowrazlaw, Gnesen, Iarotschin, Kempen, Kreuzbourg, Bodganowitz, Wossowska, Karf-Benthen, Kattowitz-Rosdzin.

Je noterai tout spécialement la très singulière sollicitude du gouvernement allemand à construire dans cette zone, voisine de la frontière, des petites lignes d'intérêt local desservant, l'une les pêcheries d'une région lacustre, l'autre une exploitation forestière, la troisième enfin une grande usine, qu'elle appartienne à M. de Donnesmark, ou à tout autre. Il y a, en un mot, une poussée bien indiquée à préparer la soudure du réseau allemand à la grande artère

Varsovie-Granica, aux points de Kutno, Lody, et Czenstochau.

Les officiers du régiment des chemins de fer doivent en savoir long à ce sujet. Je sais qu'on a été fort surpris à ...mettons Constantinople ou Pétersbourg, peu importe, *en prenant connaissance de feuilles lithographiées, très confidentielles, égarées par l'un de ces messieurs.*

Bien plus, certains indices généraux, sur la nature desquels je n'ai pas à insister, portent à croire que des *graphiques* auraient même été préparés par l'état-major général allemand, pour les lignes non encore construites.

Je suis de ceux qui admettent assez volontiers, lorsque l'*offensive allemande se produira*, une marche sur les deux rives de la Vistule avec Varsovie pour objectif; je pense néanmoins que l'effort principal viendra de Posen et je crois aussi que la guerre de chicane, la *petite guerre* telle que l'a caractérisée le colonel von Boguslawski, se localisera presque uniquement dans le *Masurenland*.

En gens précautionneux que la prévision d'aucune éventualité ne rebute, les pédagogues de l'état-major du Kœnigsplatg discutent, dans leurs cours et conférences, les conditions possibles d'une offensive russe ayant Berlin pour attraction.

Je crois être suffisamment renseigné sur cette question pour pouvoir donner très brièvement, le résumé pour ou contre de chacune des hypothèses admises :

1° Une pénétration russe dans la Prusse orientale nécessite deux groupes:

L'un au nord du Masurenland (région ouest) vers Insterbourg, l'autre au sud-est de ladite région, vers Allenstein, a pour buts Graudenz et Thorn, qu'elle doit assiéger.

Le premier groupe se voit obligé à l'investissement, tout au moins, de Konisberg et de Dantzig et à un siège en règle du fort Boyen qui lui est nécessaire pour utiliser les chemins de fer de ravitaillement.

Les deux groupes ont ensuite à franchir la Vistule, passage difficile.

2º La marche sur Posen, Berlin, le chemin le plus court, 372 kilomètres, oblige tout d'abord l'état-major russe à poster sur les flancs deux corps d'observation : l'un de médiocre importance pour surveiller la Silésie, l'autre bien plus considérable observant la Prusse orientale.

L'armée russe trouve un certain avantage à ne pas être obligée de passer la Vistule en présence de l'ennemi ; il lui suffit ensuite de masquer Thorn et Posen.

Mais elle ne tarde pas à pénétrer dans un terrain difficile. Entre Bromberg et Thorn, s'étale sur une longueur de 70 kilomètres avec 12 à 25 kilomètres de largeur, un défilé boisé et marécageux, formé entre le Vistule et la Netze-Nakel, coupé par le canal de Bromberg et la Brahe.

Plus au sud, s'étend, sur une longueur de 38 kilomètres, un chapelet de lacs étranglant de pénibles défilés ; puis suit le cours de la Wartha, 37 kilomètres en aval, 30 kilomètres en amont de Posen ; enfin, plus au sud, le défilé marécageux et boisé de 60 kilomètres sur 15 à 29 kilomètres de profondeur entre la Wartha et l'Obra, défilé obstrué par le canal de l'Obra entre Kiebel et Moschyn. En dernier lieu se trouve l'obstacle de l'Oder avec la place de Kustrin.

3° L'invasion de la Silésie est la voie la plus facile, mais elle oblige les Russes à un mouvement excentrique, les contraint à un long détour pour gagner l'objectif convoité ; enfin les jette sur l'armée austro-hongroise.

J'ai fait, bien entendu, abstraction complète des mouvements que l'armée allemande ne manquerait pas de manœuvrer sur cet échiquier. Je pense aussi pouvoir me dispenser de conclure.

Cette offensive, que les Allemands ne peuvent à mon opinion saisir dès les origines du conflit, ils en confient la charge à leur bonne et fidèle alliée, l'Autriche-Hongrie.

Elle sera très certainement à la peine, mais sera-t-elle à l'honneur et au profit ?

L'Autriche-Hongrie, comme je le ferai ressortir dans l'étude consacrée à cette puissance, peut disposer, sa concentration complètement achevée, de 38 à 39 divisions, constituant deux groupes d'armée de première ligne, l'un, autour de *Cracovie*, l'autre autour de *Lemberg* et y amener deux armées de réserve, l'une sous *Olmütz*, l'autre vers *Kaschau-Eperies*.

A l'extrême droite, un corps d'armée, probablement le XII°, forme le noyau de la petite armée dont les circonstances peuvent imposer la création, soit pour appuyer la neutralité de la Roumanie, soit pour en imposer à ce royaume. Je n'insiste pas sur cette question, traitée avec plus de détails dans une autre partie du livre.

L'état-major de Vienne a la prétention d'achever le vingt-cinquième jour sa concentration.

Je tiens cette prétention pour exagérée. Néanmoins, quel que soit le retard subi, la *capacité de déplacement offensif* des armées russes de première ligne n'étant guère supérieure, les troupes de couverture auxquelles sont affectées le Ier, XIe, IIe et VIe corps, ainsi que quatre divisions de cavalerie, sont suffisamment en état, à partir du huitième jour, pour résister aux entreprises de la cavalerie russe soutenue par ses têtes de colonne.

Du reste, la concentration en Gallicie est bien couverte par les places de Lemberg, Prezemyls et les travaux de campagne disposés sur plusieurs autres points.

D'autre part, des dispositions spéciales sont prises pour préserver de tout dommage la *Karl-Ludwig-Bahn* qui doit servir de lien transversal aux diverses fractions groupées en Gallicie.

L'armée austro-hongroise ne sera ainsi que peu gênée dans sa prise d'offensive.

Il n'est guère possible de spéculer sur la manœuvre du débouché. Quelques informations, dont l'origine serait à contrôler, font présumer que l'état-major de Vienne prépare la recherche de la bataille vers *Chelm*, avec projet d'investir Ivangorod et de tenir défensivement sur la ligne Luck-Proscurow.

L'exposé plus complet que je consacre dans un chapitre spécial aux moyens de l'armée austro-hongroise, me dispense de rappeler ici même autre chose que des généralités. Il peut suffire de fixer les éléments d'une conclusion générale.

Nous croyons donc que *l'attitude defensive*, est au début des hostilités, imposée à la Russie. Notre confiance dans le succès de cette défensive est absolue.

Après les premières passes, la grosse masse constituant la principale armée russe est apte à son tour à prendre l'offensive et pénétrer en Gallicie, investissant ou masquant les places de *Lemberg* et de Prezemyls, pour opérer la trouée entre Lemberg et Cracovie et descendre ensuite dans la plaine de Hongrie.

Le triomphe final des armées russes est lent, mais certain.

Nous pouvons regretter seulement que l'armée russe n'ait pas une capacité offensive plus efficace.

Malheureusement des causes multiples interdisent qu'il en soit autrement, et nous nous contenterons d'invoquer au nombre de ces causes la question financière.

C'est cette malheureuse question financière qui gêne encore le développement du réseau ferré, qui a porté aussi les officiers russes à affecter de méconnaître trop longtemps l'importance morale et matérielle du nouvel armement, dont sont dotés les États voisins, qui entrave de plus le perfectionnement aussi complet qu'il devrait être des conditions de mobilisation, par la constitution d'approvisionnements de toutes sortes, la mise sur pied plus efficace des formations de réserve, etc.

L'Allemagne comprend si bien le côté fâcheux de cette gêne financière, qu'elle consacre hypocritement tous ses efforts à l'accroître, comme en témoigne sa guerre au rouble, ses tentatives pour déprécier les valeurs russes sur les marchés étrangers, les intrigues avec la haute youderie, pour compromettre le succès du dernier emprunt russe, sa rage débordante de l'accueil prodigieusement sympathique fait en France à cette opération financière.

Je pense superflu dans cette étude sur l'armée russe de faire valoir les éminentes qualités morales et psycologiques du soldat russe; j'affirmerai simplement qu'il est, à ces points de vue, de beaucoup supérieur au soldat allemand ou austro-hongrois.

A cette armée, les officiers vigoureux et instruits, les généraux hommes de guerre, possesseurs de la confiance du soldat, ne font pas défaut non plus.

Je ne citerai aucun nom, même pas ceux des hommes distingués auxquels seraient réservé les cinq commandements supérieurs ou des fonctions importantes dans les états-majors.

J'espère avoir un jour, l'occasion de présenter avec le soin que je désire y apporter, ces intéressantes personnalités aux lecteurs de mon pays.

Une place seulement secondaire est accordée à la marine russe dans les hypothèses stratégiques. Il n'est pas néanmoins sans intérêt de consacrer quelques lignes à cette marine.

Elle se répartit en deux groupes :

La flotte de la Baltique,

La flotte de la mer Noire.

Elles ont eu, la seconde pour créateur, la première pour organisateur, l'amiral *Schestakoff*, appelé au ministère de la marine en janvier 1882, et décédé le 3 décembre dernier à Sébastopol.

La flotte de la Baltique est composée de huit cuirassés, au nombre desquels nous distinguerons : *Pierre-le-Grand*, *Amiral-Tchitchagoff*, *Dmitri-Djonkoi*; douze croiseurs dont : le *Wladimir-Monomach*, *Amiral-Vitchinoff*, *Alexandre II*; quinze corvettes de récente construction, dont la dernière, *Rinda*, de 2.950 tonnes, tout en acier, a été récemment lancée; cent douze torpilleurs de diverses classes; quatre batteries cuirassées dans le type *Kreml* et *Prewenez*, etc.

Cette flotte est partagée en deux escadres, et c'est ainsi divisée qu'elle a, à diverses reprises, évolué dans la Baltique sous le commandement d'officiers généraux dont les noms ne sont pas inutiles à retenir : MM. Schmidt, Golowaticheff, Novikoff, Pilkin, etc.

Le jour où cette flotte sortira de ses ports, les escadres allemandes de la Baltique et de la mer du Nord n'auront qu'un seul parti à prendre... Celui de se réfugier dans leur port de Kiel.

Il n'est peut-être pas inutile de faire remarquer, à ce sujet, que les doucereuses avances faites à la Suède par l'Allemagne n'ont d'autre raison que d'assurer la neutralisation de la Baltique, ou mieux, de tirer le verrou aux portes de cette mer intérieure qui n'est pas — il s'en faut de beaucoup — le lac allemand rêvé du poète.

La flotte du royaume de Suède existe, la chose n'est point douteuse. On a pu admirer, en rade de Oscar-Frederiksborg, la belle tenue des frégates comme la *Vanadis*, des corvettes comme la *Balder* avec escorte de monitors : *Tirfing*, *Thordav*, *John Ericson*, etc., mais l'appoint que cette escadre apporterait à la flotte allemande est d'une fort douteuse efficacité.

Que les temps sont changés !

N'est-ce pas Charles Jean qui, en 1821, faisait confidentiellement conseiller à son bon frère de Prusse, par celui qui fut plus tard l'amiral *Gyllengranat*, de se préoccuper quelque peu de la défense de ses côtes ?

La petite marine du royaume de Prusse n'a-t-elle pas eu à solliciter, à ses humbles débuts, l'assistance de deux marins suédois, le vice-amiral *Sundeval* et le capitaine *Hylten-Cavallius*?

Aujourd'hui le conseiller est devenu protégé et le drapeau bleu et jaune ne domine plus en maître dans cette même Baltique, qui a été si longtemps un lac suédois.

Les ports russes de la côte de la Baltique, pouvant être considérés comme postes de défense, sont : Helsinfor, Rewal, Sweaborg, Dunamunde, Lebau et Kronstadt, ce dernier couvrant solidement Pétersbourg, tant par l'île Kotline que par les 300 bouches à feu qui battent les canaux.

Tous les travaux de ces ports ont été récemment améliorés à la suite des travaux de la commission que présidait le général Babrikoff.

De plus on prête à l'amirauté l'intention de créer, pour couvrir l'entrée du golfe de Finlande, une importante station maritime sur la côte d'Estionie, quelque part vers *Hapsal*, en utilisant l'archipel formé par les îles d'Œsel, Dagden, Worms, Mohn, etc.

Enfin, il est également question de l'établissement d'une station dans la Ofeten Fjord, sur la côte nord-ouest de la Finlande, qui deviendrait le port d'attache de la petite flottille de la mer Blanche.

La flotte de la mer Noire se signale par les trois splendides cuirassés *Catherine II*, *Tchesme*, *Sinope* de 10,150 tonnes ; deux batteries cuirassées, d'un type aujourd'hui démodé, mais qui fit grand bruit il y a quelques années, le *Nowgorod* et *l'Amiral-Popow;* elle arme de plus trente torpilleurs de diverses classes, et enfin, la *flotte volontaire* créée en 1877, au moment où la guerre menaçait avec l'Angleterre; cette flotte compte aujourd'hui douze excellents croiseurs, dont plusieurs servent de transport entre Odessa et Wladivostock.

Il faut remarquer que Sébastopol transformé est devenu la station maritime importante de la mer Noire, qu'Odessa et Nikolajew sont le centre de grands chantiers de construction navale. Mentionnons aussi *Noworossysk* et *Batoum*, sur lesquels nous aurons à revenir par suite de leur importance stratégique pour une guerre en Asie centrale et en Asie mineure.

Le ministre de la guerre actuel est le vice-amiral Matwejewitsch Tschichatschoff, qui était depuis 1884 chef de l'état-major de la marine, et qui a eu occasion de faire valoir son habileté et son talent d'administrateur de 1882 à 1884, comme directeur de l'importante Compagnie russe de navigation.

II

AUTRICHE-HONGRIE

AUTRICHE-HONGRIE

Il me paraît assez difficile dans une étude du genre de celle que je désire consacrer à l'armée austro-hongroise, de m'étendre sur la distinction ethnographique qui influe si préjudiciablement sur la politique de la monarchie.

Cette question ethnographique, est pourtant le facteur essentiel de tous les problèmes, administratifs, politiques, économiques, militaires, intéressant l'empire, même de leurs corollaires, qu'il s'agisse de la politique des partis ou seulement de l'éternel débat visant la langue officielle.

C'est à regret, de crainte d'être entraîné trop loin, beaucoup trop loin, que je m'abstiens de pénétrer dans cette discussion. Je renverrai le lecteur curieux de connaître les éléments essentiels de cette discussion, à une intéressante brochure « *Um was kampfen wir?* » dont il fera bien toutefois de ne pas accepter sans réserve les complètes conclusions.

Je préfère m'en tenir simplement, à un rapide aperçu de l'*armée impériale* ou de l'*armée nationale*, comme on dit aussi. Cette qualification peut d'autant plus être justifiée, que les rigueurs de la discipline, l'amour du drapeau, le respect pour l'autorité de l'Impérator, ont réussi jusqu'à ce jour à exclure du rang, les compétitions jalouses qui, dans l'école, dans la société bourgeoise, dans le parlement et dans la presse, favorisent les aspirations du particularisme et attisent la haine des partis.

Je n'ajoute que foi médiocre aux spéculations de ceux qui exploitent au profit de leur thèse les moindres incidents, tels que les quelques rixes signalées de temps à autre entre soldats tchèques et allemands, polonais et magyares. N'en est-il pas de même dans tous les pays du monde, entre napolitains et florentins confondus dans un même régiment italien, entre polonais de la province de Posen et un camarade de la Terre-Rouge, servant coude à coude dans le même régiment westphalien ou rhénan?

Mais, n'est-il pas à craindre que le lien fictif, quoique robuste encore, maintenant tous les soldats de l'empereur sous les lois de la discipline militaire ne se relâche pour se rompre ensuite irrémédiablement?

Je suis de ceux qui prévoient cette éventualité, et je n'en veux pour preuve que le débat significatif qui a retenti, à Vienne en novembre-décembre 1888, à Pesth dans les premiers mois de 1889, à l'occasion de la discussion de la nouvelle loi organique militaire.

Quel a été en effet le caractère de cette discussion?

A Pesth, une vive opposition qui a pu, à un moment même, ébranler la situation de M. de Tisza, et de tumultueuses manifestions ont protesté contre l'exagération des nouvelles charges militaires imposées à la nation, comme pour affirmer implicitement que la situation extérieure n'est pas à ce point calamiteuse pour que ces sacrifices soient intégralement imposés, surtout avec une aussi urgente insistance. — Le débat n'en reste pas moins dominé par des éléments purement égoïstes : protestations contre la deuxième année de service, à laquelle seront tenus les conditionnels d'un an qui n'ont pas satisfait aux épreuves à la fin de la première année, et, protestations contre l'emploi de la langue allemande imposée aux candidats à cet examen.

Le gouvernement impérial, pour ne pas être mis en échec, a été réduit à des concessions, à de faciles engagements, favorisant les tendances particularistes des magyares et leur faisant déjà entrevoir la réalisation prochaine de leur rêve le plus ardent, une armée hongroise!

A Vienne, les conditions qui ont enlevé au parlement, à une majorité considérable, le vote de la loi sont plus néfastes encore à l'armée impériale.

Les Allemands libéraux représentent en Cisleithanie l'opposition au ministère. L'importance de ce groupe est telle qu'il pourrait empêcher le projet de réunir les deux tiers des voix indispensables à son succès; mais les Allemands libéraux sont avant tout et par-dessus tout inféodés à la politique de M. de Kolnoky. Peu importe que leur orateur ait déclaré au nom des siens que le vote en faveur du projet était donné à l'armée, au pays et non au ministère de M. de Taaffe. La chose essentielle était d'obtenir ce vote, et, comme on le savait absolument certain, c'est au préjudice de cette fraction que les concessions ont été faites pour gagner les adversaires du ministre des affaires étrangères.

Ces adversaires sont les ministériels représentés en presque totalité par les groupes slaves; ils bénéficient à l'heure actuelle de toutes les faveurs. Leur sympathie pour M. de Taaffe, pouvait pourtant ne pas aller jusqu'à approuver la politique allemande du cabinet impérial; il était, par suite, indispensable de la consolider.

J'ai déjà laissé deviner combien est essentiellement importante dans la monarchie, la question de la *langue officielle*. Les efforts du particularisme ne gagnent que difficilement, et jusqu'à ce jour, il a dû reconnaître son impuissance à vaincre l'énergique défense des ministres de la guerre, en faveur de l'allemand, la *langue de service* dans l'armée.

C'est sur ce principe, *l'allemand est l'unique langue de service dans l'armée impériale*, que les concessions ont été faites à ceux dont l'opposition était redoutée. Ces concessions se sont traduites par la très large tolérance d'une langue autre que l'allemand admise aux épreuves pour le volontariat et à l'examen pour officier de réserve, tolérance d'autant plus dangereuse que rien ne peut la réglementer avec une suffisante précision.

C'est un coup fatal, presque mortel, porté aux principes, aux traditions les plus chères à l'armée impériale [1].

---

[1] Le général *Bylandt-Rheirdt* qui, pour cause de santé, dû quitter le ministère de la guerre (Das grawe Haws) en mars 88, avait été un des partisans les plus énergiques de la conservation de la langue allemande comme langue de service, et du

L'empereur François Joseph, est ainsi obligé de sacrifier tout l'équilibre de sa politique intérieure aux exigences de la situation, que la monarchie doit tenir dans le concert européen.

Ne pas consentir à d'excessifs sacrifices pour complaire au puissant allié, ne pas rendre leur réalisation certaine, serait exposer l'Autriche-Hongrie à perdre son rang de co-associée d'abord, puis ensuite à être lâchée au jour il aurait pu plaire à M. de Bismarck de faire des gracieusetés à la Russie.

La monarchie est elle-même bien certaine de pouvoir éviter cette éventualité? Je connais de bien cruels sceptiques sur ce point délicat, pas seulement dans l'armée, mais aussi dans le monde des politiciens.

De quelque côté donc que nous envisagions la question, l'Autriche-Hongrie est fatalement entraînée à tout sacrifier au développement excessif, exagéré de la puissance militaire.

maintien de la prédominance allemande. Cette attitude lui avait valu une violente inimitié, celle des Tchèques, oubliant difficilement sa fermeté pleine de tact dans l'affaire Jansky.
Les douze années que le général a passé à la tête de l'administration de l'armée ont valu à la monarchie : l'établissement du système territorial, la loi sur la landwehr et le landsturm, de notables progrès dans l'artillerie, enfin l'adoption d'une arme à répétition le *Mannlicher* et la transformation de l'équipement de l'infanterie.
Le titulaire actuel du ministère de la guerre, le général *de Bauer*, né à Lemberg en 1825, sort de l'artillerie, et est passé comme capitaine dans l'infanterie en 1849; il était chef de bataillon à Solferino et brigadier à Custuzzo (régiment n°° 28, et 70, 19° bataillon de chasseurs), où il s'est couvert d'honneur tant en défendant la position de *Jese* qu'en montant à l'assaut de Santa-Lucia.
Il commandait en dernier lieu le II° corps.

Plus elle sera forte, plus son alliance sera estimée.

Plus elle sera forte, moins elle aura à redouter les conséquences cruelles d'un isolement passible.

Tout pour la politique extérieure!

Et Dieu sait pourtant combien est instable l'illogisme de cette politique.

Ecoutez parler M. de Plewer dans la séance du 7 décembre 88:

« A l'intérieur, le cabinet s'appuie pour gouverner sur les groupes slave et ultramontain!

« A l'extérieur, il s'allie à l'Allemagne contre la Russie et tend la main à l'Italie. »

Ceci dit, j'aborde mon sujet.

L'Autriche-Hongrie a adopté en 1868, alors qu'elle se réorganisait pour des espérances abandonnées depuis, le principe du service obligatoire et personnel tempéré toutefois par l'acceptation du volontariat d'un an, par des congés et des renvois anticipés.

La durée du service militaire se décompose ainsi : 3 années de présence sous les drapeaux, 7 ans dans la réserve, 2 années dans la landwehr et 10 années dans le landsturm ; les jeunes gens placés directement dans la landwehr y servent 12 années puis 10 dans le landsturm.

L'excédent du contingent forme la réserve du complément qui demeure dix ans à la disposition de l'armée active avant de passer par la landwehr ou le landsturm.

Nous avons donc :

A). Armée commune

3 contingents en service actif, a 21 23 ans.
7 — de la réserve, 24 à 30 ans.   (Hommes exercés.)
10 — de la réserve
de complément, 21 à 30 a.   (Sommairement instr.)

B). Landwehr et honved.

a) directement incorporés.

1 ou 2 cont. en serv. actif, 21 ou 22 ans.
11 ou 10 — de la réserve, 23 ou 23 à 32 a.   (Hommes exercés.)
12 — de la réserve
de complément, 21 à 32 ans.   (Sommairement instr.).

b) provenant de l'armée commune.

2 contingents. . . . . 31 et 32 a.   Comprenant des hommes exercés (1re portion) et sommairement instr. (2e portion.)

C). Landsturm.

2 contingents . . . 33 et 34 ans.
3 classes. . . . . 35 à 37 ans.   Comprenant des hommes exercés 1re portion) et sommairement instr. (2e portion.)
4 classes (réserve). . . 38 à 42 ans.

D). Non exercés a la disposition.

2 classes. . . . . 19 et 20 ans.
Les hommes de 21 à 41 ans classés dans les services auxiliaires.

Etablissons maintenant le tableau numérique de l'armée en prenant pour base, d'après le rendement de la nouvelle loi, le chiffre de 150,000 jeunes gens annuellement inscrits et répartis comme suit toutes déductions faites :

1re PORTION hommes complètement exercés.		2e PORTION ou hommes sommairement instruits.
101.330	Armée commune.	20.300
11.500	Landwehr cisleithane. . . .	2.250
12.500	Honved hongroise.	2.450
125.330		25.000

Ce qui donne :

915.000	Armée active et réserve. . .	180.000
407.500	Landwehr et honved . . .	81.500
	Landsturm	
455.000	1ᵉʳ ban	89.000
337.500	2ᵉ ban.	66.500
2.113.000	Total	417.800

Les journaux militaires austro-hongrois arrivaient, antérieurement à la nouvelle loi, à un calcul peu différent :

19.480 officiers.
7.968 employés.
881.746 hommes de troupe.
246.000 Landwehr cisleithane.
228.078 Honved hongroise.
―――――
1.382.272

La réforme du régime obtenue par la nouvelle loi militaire veut se préoccuper principalement des non-valeurs, ou de ce qui compte à peu près comme tel.

On pense y arriver :

Par l'augmentation du contingent annuel porté de 95,474 hommes à 103,100 survalue de 7,626 équivalant à un accroissement de 21,976 hommes, soit à une dépense de 5 millions de florins [1] :

1° Cette augmentation sera rendue plus facile par la nouvelle fixation imposant le service militaire seulement à partir de la 21ᵉ année, pour éteindre la proportion par trop forte des ajournés : 287 p. 1,000 pour la classe 1886.

[1] Le budget de l'exercice précédent, voté en 1888, aux Délégations, le chiffrait : armée de terre, 121,131,900 florins; armée de mer, 11,318,287 florins.

2° Par la suppression de la reserve de remplacement qui entrerait en partie dans le contingent, en partie dans la landwehr;

3° Par l'augmentation du nombre et de la durée des périodes d'instruction pour la landwehr.

Le *landsturm*, qui ne date que de 1886-87, n'est encore qu'incomplètement et imparfaitement organisé; mais il tend de jour en jour à le devenir davantage, afin de pouvoir prendre dans les services sédentaires, la place laissée libre par l'incorporation de la majeure partie des divisions de landwehrs, dans les formations de première ligne.

En 1882, la monarchie a admis le lotissement régional; en principe les corps de troupe doivent etre garnisonnés dans leur zone de recrutement, mais le principe tolère de nombreuses exceptions motivées le plus souvent par des considérations politiques.

Néanmoins, quand le besoin s'en fait sentir, l'avantage incontestable d'établir les corps à proximité de leur district de recrutement fait négliger la préoccupation politique plus ou moins motivée; c'est ainsi qu'a été officiellement expliqué en juillet 1887 l'envoi en Gallicie de la 2° division d'infanterie précédemment garnisonnée à Vienne, et de 4 régiments de cavalerie.

Actuellement encore, sans comprendre l'occupation de Bosnie-Herzégovie, 12 régiments d'infanterie sont encore stationnés en dehors de la région territoriale de leur corps d'armée.

L'armée impériale compte 15 corps d'armée dont la composition théorique à deux divisions d'infanterie n'est pas toujours fidèlement observée. Les Ier et

II⁰ corps (Cracovie et Vienne) sont à 3 divisions, le XIVᵉ corps (Innsbruck) n'est formé qu'à deux brigades et le XVᵉ corps (Serajewo) comprend deux divisions et deux brigades indépendantes.

Le nombre des divisions d'infanterie s'élève à 32 (y comprenant les deux divisions nominativement formées avec les brigades de montagnes), quoiqu'il puisse être fait mention d'une 36ᵉ division, car en réalité manquent dans la série les nᵒˢ 20, 21, 22, 23 et 26, réservés à des formations spéciales.

Les brigades d'infanterie se comptent de 1 à 94, avec manquement dans la série pour les nᵒˢ 35, 36, 41, 42, 43, 44, 45, 46, 51, 52 et 72 à 94. Les brigades de montagnes se suivent de 1 à 8.

Au total, 102 régiments d'infanterie à 4 bataillons, plus un dépôt ; chaque régiment correspond à un district de recrutement; de ces régiments, 4 sont hongrois, 19 galliciens, 16 tchèques, 5 croates, etc., etc.

Les chasseurs à pied présentent 32 bataillons à 4 compagnies plus un dépôt, et le régiment des chasseurs tyroliens de l'Empereur à 10 bataillons et 2 cadres de dépôt.

La compagnie d'infanterie peut être à l'effectif normal, renforcé ou réduit ; l'effectif normal montre 82 hommes, l'effectif réduit 67 hommes. Je me suis laissé dire que, dans la pratique, l'effectif normal était assez souvent inférieur à l'effectif réduit ; l'effectif renforcé est à 127 hommes, plus exactement à 128, car je sais que certains régiments en Gallicie avaient leurs compagnies à cet effectif.

En principe, chaque corps d'armée est doté d'une

brigade de cavalerie, de 2 régiments à 6 escadrons, dont la mobilisation est très grandement facilitée par une série de dispositions fort pratiques. Le IV° corps (Gratz) possède deux brigades non endivisionnées; trois divisions permanentes ou indépendantes de cavalerie ont été formées depuis peu : I⁰ʳ (XI° corps Lemberg), 15, 20 et 21ᵉ brigades (36 escadrons), II° (I⁰ʳ corps Cracovie), 5, 11 et 14° brigade (42 escadrons), III° (II° corps Vienne), 2 et 7° brigades.

Les XII et XV° corps sont dépourvus de cavalerie.

Depuis que les uhlans ont déposé la lance, l'armement des 41 régiments de cavalerie à 6 escadrons est uniforme; les subdivisions d'armes sont : 14 régiments de dragons tous Cisleithaniens (deux se recrutent en Gallicie et en Bukowine), 16 régiments de hussards, tous Hongrois, et 11 régiments de uhlans Hongrois et Croates.

Enfin, chaque corps d'armée (à l'exception du XV°) est pourvu d'une brigade d'artillerie : la brigade comprend des groupes de batteries divisionnaires, et un régiment de corps à deux groupes de batteries montées, et des batteries à cheval. Dans les quarante-deux groupes de batteries lourdes, divisionnaires, les nᵒˢ 7 à 28 sont à effectif normal, les nᵒˢ 29 a 42 à effectif réduit (2 pièces seulement en temps de paix).

Au total, 212 batteries avec 796 pièces à l'effectif de paix et 1,664 pièces sur le pied de guerre.

Nous ferons remarquer que l'organisation actuelle de l'artillerie ne répond qu'imparfaitement aux exigences des formations éventuelles du temps de guerre.

Cette insuffisance en artillerie ressort avec évidence

de la comparaison entre les armées russe et austro-hongroise.

On compte en Russie 3 pièces par bataillon d'infanterie, en Autriche-Hongrie 2, 6 seulement. Il en résulte que pour mettre la monarchie sur un pied égal à celui de l'Etat voisin, il serait nécessaire d'augmenter de 14 pièces la dotation du corps d'armée. On pourrait à la rigueur se contenter d'une augmentation de 8 pièces (une batterie) ce qui ramenerait la proportion à 2, 9.

Mentionnons encore douze bataillons d'artillerie de forteresse autant pour la défense des places que pour le service des parcs de siège, dont ceux dits mobiles (Mobile-Belagerungs, Batterie-Gruppe) méritent une mention particulière. Ces cinq petits parcs mobiles sont établis : 2 à Vienne, 1 à Budapesth, 1 à Cracovie et 1 à Przemysl (4 pieces de 12 centimètres, et 8 mortiers de 15 centimètres). Cette organisation récente particularise bien la guerre future à laquelle l'Autriche-Hongrie se prépare.

Enfin, pour en finir avec cette énumération : deux régiments du génie, un de pionniers, trois du train et les services auxiliaires.

J'ai déjà dit dans un précédent volume, *Russes et Autrichiens en robe de chambre*, ce que je pensais du soldat de l'armée impériale. Il a dans la moyenne toutes les qualités d'un excellent troupier, et si les armées austro-hongroises sont exposées aux échecs futurs, que je considère comme peu douteux, c'est à l'organisation défectueuse du mécanisme que la nation devra seule imputer ses défaites.

Je crois qu'une grande et apathique fatalité pèse sur les destinées de la monarchie.

Poussée par les impérieuses exigences de son alliée, elle se ruine en prodigieuses dépenses militaires : elle transforme son armement[1], modifie l'équipement de

[1] *Transformation de l'armement.* — C'est au mois de novembre 1886 que le ministre de la guerre, comte Byland-Rheidt, exposa aux Délégations la nécessité de transformer l'armement et leur proposa l'adoption du fusil *Mannlicher*, à répétition, du calibre de onze millimètres; le projet ministériel répartissait comme suit la fabrication : 23,000 fusils en 1887, 210,000 en 1888, 300,000 en 1889, le reste en 1890. Les Délégations consentirent à un premier crédit de 3,500,000 florins.

Quelques spécialistes, notamment dans l'arme intéressée, protestèrent avec plus ou moins d'énergie contre cette transformation incomplète de l'armement; de l'avis de tous, la répétition ne pouvait être séparée de la réduction du calibre. Mais le ministre, comme il le déclara lui même, cherchait encore la poudre autorisant l'adoption d'un calibre réduit. Cette nouvelle poudre ne fut expérimentée à *Steyer* que dans les derniers mois de l'année 1887; aussitôt le ministre proposa aux Délégations l'adoption d'une arme d'un calibre de huit millimètres; un premier crédit de 15,512,000 florins, fut voté pour 1888 et un second (juin) de 13,384,700 florins pour 1889.

Comme l'a fait connaître le ministre, la manufacture de *Steyer* peut produire mensuellement 25,000 fusils, soit 300,000 par an.

L'ouvrage spécial que M. *Strachovtky* a consacré à cet établissement confirme ces données : la production journalière y est de 1,100 fusils par jour.

A la suite du mouvement considérable qui s'est produit en Hongrie, en vue de l'installation d'une manufacture d'armes nationale, le Parlement de Pesth, a sanctionné en 1888 la création de cet établissement.

La société s'est constituée au capital de 3 millions de florins; l'État lui a fait don du terrain près de Pesth, et l'outillage a été commandé à la maison Lowe et Cie, de Berlin.

L'installation doit être terminée le 30 septembre 1889, et la fabrique devra avoir livré, au 31 décembre de cette même année, son premier mille de fusils, au prix de 18 fr. 56 ; 180,000 armes devront être fournies au 1er mai 1892.

Il est aisé de se rendre compte, d'autre part, des premiers

son infanterie¹, revise ses règlements², améliore son réseau ferré et, malgré tous ces efforts, tous ces sacrifices, elle progresse peu et ne reconquiert pas la confiance morale qui a fait jadis, sinon la force, indubitablement l'honneur des armées impériales.

A raisonner philosophiquement, j'estime que cette déchéance est le fruit douloureux du servilisme auquel la nation s'est condamnée.

Le maréchal de Saxe a écrit dans ses *Rêveries* : « L'espérance fait tout endurer et tout entreprendre aux hommes ; si vous la leur ôtez, ou qu'elle soit trop éloignée, vous leur ôtez l'âme. »

Une nation qui a abdiqué toute espérance a peut-être aussi rendu l'âme.

Les détails relatifs à la mobilisation ont généralement besoin d'être beaucoup améliorés, notamment

---

besoins de l'armée : 502 bataillons à 860 fusils chacun ; si l'on y ajoute une réserve de 30 p. 100, on arrive au total de 725,000 armes.

A la fin de l'année courante neuf corps d'armée seront possesseurs du nouvel armement : IV, V, VI, II, I, XI, etc.

¹ La distribution de l'équipement modifié se fait au fur et à mesure de l'armement des corps avec le nouveau fusil. 1,500,000 florins sont attribués au dernier budget à cette transformation.

Le sac est en deux parties, faciles à détacher et répartissant très judicieusement la charge sur les épaules et les hanches ; la partie inférieure du sac renferme une boîte de conserve ; 6 paquets de 10 cartouches, et deux magasins avec 5 cartouches l'un. — Sur chaque côté du sac une poche pour 20 cartouches. — Le manteau est roulé autour du sac et la paire de bottes de rechange a été remplacée par des souliers légers. Un homme sur deux porte l'outil de pionniers, l'autre le campement.

² La commission s'est réunie à Vienne dans les premiers jours de janvier, sous la présidence de l'archiduc Albrecht.

en ce qui concerne la constitution des approvisionnements et les conditions de transport.

A ce dernier point de vue, l'état-major général à Vienne ne peut ignorer qu'il doit s'attendre à de cruels mécomptes.

Le matériel à employer pour la concentration en Gallicie est notoirement insuffisant[1], et les voies de garage, pas assez nombreuses, ne doivent être considérées que comme des palliatifs pour compenser le rendement insuffisant des lignes à voie unique et la pénurie du matériel.

Il est juste de faire observer que lorsque les *travaux projetés* auront été exécutés, les conditions laisseront moins à désirer. Le tout est de savoir quand le projet de loi déposé le 23 avril 1888 à Pesth, par le ministre des travaux publics, aura reçu l'indispensable consécration. Ce projet de loi tend à obtenir la garantie de l'Etat pour un emprunt de 17 millions de florins, à la charge des compagnies de chemin de fer :

Kaschau-Oderberg;
Nord-Est-Hongrois ;
Hongrois-Gallicien.

---

[1] C'est ainsi qu'en Autriche-Hongrie, la relation entre le nombre de kilomètres exploités et le nombre de locomotives en service se traduit par 0,20. Cette même relation est en Allemagne de 0,33 et en Russie de 0,26.

En Autriche-Hongrie même, la proportion est très régulièrement répartie; les compagnies privées sont très heureusement dotées : Aussig-Teplitz, 0,55. Kaiser Ferdinand Nord-Bahn, 0,42. Sud-Bahn, 0,28; tandis que les chemins de fer de l'État sont médiocrement avantagés : K. K. Staats bahnen, 0,17. K, K, Ungarische Staats bahn, 0,14.

L'emprunt doit permettre aux compagnies de majorer le rendement stratégique de leur réseau :

1° Par la pose d'une double voie ;

2° Par l'augmentation du matériel roulant :

Achat de 1,200 wagons et 200 locomotives. Ces dernières surtout font défaut.

Il est question aussi de la construction d'un pont sur le Danube à Presbourg ou Comorn.

La ligne Kaschau-Oderberg, de date assez ancienne, réclame de très sérieuses améliorations.

Le Nord-Est-Hongrois exige, notamment, la pose d'une double voie sur le parcours *Munkacs-Beskid*, avec prolongement sur Stryi et Lemberg.

Le Hongrois-Gallicien, la ligne la plus importante au point de vue militaire, a besoin d'une rectification de tracé avec diminution des rampes et des courbes aux environs de Lupkow où elle franchit les Karpathes.

D'une façon générale, la Hongrie a beaucoup à faire pour compléter et perfectionner son réseau de voies ferrées.

On n'a pas donné suite aux divers projets émis pour la construction d'une ligne Marmaros-Szigeth reliant la Gallicie orientale à la Hongrie et à la Bukowine. De Szigeth la ligne passerait les Karpathes au col de Sumaram, empruntant ensuite la vallée du Pruth jusqu'à Delatyn où elle bifurquerait pour gagner Stanislawow et Kolomyja. Un autre tronçon partirait de Szigeth vers Kirliboba.

Le ligne transversale Szigeth-Nagy-Banya-Dées manque toujours.

En Croatie et en Slavonie, les voies ferrées font complètement défaut; le tronçon Agram-Essegg n'a été entrepris que depuis peu; les villes de Gospic, Otocac et Stuin sont totalement isolées, ce qui gêne sérieusement la mobilisation des régiments n°ˢ 79 et 96.

Signalons seulement en Cisleithanie l'établissement de la transversale Taus-Klattau-Horazdiovitz-Pisek-Mulhausen-Tabor-Iglau, qui doit plus tard être continuée sur Brunn. Olmütz, appelé à un rôle stratégique si important, serait ainsi notablement dégagé, surtout si l'on se décide activement à doubler la ligne Prerau-Oderberg, par la construction de la parallèle Hullein-Teschen-Kalwarya.

Nous constatons donc la très réelle préoccupation de parfaire la bonne organisation du réseau ferré. Cette préoccupation se manifeste surtout en Hongrie, quoique les provinces Cisleithanes ne soient guère plus richement dotées en lignes à double voie. Ainsi : le réseau uniquement autrichien avec 10,236 kilomètres de développement, ne s'accuse à double voie que dans la proportion de 6,18 p. 100. Les lignes exploitées en commun par les deux parties de la monarchie mesurent 5,627 kilomètres dont 22 p. 100 à double voie ; sur ces 5,627 kilomètres 2,797 courent en Autriche avec 35,7 p. 100 à double voie.

Enfin, n'y a-t-il pas lieu aussi de s'inquiéter des difficultés qui résulteront pour le service de la voie, de la non adoption d'un langue officielle? Ce n'est assurément pas sans raison que ce point délicat a été soulevé par le colonel von Guttenberg, chef du service des chemins de fer à l'état-major général, dans une conférence du 8 janvier faite au personnel à sa disposition.

Dans les conditions générales qui viennent d'être dites, il est permis de douter que l'état-major puisse avoir achevé, comme il l'espère, avec le vingt-cinquième jour, sa concentration en Gallicie.

La mobilisation elle-même s'opérerait-elle sans grippements ?

Pour l'armée active tout est parfaitement préparé, mais, pour les deux *landwehrs*, les choses n'iront pas aussi aisément, et, l'emploi même de ces forces, expose à bien des mécomptes.

Entrons à leur sujet dans quelques détails plus positifs.

Dans les provinces cisleithanes, l'organisation de la landwehr correspond à la région territoriale du corps d'armée. Le général commandant le corps d'armée est également commandant territorial et délègue ses pouvoirs à un officier général ou supérieur connaissant spécialement de toutes ces questions.

A un degré au-dessus, l'archiduc Regnier est commandant supérieur de la landwehr, et, c'est à son activité intelligente que l'organisation est redevable tout au moins d'une apparence de sérieux.

Il est secondé dans sa tâche par les colonels désignés pour prendre éventuellement le commandement des 22 régiments à former avec les 78 bataillons de landwehr (non compris 4 bataillons de chasseurs dalmates et 10 bataillons de chasseurs tyroliens).

La cavalerie de la landwehr, placée sous l'inspection permanente d'un officier supérieur, compte 3 régiments de uhlans et autant de dragons.

Or, est-il nécessaire d'insister pour faire ressortir combien sera fatalement pénible la mobilisation de cette landwehr, figurée seulement par des petits cadres et servie par un personnel auquel fait défaut l'expérience pratique et que ne seconde pas de bons cadres inférieurs ? Ce qui est vrai pour l'infanterie se complique davantage pour la cavalerie.

La récente mesure, qui a augmenté de quelques officiers et de quelques hommes la composition des cadres permanents, ne signifie rien ou presque rien.

En Hongrie, l'organisation de la landwehr est plus sérieuse et j'ai pu constater partout combien leur honved, première ébauche d'une armée dédoublée, était chère aux Magyares.

L'infanterie de cette honved compte 92 bataillons formés en 20 régiments (demi brigade), accouplés en 14 brigades, pour être assemblés en 7 divivions, chaque division sous les ordres de l'officier général commandant le district. Trois divisions se constituent encore avec des formations complémentaires.

La cavalerie compte 10 régiments de hussards, qui viennent récemment d'être augmentés de 2 escadrons chacun.

Ces 92 bataillons qui, jusqu'à ce jour, étaient représentés par un seul cadre permanent, doivent à de nouvelles dispositions une organisation plus rationnelle, avec des cadres permanents de compagnie.

Si nous en exceptons l'artillerie qui n'existe pas encore — et pour cause — dans l'armée de la honved, nous sommes forcés de constater la tendance à transformer, sous l'énergique impulsion du général de Féjervary[1], les 7 divisions de honved en autant de divisions prêtes à entrer en campagne avec l'armée de première ligne.

Ces apparences favorables ne nous portent pourtant pas à nous déjuger. La réalité est moins parfaite.

Nous avons dit précédemment que la série des divisions actives laissait vacants les n°s 21, 22, 23 et 26. Ces places sont prises par les divisions de landwehr et de honved :

21 ⎫
22 ⎬ landwehr.
26 ⎭
23 honved.

Les divisions restantes de honved complètent la série 37 à 45.

Ajoutons-y encore pour la cavalerie une division de landwehr et deux de honved.

---

[1] Le baron Geza Fejervary, feld-maréchal-lieutenant et ministre de la guerre en Hongrie, a célébré, le 15 août 1888, le quarantième anniversaire de son entrée au service.

Fils d'un feld maréchal-lieutenant, Geza Fejervary fut élevé à l'Académie militaire de Wiener-Neustad et en sortit en 1851, à l'âge de 18 ans, comme sous-lieutenant. La campagne de 1859 le trouve capitaine à l'état-major du II° corps (Benedeck); il se distingue, la veille de Solférino, par une très audacieuse reconnaissance, et reçoit, à la fin de la campagne, l'ordre de Marie-Thérèse et des lettres d'annoblissement.

Après la campagne du Schleswig-Holstein, le capitaine Fejervary, promu major, sert comme aide de camp de l'Empereur ; nommé colonel en 1872, il entre aussitôt comme secrétaire d'État au ministère de la honved.

Quant à l'artillerie nécessaire à ces divisions, il est hors de doute qu'on aura quelque peine à pouvoir l'organiser.

L'effectif sur le pied de guerre de la landwehr cisleithane doit compter 183,000 hommes ; en réalité 210,000 hommes figurent sur les matricules ; l'effectif normal de la honved est fixé à 3,673 officiers et 149,800 hommes; en réalité à 2,788 officiers et 192,800 hommes.

Il y a des deux côtés excédant en hommes, mais des deux côtés aussi insuffisance en officiers, en Hongrie surtout où le manquement atteignait l'année dernière près de 900 officiers ; c'est-là une grosse lacune difficile à combler.

Enfin, malgré tous les efforts tentés dans les deux parties de la monarchie pour parfaire l'instruction des officiers de l'armée auxiliaire, l'instruction pratique et professionnelle de ces officiers laisse passablement à désirer (*Académie Ludovica, école de cavalerie, cours d'instruction pour les sous-officiers en Hongrie; sept écoles de candidats officiers de landwehr et école de cadets de landwehr en Autriche*). Le cadre des sous-officiers est plus médiocre encore.

L'instruction des recrues dans les deux landwehrs se ressent considérablement de l'insuffisance des cadres et de l'esprit même de l'organisation.

Le landsturm — sauf ce qui concerne le Tyrol et le Voralberg — commence seulement maintenant à recevoir une véritable organisation; le premier ban doit fournir 208 bataillons de marche.

Etablissons maintenant le décompte des formations précédemment énumérées.

La division d'infanterie compte : 388 officiers, 15,773 hommes, 2,459 chevaux et 424 voitures; autrement, 12,844 fusils, 452 sabres et 24 pièces.

La division de cavalerie compte : 217 officiers, 5,411 hommes, 5,731 chevaux et 397 voitures.

Le corps d'armée compte : à deux divisions 26,347 fusils, 904 sabres, 88 pièces.

A trois divisions 39,200 fusils, 1,400 sabres et 112 pièces (72 divisionnaires et 40 de corps d'armée).

Les 450 bataillons actifs et les 186 bataillons de landwehrs permettent de former 14 corps d'armée à 3 divisions — pour 14 desquels nous trouvons l'existant en artillerie.

De plus, les modifications organiques, qui datent de 1886, mettent à la disposition de l'armée de campagne les éléments rendus disponibles pour les formations du premier ban du landsturm :

> 112 cinquièmes bataillons.
> 35 bataillons de réserve de landwehr et de honved.
> 183 bataillons de dépôts de l'armée active ou de la landwehr et de honved jusqu'à présent affectés au services des places, garnisons, lignes, d'étapes, etc. [1].

Total : 330 bataillons [1].

---

[1] On a enfin proposé de revenir au système du général de Kuhn datant de 1868 et modifié en 1882.

Le général de Kuhn avait établi le principe de 80 régiments pouvant se dédoubler.

On aurait procédé de même pour les 102 régiments à

Il est assez probable que l'état-major de Vienne projette d'utiliser ces ressources en infanterie pour *nourrir* l'effectif de ces formations mobilisées, en portant, par exemple, à 4 bataillons la composition du régiment d'infanterie.

D'autre part, nous pouvons pressentir l'augmentation permanente du nombre des corps d'armée. — On arrivera peût-être au nombre de 19 corps à 2 divisions, qui viendraient renforcer à la mobilisation des divisions de réserve. — Pour le moment, nous savons déjà que le Xe corps (Brunn) est transporté à Pryzemysl; et l'on doit s'attendre très certainement à la prochaine reconstitution de ce corps sous une autre dénomination.

La composition éventuelle de l'armée austro-hongroise nous est donnée à 45 divisions d'infanterie et 8 divisions de cavalerie.

31 divisions actives y compris la 8e division dans le Tyrol.
1 division vacante, la 20e, qui peut être formée dans le XVe corps avec les brigades n°s 39 et 40.
13 divisions de landwehr et de honved, n°s 21, 22, 23, 26, 37, 38, 39, 40 41, 42, 43, 44, 45.
___
45 divisions.

4 bataillons actuellement existants en créant, en vue du dédoublement, les cadres des 5e et 6e bataillons.
Le dédoublement de ces 102 régiments permettait de porter de 45 à 60 le nombre des divisions, sans compter les 184 demi-bataillons disponible dans les deux landwehrs, autorisant la formation de sept nouvelles divisions de réserve.

Ces 45 divisions permettent la constitution à 3 divisions de 13 corps d'armée (n°s 1 à 13), laissant deux divisions pour l'organisation nouvelle du XIVe corps.

Quant à l'attribution aux corps d'armée des divisions de réserve, elle paraît pouvoir être la suivante : XIIIe C., 42e D.; XIIe, 43e; X^e, 41e; IXe, 26e; VIIIe, 24e; VIIe, 23e; VIe, 39e; V^e, 37e; IVe, 40e; IIIe, 22e; les 45e et 44e divisions seraient affectées aux IIe et Ier corps, perdant en échange chacun une de leur division active.

Les 8 divisions de cavalerie doivent être formées : 1re, Buda-Pesth; 2e, Presbourg; 3e, Vienne; 4e, Lemberg; 5e, Buda-Pest (honved), 6e, Brünn; 7e, Cracovie; 8e, Lemberg.

Si nous comptons l'effectif du corps d'armée à 70,000 hommes, nous estimerons celui de l'armée de campagne, en y comprenant les divisions de cavalerie indépendantes, à 1,020,000 hommes.

Il ne nous reste plus maintenant qu'à étudier l'emploi de cette armée dans l'éventualité toujours menaçante d'une guerre avec la Russie.

La Russie sera-t-elle dans cette guerre complètement dépourvue d'alliées? Telle est évidemment la première donnée du problème stratégique.

Il n'est pas possible, on le conçoit, d'y adapter une solution ferme. Il faut savoir se contenter d'hypothèses logiquement déduites.

Il est hors de doute qu'un conflit sur la Vistule provoquera dans les États balkaniques une déflagration générale, soutenue peut-être par l'attitude du Monténégro, entretenue bien certainement par tous les éléments panslavistes.

La Bosnie et l'Herzégovie, ces provinces *non restituées* en violation formelle de ce fameux traité de Berlin dont l'Autriche-Hongrie et l'Allemagne se constituent les vigilantes gardiennes, les provinces de *Neu-Oestreich* seront, dis-je, en feu. Une étincelle suffit pour y faire jaillir l'incendie.

Première conséquence, immobilisation du XVe corps.

La Serbie, devenue par la force des choses une province vassale de la monarchie, est sujette aussi à bien des émotions. Pour éviter de m'engager dans une digression politique, je mentionnerai simplement les aspirations si ardentes du parti anti-autrichien, les menées du panslavisme et les revendications des Karageorwitsch.

L'empereur François-Joseph, peut-il malgré l'abdication du vaincu de Sliwnitza et de Pirot, renoncer à la situation si laborieusement acquise à Belgrade ?

Puis, que fera la Roumanie ?

J'espère, je crois, qu'elle saura faire respecter la neutralité de son territoire ; mais quelque soit la politique adoptée, l'Autriche-Hongrie est obligée à faire sérieusement surveiller cette frontière, ne serait-ce que pour appuyer moralement l'attitude de la Roumanie. Le XIIe corps à Hermannstadt est tout naturellement désigné à cet effet ; mais, il semble presque indispensable d'immobiliser un troisième corps, le VIIe à Temesmar ou le XIIIe à Agram, prêt à soutenir, soit le XIIe corps, soit à pénétrer en Bosnie ou en Serbie.

Donc, à bien chichement compter, un ensemble de trois corps d'armée ; l'imprudence de cette économie paraît telle que nous devons admettre avec quelque certitude, pour les débuts tout au moins, le stationnement dans cette partie de la monarchie des quatre corps sus-indiqués.

Cette défalcation faite, la masse principale de l'armée est affectée, tant au transport en Gallicie, base de concentration, qu'à la formation de l'armée ou des armées de réserve.

L'idée la plus généralement adoptée, celle qui paraît aussi reposer sur les données les plus probables, admet la formation de deux groupes d'armée de première ligne :

1° L'armée de la Gallicie orientale vers Lemberg comprendrait probablement les XIe corps (Lemberg), IVe corps (Pesth), V^e corps (Presbourg);

2° L'armée de Gallicie occidentale, autour de Cracovie, comprendrait : Ier corps (Cracovie), X^e (Brunn), IXe (Josepstadt), XIIIe (Prague).

Les II, V et VIIe corps sont transporés par le réseau Hongrois-Gallicien, Buda-Pest-L^r geny-Lupkow.

Chyrow { Prezmysl-Lemberg.
{ Striy-Stanislaw.

Les IX et X^e corps gagnent à Prerau la grande artère Kaiser-Ferdinand-Bahn, qui sert également d'exutoire, au transport du quartier général, et à une partie du matériel.

Entre les deux groupes, leur servant en quelque sorte de trait d'union, avant d'être rattaché à l'armée de la Gallicie orientale, le IIe corps (Kaschau) à Tarnow, plus exactement sur la ligne Dembica-Tarnobryeg.

Au total, 24 divisions immédiatement transportables.

Les derniers corps d'armée et divisions qui restent, doivent servir plus tard de noyau à la formation des armées de réserve, peut-être l'une sous Eperiès, l'autre sous Olmutz.

Quelques indiscrétions paraissent indiquer que le VIIe corps a pour destination définitive Eperiès et que les deux brigades constituant le XIVe corps pourraient bien être réservées au renforcement du XVe corps qui comprendrait alors 4 divisions, ce qui permettrait son dédoublement. Le XIIIe corps deviendrait ainsi disponible à son tour.

Dans ces conditions l'armée de réserve sous Eperies, armée appelée à occuper le centre du déploiement, serait formée des VIIe, XIIIe et IIIe corps ; l'autre armée formée à Vienne d'abord, amenée à Olmütz ensuite, comprendrait le IIe corps et le XIVe *reconstitué*.

Il va sans dire, comme je l'ai soigneusement fait observer au début de cette étude, que les indications qui précèdent sont simplement déduites de considérations générales, d'études particulières, aidées de-ci de-là de quelques indiscrétions recueillies par des personnes curieuses de pénétrer certains détails. Ce sont des *groupements d'étude*, rien autre chose.

Admettons donc comme il vient d'être dit, le transport plus ou moins tardif, mais définitif, dans la zone de concentration, des dernières formations. Nous retrouvons ainsi treize des corps d'armée, ce qui nous donne comme disponible, pour une guerre contre la Russie, un effectif que nous estimerons en chiffres ronds à 950,000 hommes.

J'ai déjà dit que l'état-major autrichien avait la prétention d'achever le vingt-cinquième jour la concentration de ses armées [1]. Je rappelle également que pour les raisons déjà dites, cette prétention est quelque peu exagérée.

Mais, comme la préparation russe est grevée d'une lenteur plus pénible encore, l'état-major de Vienne peut envisager ce retardement sans trop d'inquiétude, n'ayant guère à redouter que les atteintes de la cavalerie russe. Ces atteintes seront principalement dirigées contre la longue artère qui sous le nom de Karl-Ludwig-Bahn coupe le glacis gallicien, se soudant d'une part au réseau Silésien, pénétrant à l'autre extrémité en Bukowine.

Cette voie très exposée, et dont la destruction serait gênante, est le seul moyen autorisant transversalement les communications et les ravitaillements. Sa protection doit être assurée par les troupes de couverture auxquelles sont affectés tout d'abord les Ier et XIe corps, dont l'effectif du temps de paix est très notablement renforcé [2] :

---

[1] On compte généralement :

1° Un million de soldats, 250,000 chevaux. 35,000 pièces et voitures et les approvisionnements nécessaires.

2° 2,500 trains à 100 essieux à raisons de 4 voies et de 40 trains. Le transport dans ces conditions exige 16 jours.

[2] Rappelons de plus que la loi d'avril 1888 permet au ministre de la guerre de convoquer exceptionnellement, pour le service actif, les hommes de la réserve et de la réserve de complément. Grâce à cette loi, le gouvernement peut renforcer certains corps sans bruit, sans jeter dans le pays et à l'extérieur le trouble que provoquerait une mobilisation même partielle.

Iᵉʳ corps, 47 bataillons d'infanterie, 42 escadrons, 19 batteries et 23 compagnies d'artillerie de forteresse et 15 compagnies du génie.

XIᵉ corps, 32 bataillons, 36 escadrons et 16 batteries, puis ensuite le VIᵉ corps avec une division de cavalerie.

Le 6ᵉ jour, 6 divisions de cavalerie appuyées par les colonnes d'infanterie assurent d'une façon très suffisante la protection de la ligne.

Enfin, outre les mesures spéciales prises en Gallicie pour la formation immédiate des troupes de la landwehr et du landsturm, certains travaux de fortifications dernièrement entrepris ou complétés interdisent toute tentative bien sérieuse.

Suivant les renseignements qui ont été communiqués par un journal militaire russe, *Jaroslaw* a été transformé en une solide tête de pont sur le *San*, englobant le village de Garborze, à 5 ou 6 kilomètres en arrière des marais d'Ogrody, et une ligne de redoutes a été tracée, s'appuyant à gauche, au *San*, près du village de Szowsko, à droite à la ligne ferrée près du village de Surochow.

Lemberg est doté d'ouvrages détachés dont le plus rapproché sur « l'Exercir platz » couvre la gare; tandis que le plus lointain, sur la hauteur au-dessus du village de Holoskowk, conjugue son action avec l'ouvrage sis sur le petit plateau du village de Maléchow pour commander la traversée du défilé formé par les marais de Grzybowice.

A la suite de la publication du traité secret entre l'Allemagne et l'Autriche-Hongrie quelques esprits chercheurs se rappelant bien des démarches faites par l'état-major de Berlin, auprès de celui de Vienne, notant de nombreux indices tendant à établir une association de travail, entre autres, la récente mission du général de Panitz, parcourant avec le lieutenant-colonel von Wagner, le major von Sachse, le capitaine von Lasser, les confins de la Gallicie, certains esprits curieux, dis-je, se sont demandé comment se manifesterait au point de vue militaire l'accord intervenu entre les deux puissances.

Or, il est aujourd'hui hors de doute que le traité n'a pas été publié dans son intégralité et qu'il existe, comme annexe, une convention militaire, fixant les conditions précises de l'action militaire.

Si l'Allemagne est en guerre avec la Russie (je ne me sers pas de l'expression : est attaquée, qui ne signifie rien), l'Autriche-Hongrie met à la disposition de son alliée la totalité de ses forces.

Si l'Autriche-Hongrie entre en guerre avec la Russie, l'Allemagne n'admettant pas l'inaction de la France, met à la disposition de son alliée telle fraction de ses forces dont elle peut disposer, soit au minimum, une armée de cinq corps ou de groupes équivalents.

On pense généralement, c'est du moins ce que j'ai entendu dire à Vienne, que la portion de cette armée agissant sur la rive gauche de la Vistule serait commandée par le roi de Saxe.

On disait aussi à Vienne que cette armée allemande, quoique bénéficiant d'une certaine indépendance, relevait directement du généralissime autrichien, l'archiduc Albert ; le comte de Waldersée, ajoutait-on même à cette époque, était le commissaire allemand au quartier général de l'archiduc.

On prétend généralement que les sympathies entre le jeune empereur allemand et le septuagénaire archiduc sont des moins vives, surtout depuis le voyage de ce dernier aux manœuvres allemandes de 1888. Le vainqueur de Custozza, le plus autrichien des archiducs, à juste titre jaloux des égards qui lui reviennent, aurait été profondément mortifié d'être traité en subordonné par le jeune Hohenzollern.

Ce froid menace singulièrement de compromettre la bonne direction nécessaire à des opérations entre alliés, et promet de nous faire revivre les éternelles difficultés qui naissent entre alliés, dans les quartiers généraux.

Blücher lui-même, malgré toute son énergie, n'a jamais pu en triompher.

Que serait-ce donc aujourd'hui, surtout dans cette armée allemande, où malgré les efforts de la *légende*, l'obéissance passive et respectueuse n'est pas la vertu maîtresse des généraux en chef? Est-il nécessaire de rappeler la personnalité de Steinmetz s'entêtant plus qu'il n'y était autorisé au sanglant combat de Nachod et oubliant sous Metz, dans les environs de l'observatoire du mont Blaise, les égards de simple politesse qu'il devait au prince Frédéric-Charles.

Avec un jeune empereur et de vieux généraux éprouvés, les types à la Steinmetz ne peuvent-ils reparaître ?

Il paraît assez indiqué qu'il entrerait dans les intentions de l'état-major autrichien d'adopter une attitude défensive sur la droite (armée de la Gallicie orientale) et de faire opérer à son déploiement stratégique une conversion sur ce pivot.

L'objectif premier, particulierement reservé à l'offensive du centre (armée de Gallicie occidentale) et à la gauche (armée allemande), serait Ivangorod pour rompre le triangle Varsovie, Ivangorod, Brest-Litewky qui commande toute la manœuvre en Pologne.

On fait, en Autriche-Hongrie, très médiocre cas de la valeur de ces places. S'il fallait même en croire certains conseils venus de Berlin, le siège en serait superflu, la manœuvre stratégique, avec menace sur leur flanc gauche (armée de la Gallicie orientale), devant suffire pour forcer les Russes à évacuer la Pologne.

Cette théorie pessimiste et décevante commencerait malheureusement aussi à être admise en Russie, comme semblent le prouver certaines paroles d'une imprudente franchise attribuées au général Gourko.

J'ajouterai encore que l'on a en Autriche-Hongrie une très honorable considération pour l'armee russe dont on constate, mais dont on ne surcharge pas les imperfections.

En somme, dans les hautes spheres politiques et militaires, il n'est pas d'imprudent qui accepterait avec joie un conflit irrémédiablement prochain.

Il m'est demeuré comme impression générale que l'Autriche-Hongrie était fort peu soucieuse de se mesurer avec la Russie.

Est-ce par defiance de soi-même ? Je suis porté à l'admettre.

MARINE

Complétons cette étude par quelques indications sur la marine.

Au commencement de cette année on a réglé comme suit la répartition de divers bâtiments composant la flotte :

a. Bâtiments d'escadre de divers rangs : *Archiduc-Rodolphe, Archiduchesse-Stéphanie, Tegethoff, Custoza, Lissa, Archiduc-Albrecht, Empereur, Empereur-Maximilien, Don-Juan-d'Autriche, Prince-Eugène-de-Habsbourg.*

b. Croiseurs-torpilleurs de diverses classes : *Panthère, Léopard, Tigre,* les deux premiers de 1,530 tonnes, le dernier de 1,675 tonnes; *Zara, Spalato* (1,000 tonnes), *Sebenico* (840 tonnes), *Lussin, Météore, Eclair, Comète* (350 tonnes), *Planète, Trabaat* (480 tonnes).

c. Torpilleurs : de 1re classe (83 à 88 tonnes) 23 ; de 2e classe (46 à 64 tonnes) numéros de IX à XXXIV ; de 3e classe (27 tonnes) numéros I à VIII.

d. Avisos : 3.

e. Bâtiments de transport, 4 : *Impératrice-Elisabeth* (dépôt de torpilles), *Cyclope* (ateliers), *Pola* (matériel), *Gargnano* (malades).

f. Canonnières de rivières : 2.

Enfin un certain nombre de *stationnaires,* de bâtiments-écoles, etc.

Pour ce qui a trait plus spécialement aux canonnières de rivière, nous ne pouvons omettre de signaler le projet, récemment dénoncé, de créer une flottille sur le Danube — projet motivé par les mesures prises par le gouvernement roumain en vue d'établir une escadrille sur le fleuve (achat du croiseur *Elisabeth* en Angleterre et de torpilleurs au Havre).

L'Autriche-Hongrie a pris ombrage de ces mesures qui constituent une violation de l'article 52 de la convention de Berlin et a, dit-on, fait faire d'amicales remontrances à Bucarest.

En même temps, le baron Sterneck, chef de la direction de la marine au ministère de la guerre, a présenté au F. M. L. von Bauer, un mémoire insistant sur la nécessité d'organiser une flottille impériale sur le fleuve.

1° La flottille comprendrait, d'après ce projet, 12 canonnières et, comme il en existe déjà deux, la *Leitha* et le *Maros*, dix bâtiments nouveaux sont à construire.

A cette escadrille s'adjoindra une flottille auxiliaire fournie par la Société de navigation à vapeur du Danube.

2° Les chantiers de construction et de réparation, les dépôts de matériel, le casernement pour les équipages, en un mot tous les établissements concernant la flottille, seront centralisés en un port sur le fleuve, dont le choix n'est pas encore arrêté; Pesth a pourtant bien des chances de l'emporter sur Raab et Comorn.

3° Enfin, la commission que préside le capitaine de frégate *Schonta* aurait également fait ressortir la nécessité d'améliorer quelques ouvrages de défense sur le fleuve.

Rappelons en dernier lieu, que le projet de création d'une flottille sur le Danube date de longtemps déjà, et que le besoin s'en est fait sentir à divers moments, entre autres à l'époque de l'occupation des Principautés, alors que le général Mollinary avait fait transporter sur le Danube les canonnières affectées au service des lacs Majeur et de Garde.

Plus tard, en 1869, les Délégations avaient même commencé à réaliser le projet de création d'une flottille sur le Danube, en votant un crédit de 200,000 florins pour la construction d'une première canonnière.

Les préoccupations de la marine autrichienne visent uniquement les côtes dalmates et quelque peu aussi le port de Trieste, dont il a été question, à diverses reprises, d'augmenter les défenses maritimes.

Nous signalerons plus spécialement à ce sujet un travail très sérieux publié dans les premiers mois de 1888 sous le titre « Étude des défenses maritimes du golfe de Trieste, pour couvrir le déploiement stratégique sur la ligne de l'Isongo et protéger le port de Trieste contre un bombardement ».

L'auteur trace *sa ligne de défense extérieure* de Banco Mulla di Muggia (au nord de Grado) à la pointe Salvore en Istrie; elle couvre les points se prêtant avantageusement à une attaque : baies de Prunzano, de Muggia, de capo d'Istria, de Pirano et Trieste.

La ligne de défense extérieure développe 18,916 mètres. Aux deux points qui jalonnent cette ligne en trois parties égales et dont l'intervalle est de 6,305 mètres, l'auteur propose de noyer des forts sur un fond de sable, aux profondeurs de 19 mètres (Nord) et 21 mètres (Sud).

D'après les calculs de l'ingénieur hydrographe Bömches, ces ouvrages reviendraient à environ 6,500,000 florins. Ils seraient appuyés sur la côte par les forts de Banco Mula de Muggio et de Pointe Salvore, ce dernier renforcé de batteries sur la pointe de Pirano pour commander complètement la passe d'entrée et de sortie. En avant de cette ligne, tout un système de défenses sous-marines et, en arrière, comme ouvrages intermédiaires, des batteries flottantes.

L'Autriche-Hongrie se désintéresse aujourd'hui quelque peu de ces questions, comme si elle savait pouvoir compter sur une coopération étrangère pour protéger ses intérêts dans l'Adriatique.

La voisine se pâme d'aise.

Lissa n'aura plus de lendemain!

III

TURQUIE

TURQUIE

Dans les derniers mois de l'année 1885, empiétant même sur 1886, la péninsule balkanique a traversé une période de grands troubles.

Dans tous les États, la menace d'une guerre imminente a poussé à une mobilisation, sinon totale, tout au moins suffisante pour nous fournir de précieux indices sur la valeur de leur puissance militaire.

La mobilisation partielle de l'armée turque est pour notre étude un point de départ d'autant plus intéressant et utile qu'elle procède directement de la réorganisation de 1880-82, complétée et parfaite par la loi du 28 septembre 1887, qui n'a été publiée que dans le courant d'avril 1888.

Réorganisation est peut-être beaucoup dire. Il serait plus exact de simplement spécifier : commencement de réorganisation et première application des réformes proposées par la mission allemande.

La loi est l'œuvre de von der Goltz Pacha, en collaboration avec Mussafer Pacha[1] et Veli Risa Pacha.

Je me heurte, dès le début, à un débat passionné,

---

[1] Czaikowski.

non calmé encore à Constantinople, qui ne le sera probablement jamais et dont toutes les phases m'ont été contées avec complaisance par les uns et les autres.

Est-il vrai, comme l'ont affirmé au commencement de 1887 plusieurs publications militaires, « L'*International Revue* », les *Jahrbücher für die deutsche Armée und Marine*, l'*United Service magazine*, est-il vrai que le Ghazi Osman Pacha, chef militaire du parti-vieux turc, a constamment cherché, pendant qu'il détenait le portefeuille de la guerre, à faire avorter le plan de réorganisation des officiers allemands ?

Est-il vrai que le sultan, qui s'intéressait tout particulièrement au programme de von der Goltz, a seulement pu commencer l'application de ces réformes en mars 1887, alors que l'influence du Ghazi Osman Pacha était suffisamment attiédie? Les éloges prodigués à l'illustre vainqueur de Plewna par bon nombre de journaux, principalement par la *Nord Deutsche Allgemeine Zeitung* et l'*Allgemeine Zeitung* (de Vienne) sont-ils véritablement sincères?

Quelle est donc en réalité la responsabilité encourue par Osman Pacha durant cette longue période de somnolence?

Comme je l'ai dit, j'ai cherché à me rendre de cette question un compte aussi exact que possible, écoutant les uns, ne contredisant pas les autres, et il en est résulté pour moi une conviction que je vais formuler en quelques mots :

Le Ghazi Osman Pacha n'a jamais été un adversaire jaloux des projets de la mission allemande, et de von der Goltz en particulier. Son patriotisme est au-dessus de toute atteinte. Mais il avait la conviction réfléchie et sincère que ce programme avait besoin d'être remanié par leurs auteurs, qu'il péchait par une certaine ignorance des besoins réels et des conditions véritables de la Turquie; enfin, que son application hâtive était tout au moins inopportune. La mission allemande a toujours opposé aux demandes de modifications qui lui étaient présentées, la force d'inertie la plus coupable, et l'entêtement le plus tudesque. Ces messieurs se sont toujours refusés à accepter les objections qui leur étaient soumises. Eux seuls étaient impeccables. Ils n'admettaient pas que le glorieux général, ayant conduit les soldats à la victoire, pût être leur maître en science militaire et mieux connaître qu'eux, étrangers de passage, les véritables besoins du pays.

Cette digression faite je rentre dans mon sujet.

L'organisation nouvelle de l'armée turque a pour forme principale l'application du système de recrutement régional.

Chacune des 6 premières régions de corps d'armée (Ordou) a été partagée en 4 divisions territoriales loties chacune en 2 subdivisions de brigade à 2 régiments l'une; la circonscription de régiment comprend 4 arrondissements de bataillons chacun à 4 districts de compagnie.

Chacun de ces lots territoriaux a à sa tête un cadre permanent :

La division territoriale, un général de division (Férik); la subdivision de brigade, un général de brigade (Inirliva) par régiment impaire, un colonel (Miralaï), par régiment paire; l'arrondissement en bataillon a à sa tête un lieutenant-colonel (Caimacan) avec un chef de bataillon et un adjudant-major. A la tête du district de compagnie un cadre complet. L'étendue du district de bataillon varie avec la densité de population calculée approximativement de façon à comprendre 7,000 hommes dans l'âge de 20 à 40 ans.

La nouvelle loi fixe à 20 années l'obligation du service personnel.

Au point de vue de la répartition du contingent, on doit distinguer :

La première portion — *tertib ervel* — incorporant les hommes appelés au service actif pendant 3 ans.

La seconde portion — *tertib sani* — reçoit les hommes en excédent astreints seulement à une période d'instruction de 6 à 9 mois.

Enfin, les ajournés et dispensés, les hommes dits à la disposition, sont classés dans une catégorie spéciale dite *Ikindschi Kisen*.

L'ensemble est réparti dans quatre grands groupes savoir :

A). Armée active, *Nizam*.
B). Réserve de l'armée active, *Ichtyat*.

La réserve est appelée par ordre impérial en commençant par la classe la plus ancienne, soit pour compléter l'insuffisance de l'armée active, soit pour la constitution de corps nouveaux.

Les hommes rejoignent le dépôt du bataillon de redif de la région. Les effets y sont déposés.

Dès le temps de paix, un petit détachement de

réservistes appelés à tour de rôle fait le service à ce dépôt.

Tous les deux ans, période d'instruction d'un mois.

C). Armée de seconde ligne, *redifs*, forme 8 classes de (27 à 34 ans), divisées en 2 catégories, dont la première, *birindji kism*, comprend les hommes qui ont passé par l'armée active (première ou seconde portion).

D). *Moustafiez*, qui doit correspondre au landsturm.

L'organisation territoriale actuelle donne pour les 6 premiers corps d'armée : 24 divisions, 48 brigades ou 96 régiments, 384 bataillons de redifs, ce qui revient, si l'on compte le bataillon à 800 hommes, 307,200 hommes. Or, le nombre des réservistes inscrits est d'environ 500,000.

Ce nombre permettrait la formation de 725 bataillons. Mais, d'après ce que j'ai entendu dire, il ne serait question, pour le moment, que d'en organiser 368, et, plus tard seulement 576.

Ajoutons y encore 288 bataillons de *mustafiez*.

Ce ne sont donc pas les hommes qui font défaut, et comme le faisait un jour remarquer le sultan dans une audience accordée à von der Goltz, la Turquie est de tous les États celui sur lequel pèse le plus complètement l'impôt du sang. Dans la plupart des nations, dans les moins privilégiées, la proportion maximum atteint 3 p. 100 de la population, or, dans certains vilayets cette proportion avoisine 48 p. 100.

Ce qui manque c'est *l'argent*, *l'ordre* et le *personnel* capable pour faire mouvoir toute cette organisation, par trop compliquée et perfectionnée.

Ghazi Osman n'avait que trop raison de trouver tout cela trop beau. Ce qu'il fallait, c'était moins de théorie et des fixations plus pratiques, à commencer d'abord par l'organisation sérieuse de l'armée active avec un jeu moins compliqué de réserves.

Avec l'ancienne organisation des *ali tredifs* et *mukkademredifs*, l'infanterie de la réserve seule était à peu près organisée, l'artillerie était fort incomplète et la cavalerie n'existait pas.

En sera-t-il autrement avec le projet allemand? c'est douteux. L'état sera-t-il pire? C'est à peu près certain. Quant à la levée en masse, elle n'existe, même pas sur le papier.

Et encore, ne faudrait-il pas trop se faire illusion sur l'état même du Nizam. J'ai rencontré à Stamboul K... Bey, un fort aimable officier, qui avait accompagné le ghazi Osman Pacha pendant une inspection à Andrinople en septembre 1885. La désillusion du maréchal fut pénible et sa colère violente aux édifiantes découvertes qu'il put faire.

La revue d'effectif donnait 9,785 hommes, officiers compris, au lieu de 12,850 portés aux contrôles; la troupe était sans uniformes et sans souliers; la cavalerie n'avait que 490 chevaux pour 2,000 hommes, l'artillerie se montrait dans un pitoyable état.

A la même époque le manque de charbon mettait les beaux cuirassés de la flotte hors d'état de servir.

Depuis, m'a-t-on affirmé et j'ai pu le noter rapidement sur ma route à Constantinople, les choses ne se sont nullement modifiées. Hors Constantinople et les quelques villes où résident des officiers généraux, l'armée offre le plus pénible spectacle de délabrement et de sale misère. Nulle part les bataillons ne montrent plus de 350 à 400 hommes.

L'armée turque, je l'ai dit, est répartie en corps d'armée. Ils sont au nombre de 7. Leur composition est invariable depuis la loi du 28 septembre 1887 qui a légèrement modifié le groupement mais seulement au point de vue de la composition organique. Ainsi entre autres : la Ire région a pris à la IIe région la brigade de Brousse en échange de celle de Konah, etc.

I. Constantinople . . . . Se recrute dans le district de Constantinople (25,000 h. de garn.) et en Asie-Min.
24 batail. 3 batail. de sap. pompiers, 27 escadrons, 25 batteries.

II. Andrianople . . . . Se recrute en majeure partie en Asie-Mineure.
24 bataillons, 30 escad., 29 batteries

III. Monastir . . . . Se recrute en Europe, une brigade détachée en Crète.
29 bataillons, 30. escad., 29 batteries
Mais y comprenant les troupes détachées des Ier et V^e ordou :
24 bataillons, 35 escad., 53 batteries

} Europe

IV. Erzeroun . . . .
24 bataillons, 30 escadrons, 29 batteries.

V. Liban et Syrie . . . .
19 bataillons, 30 escadrons, 15 batteries.

VI. Bagdad . . . .
34 bataillons, 30 escadrons, 14 batteries.

VII. Arabie (Sanaa). . . . .
30 bataillons, 2 escadrons, 7 batteries.

Une division à la Mecque. . . . .
6 bataillons, 1 batterie.

} Asie

Une division en Tripolitaine . . . . { Afrique
17 bataillons, 10 escadrons, 3 batteries.

Les régiments d'infanterie sont numérotés de 1 à 56 suivant la série dans l'ordre des corps d'armée. Les numéros 57 à 152 manquent et paraissent réservés aux divisions numérotées 15 à 38, constituées avec les redifs. La série reprend avec les numéros 153 et 154 qui forment la 77º brigade détachée en Crête. Numéros 155 à 158 fournissent la 39º division en Tripolitaine, le numéro 159 appartient au III⁰ ordou.

Nous relevons ainsi au total :

274 bataillons.
196 escadrons.
180 batteries (1.116 pièces) de campagne.
78 { 24 batteries d'artillerie de forteresse principalement affectées aux ouvrages de Tchataldja.
12 batteries pour le Bosphore.
43 batteries réparties dans les Dardanelles, les îles de l'Archipel, sur la côte d'Asie, en Macédoine et en Albanie.
20 compagnies du génie.

Comme on a pu le remarquer, les corps ne résident pour ainsi dire qu'exceptionnellement dans la région de leur corps d'armée et, les besoins de surveillance des frontières contraignent presque toujours à la formation de divisions indépendantes ou de corps spéciaux.

C'est là précisément le point délicat de l'organisation par trop modèle type, que la mission allemande a eu rage de faire adopter.

C'est ainsi que Redjeb-Pacha, dont le quartier général est à Salonique, a sous ses ordres immédiats les 3 divisions de Prichtina, Uskub et Salonique, soit 28 bataillons, 25 escadrons et 22 batteries ; que Bahri-Pacha à Scutari dispose, outre sa division, des deux corps d'observation à Monastir et Dibré ; que Ahmed-Eyoub, enfin, garde la frontière grecque avec ses 2 divisions de Sexfidje et de Janina.

La mobilisation de l'armée doit fournir en projet :
568 bataillons à 800 hommes.
432 escadrons.
252 batteries de campagne.
72 compagnies du génie.

La concentration conçoit, d'après ce qu'on m'a laissé entendre, la formation sur l'échiquier européen, de 3 groupes disposant d'un effectif voisin de 750,000 hommes [1].

Un de ces groupes constituant au début l'armée de réserve, couvrant les approches de Constantinople.

Un autre groupe, le plus important, manœuvre autour d'Andrinople : enfin le troisième tient en respect la Grèce, l'Albanie et le Monténégro.

La tendance est de porter à l'armée d'Andrinople les meilleurs éléments de l'armée, et de transformer l'agglomération sous Constantinople, en une sorte de camp d'instruction alimentant les deux armées d'opérations.

Le théâtre d'opération en Asie-Mineure est distinct et doit se suffire.

La mobilisation des 3 corps d'armée stationnés en Europe est relativement facile, et peut se perpétrer

---

[1] Le calcul donne une valeur numérique supérieure :

```
218.000 h.   service actif.
 27.000      de la reserve.
 37.500      de la seconde portion du contingent.
590.000      des redifs.
300.000      du mustafiez.
262.000      dispensés du temps de paix
```
Total. 1.434.500 h.

sans grandes difficultés, comme en a témoigné l'expérience d'octobre 1885.

L'armée active dans les I, II, III° corps d'armée a fourni 100 bataillons, 76 escadrons, 37 batteries de campagne et 15 de montagne, à peu près 45,000 hommes d'infanterie, 5,200 chevaux, 228 pièces de campagne et 90 de montagne. En déduisant les 22,000 hommes gardés à Constantinople, ces troupes ont pu être concentrées autour d'Andrinople, vers le vingt-cinquième jour.

Le redif de première réserve (11, 12, 13 et 14 classes) ont fourni dans les 3 corps, 90 bataillons; le IV° corps en a donné 12 (Trébizonde, Sivas et Samsun); le V° corps, 12 (Damas, Akka et Adana). Au total 120 bataillons à 700 hommes soit 84,000 hommes.

Le redif de 2° réserve (classes 7, 8, 9, 10) a donné dans le I°r corps, la 27° division avec les régiments n° 117-120 à 3 bataillons; le II° corps, 6 régiments (dont 4 d'Asie); le III° corps, 8 régiments, soit en tout 121,800 hommes. Soixante et un seulement de ces bataillons ont été transportés en Europe, à Salonique (6 au 15 octobre), de telle sorte qu'à la fin du même mois se trouvaient assemblés autour d'Andrinople et sur la frontière de Grèce : 142,000 hommes d'infanterie.

Et si maintenant nous ajoutons à ce chiffre l'effectif des troupes non mobilisées, nous relevons encore : 178 bataillons, soit 124,000 hommes au minimum, qu'il ne fallait pas plus de vingt jours pour porter dans les zones de concentration. De telle sorte que dans les premiers jours de novembre l'armée turque pouvait mettre en ligne 266,000 hommes d'infanterie produit d'une mobilisation partielle.

Certaines personnalités oubliant, un peu trop volontiers, l'effort considérable dont la Turquie a pu fournir la preuve en 1877-1878, prétendent que cette puissance n'est guère susceptible d'un rendement plus considérable.

Ils objectent :

1° Le déchet très notable qui s'est produit, dans la mobilisation au cours même de cet effort partiel, et ils en concluent que l'armée turque ne peut encore compter avec certitude sur un procédé régulier;

2° Les conditions particulières et inapplicables au moment d'une mobilisation générale qui ont présidé aux transports. Ces transports ont en effet été opérés par les soins du Lloyd autrichien:

3° L'insuffisance, en matériel, armes, vivres, approvisionnements et chevaux qu'il est impossible de se procurer au dernier instant, alors que tous les marchés sont fermés ou obstrués;

4° La pénurie du trésor.

Ces observations critiques sont, il faut en convenir, fondées en partie, quoique énoncées avec une certaine exagération. Elles contribuent seulement à augmenter la durée de la préparation.

Les deux dernières sont malheureusement d'une irréfutable logique, et la situation périlleuse qu'elles causent à la Turquie ne peut être conjurée que par une intervention *extérieure*.

Disons donc de suite que cette intervention extérieure ne fera pas défaut à la Turquie, celle-ci paraissant sérieusement décidée à ne jamais accepter une guerre sans l'alliance d'une puissance intéressée momentanément à la soutenir.

Il nous importe peu ici de connaître quel sera l'agresseur, de la Russie ou de l'Angleterre, et pas davantage de préciser la qualité du défenseur, que ce soit l'Angleterre seule ou en alliance avec l'Italie, les puissances du centre. la Russie même...

Le sultan est disposé à toutes les conciliations. Celui qui le forcera dans un intérêt égoïste à sortir de cette attitude devra aussi faire les frais de la guerre.

Cette question de la pénurie des finances de la Porte m'amène tout naturellement à parler des difficultés constantes du gouvernement turc avec les fabricants et industriels étrangers dont il est le tributaire.

Tout en première ligne se placent Krupp et Mauser. Krupp fournit à la Turquie les canons de son artillerie de campagne et les grosses pièces qui garnissent ses forts. Au moment de mon passage à Constantinople on se préoccupait déjà du transport à Trébizonde des pièces attendues pour armer les forts autour d'Erzeroum. D'autres sont destinées à Andrinople et aux Dardanelles. Enfin j'ai aussi entendu parler de l'envoi dans le golfe Persique, pour Fao près Bassorah, de plusieurs gros krupps affectés à un fort nouvellement édifié.

Avec Mauser les difficultés ont été grandes. Mauser, on s'en souvient, a depuis plusieurs années, un marché, pour fournir à la Turquie 800,000 de ses armes, à répétition et du calibre de 8^{mm} 1/2. Le fabricant allemand s'est très longtemps fait tirer l'oreille. En fin de compte, il se prépare à livrer par envois successifs un premier stock, après payement d'une très forte avance sur le marché, partie en deniers, partie en vieux matériel.

Cette dernière mais définitive convention n'a pas été sans difficultés. Au dernier moment toute la négociation a failli échouer, un des intermédiaires ayant eu l'audace inouïe de réclamer un *bachich* plus élevé que celui tout d'abord stipulé. Cette éternelle histoire du bachich est en la présente circonstance plus carnavalesque que d'ordinaire. J'ai sur une petite feuille de mon carnet les noms de quelques seigneurs avec escorte de clients, et en regard l'indication de la somme touchée ou promise. La moyenne est un nombre à cinq chiffres. Pour quelques-uns la somme est rondelette et les représentants de marchés font bien les choses, moins bien cependant que certain baron juif qui est passé maître sans égal dans l'art de graisser les rouages et de puiser à pleines mains dans les coffres du gouvernement turc.

A côté de ces deux gros mangeurs, il en est d'autres de moindre appétit, mais qu'il faut pourtant aussi satisfaire. Par exemple la remonte, à laquelle il manque officiellement 7,000 chevaux pour atteindre l'effectif de paix. Le sultan, qui avait récemment donné l'ordre d'acheter des chevaux a dû être désobéi : où donc trouver l'argent?

Je ne parle même pas, on le remarque, de la constitution de magasins d'approvisionnement et de réserve. A quoi bon? le soldat turc n'est-il pas de longue date habitué à manquer de tout, même du nécessaire?

Et bien sincèrement, on se sent pris de pitié pour ce grand et triste état de délabrement, car le soldat turc a de la valeur, de remarquables qualités et du fanatisme; l'officier ne le lui cède en rien et a, de plus, le patriotisme.

Mais sauf de très rares exceptions, qui ne se rencontrent guère que chez quelques officiers supérieurs, l'instruction professionnelle est nulle, se bornant à la récitation mal comprise et retenue par bribes des règlements militaires. Ce règlement était, jusqu'à une date récente, le nôtre. Il sera remplacé sous peu par le règlement allemand, déjà pratiqué pour ce qui concerne l'infanterie, dans le bataillon modèle que dressent les officiers allemands.

D'une façon générale, l'officier turc ne vaut pas au point de vue de l'instruction un mauvais et jeune caporal de tirailleurs.

Seuls, quelques officiers généraux comprennent la science moderne.

Depuis quelques années le gouvernement turc a pris l'habitude d'envoyer en Allemagne une douzaine de jeunes officiers, pour s'initier à la science et au pédantisme allemand.

En rapportent-ils plus de pédantisme que de science ?

Je dirai seulement que, comme je m'étonnais de voir ces officiers à Stamboul sans occupation, il m'a été répondu une fois, dix fois, vingt fois, en des termes fort désobligeants pour ces jeunes savants.

Je ne consacrerai que peu de mots à la marine turque. Elle est restée depuis 1878 dans une dolente, mais économique inactivité.

Au mois d'octobre 1885, alors que la Turquie s'est crue à la veille d'une guerre générale dans les Balkans, que la Bulgarie, la Serbie et la Grèce armaient, ordre fut donné de Constantinople de mettre en état une flotte de dix bâtiments.

L'ordre dut rester inexécuté en majeure partie.

La flotte turque est condamnée maintenant à la plus complète passivité.

Elle est incapable de tenir la mer, et dans une guerre avec la Russie, elle ne peut mieux faire que d'aller s'enfermer dans la mer de Marmara ou de rester à l'ancre dans la Corne-d'Or.

Dans une guerre avec la Grèce elle serait également bloquée, avec défense de franchir les Dardanelles.

Son ambition doit se borner entre temps à effectuer les transports de troupes.

Sur le papier, la flotte se compose de 17 cuirassés dont le meilleur est le *Massoudé* de 5,349 tonneaux que Hobart-Pacha aimait tant à faire évoluer dans le golfe d'Ismid; plus une douzaine de vieux sabots, une dizaine d'avisos et 12 transports renforcés par les 26 bâtiments de la compagnie « la *Mahsoussé* », qui ont l'inconvénient d'être de trop petite capacité.

Les équipages, dont l'effectif devrait être de 13,500 hommes, se recrutent principalement dans la population du littoral de la mer Noire, parmi les *Lazes*.

Le ministère de la marine, malgré des revenus qui lui sont propres (péages des ponts de la Corne-d'Or et de diverses échelles de débarquement), est aussi pauvre que son collègue de la guerre, aussi endetté que lui et ses troupes sont payées (?) avec la même irrégularité et le même retard.

J'ai appris non sans une certaine surprise, mais sans sourciller — on finit dans les pays balkaniques par ne plus s'étonner de rien — l'existence et le fonctionnement au ministère de la marine d'une *commission de reforme et de perfectionnement*.

J'ai cru d'abord à une mystification, ou à l'existence d'un comité dans le genre de notre fameuse commission des Pyrénées; mais il m'a bien fallu me rendre à l'évidence, au récit de l'activité déployée par ledit comité.

Pour travailler plus commodément et, comme il sied à toute commission qui se respecte, celle-ci s'est partagée en sous-commissions.

L'une, dont le souvenir est demeuré ineffaçable, est celle des torpilles, jadis présidée par Mouktar-Pacha et installée à Yldiz-Kiosk.

J'ignore si c'est cette sous-commission qui a accouché d'un certain rapport concluant à l'adoption des torpilles Schwarzhopf, rapport dont une copie circule quelque part à Constantinople, et dont la naïve ignorance en mécanique et en science navale fait le bonheur des trop rares personnes auxquelles il est montré.

Une autre sous-commission est célèbre par ses démêlés avec Nordenfeldt. Il est vrai que les deux sous-marins qu'il prétendait écouler à la Turquie laissaient par trop à désirer.

Le sultan, pour couper court à toute difficulté, les a payés sur sa cassette. Ils portent les noms d'*Abdul-Hamid* et *Abdul-Medschid*.

Le comité a eu également à s'occuper de la réception des torpilleurs de 31 mètres, livrés par la Compagnie des forges et chantiers de la Méditerranée, au prix de 225,000 francs.

Cette fourniture a été effectuée dans les meilleures

conditions, et ce n'est pas sans satisfaction pour mon amour-propre national que je note, dans la collection des articles publiés à l'étranger sur cette livraison, un entrefilet fort élogieux dans le *Times* du 23 juin 1885.

Le problème de la défense stratégique de l'État n'est pas des moins intéressants à scruter.

Au commencement de l'année 1882 le comité de défense confia à quatre sous-commissions le soin d'étudier les ressources de l'empire et de régler l'application des principes généraux élaborés par ses soins.

Nous allons rapidement résumer les travaux de ces commissions.

Commençons d'abord par la *Turquie d'Asie*.

La Porte sait inachevée l'œuvre de conquête entreprise par les Russes en Asie-Mineure depuis le commencement de ce siècle, œuvre dont la dernière étape a été marquée après St Stefano par la perte de *Kars*, si vaillamment emporté par les troupes russes.

Mais Kars n'est qu'une partie des conquêtes entrevues. Erzeroum, qui aurait dû être le prix des victoires russes, est encore demeuré aux mains des Turcs, et l'Arménie même tout entière est fatalement destinée dans un prochain avenir à être incorporée à l'empire du tzar.

Erzeroum, à mon opinion, est le seul objectif de la prochaine entreprise. Je ne crois pas à des opérations sérieuses conduisant les colonnes russes dans la cuvette du lac Van. Ce ne seraient jamais que des colonnes secondaires. Les principales ne peuvent que menacer Erzeroum.

C'est à Erzeroum aussi que la Turquie a concentré tous ses moyens de défense.

La configuration de la ligne turco-russe de la mer Noire au mont Ararat, borne frontière avec la Perse, présente un côté orienté à peu près nord-sud avec sommet vers *Olti* et un côté nord-ouest-sud-est de plus grande longueur.

C'est ce que l'on dénomme en stratégie une base en équerre divergente, permettant d'atteindre Erzeroum et de menacer en même temps, vers Trébizonde, ses communications avec la mer.

Les points de déconcentration des troupes russes seraient :

Contre Trébizonde : Batoum et Artwin.

Contre Erzeroum : Olti, Kars et Erivan.

Dans toute cette combinaison, un rôle prépondérant est réservé à Batoum [1].

---

[1] La Russie a, de tout temps, convoité Batoum comme indispensable a son commerce dans la mer Noire. Les sommes considérables dépensées à *Poti* l'ont été en pure perte, parce que les sables chariés par la rivière Rion, obstruent constamment le port.

Le général Ignatieff a carrément déclaré en 1878, à sir Peter Lumsden, combien la possession de Batoum importait à la Russie.

Depuis quelque années des travaux considérables ont été faits à Batoum, non pas seulement d'aménagement, mais aussi de défense, pour couvrir l'immense arsenal et les docks qui s'élèvent dans le voisinage du port.

Les Russes n'ont conservé des anciennes fortifications turques que le fort *Burun-Tabia* réfectionné et étendu vers Tschuruk-Su, nouveaux forts à Kaminafer, 2 à Eski Batum, l'autre sur la hauteur de Souk-Su, enfin à la soudure des deux vallées de Bazaichane et de Feizidie.

La normale d'invasion est la ligne qui débouche de Kars et d'Erivan pour se confondre à Hassan-Kalé.

Par *Olti*, *Bar* cheminerait une colonne d'importance secondaire cherchant à investir Erzeroum à l'ouest.

Erzeroum étant donné son importance politique, commerciale et stratégique, a été transformée par les Turcs en un camp retranché de premier ordre.

Chabab-Pacha en a dirigé les travaux pendant cinq années, disposant en moyenne de 3.000 ouvriers.

La ville est entourée d'une enceinte, précédée de quelques vieux ouvrages détachés, en avant desquels se trouvent les forts formant le camp retranché.

Les ouvrages détachés couvrent la place au n° 2 sur la crête du Top-Dagth à une distance qui n'excède guère 2.000 mètres. Ne citons de ce côté que les deux forts de Hedjidie et de Azijie.

L'entrée de la plaine d'Erzeroum n'est ouverte qu'au nord et à l'est par les brèches dans lesquelles passent les routes de *Olti* et de *Kars*.

La première au col de Gurdji-Boghaz, la seconde au col de Devé-Boïhou.

Au nord, l'accès du premier défilé est couvert en arrière par le grand fort de *Karaguebeck* à 33 kilomètres de la place, et plus au sud, par le fort de *Tafta* à 25 kilomètres de la ville. Ces deux forts sont fichés sur le contrefort escarpé, dont le pied est baigné par les inondations couvrant la place à l'ouest (Kessa Mamed).

A l'est, s'accumulent les plus nombreuses et importantes défenses. Elles sont partagées en deux secteurs par la route de Kars engagée dans un étroit défilé taillé dans la chaine qui domine la plaine avec un commandement moyen de 300 mètres.

Au sud de la route, nous comptons 8 ouvrages dont 6 en première ligne entre *Ektlikan* et *Usun Akmet*, le pied des hauteurs baigné par un ruisselet. En arrière deux forts, car nous comprenons en effet, dans ce secteur, un fort que la courbe, très prononcée de la route, poste au nord du défilé.

Le secteur du nord compte trois forts, dont celui du milieu un peu en retraite.

Enfin plus à gauche encore, au delà d'un massif infranchissable, le fort de *Tafta* dont il a déjà été parlé.

Ces forts, dont l'inauguration solennelle a été consacrée le 10 novembre 1887, sont construits dans de bonnes conditions, possèdent de vastes magasins à l'abri de la bombe et des casemates. L'armement varie en moyenne de 7 à 13 grosses pièces ; le plus considérable, le n° 2, doit être garni de 19 pièces, 16 mortiers et 16 canons à tir rapide.

L'armement des forts nécessite au total, 170 pièces, 120 mortiers et 80 mitrailleuse, le tout à fournir par Krupp....... quand il aura été intégralement payé.

Le projet de défense de la Turquie d'Europe doit à mon opinion être séparé en deux parties bien distinctes :

1° La première accepte tout un système de protection pour Constantinople ;

2° La seconde prévoit ou prépare l'établissement

de certains centres de défense pour des campagnes, sur les frontières éloignées de la capitale.

En dehors de Constantinople, le comité de défense ne devait s'occuper que de créer des points d'appui aux colonnes formées pour repousser les insurrections locales et opérer contre la Grèce.

La vallée de la Maritza n'est défendue ni à *Pristina*, ni à *Uskùb*, encore moins à Salonique. La place ne vaut rien malgré son enceinte de murs cyclopéens de 8 à 10 mètres de haut, flanqués de tours sur un front où se comptent 7 bastions.

La Turquie doit s'en remettre à autrui du soin d'interdire aux Austro-Hongrois l'accès de cette partie de son empire. Elle devra recourir pour se défendre, non aux armes, mais à la diplomatie.

Ceci dit, bien entendu, sans aucunement infirmer la très considérable valeur de la ligne Salonique-Uskùb-Pristina qui contribue essentiellement à tenir la Macédoine, l'Albanie et la vieille Serbie.

Uskùb, plus exactement Kumanoro, à la croisée des routes allant de Vranja et de Kôstendil a Uskùb, là même où Sadik-Pacha avait formé en octobre 1885 un camp de 28.000 hommes, est le point d'appui des manœuvres contre la Serbie et le Bulgarie. C'est la position d'efficace résistance pour couvrir le plateau de Mœsie.

Pristina, Uskùb avec Scutari tiennent en échec le Monténégro et l'Albanie septentrionale.

De Salonique enfin, on gagne aisément *Monastir* d'où l'on commande toute l'Albanie méridionale et l'Epire comme Ahmed, Egoub-Pacha a fort bien su le comprendre.

De la Grèce, la Turquie a beaucoup à craindre, surtout si ce petit royaume réussit à devenir une puissance maritime de second ordre.

Son devoir, vis-à-vis des alliés sur lesquels elle espère pouvoir compter, sera déjà largement rempli si elle parvient à agir sur les côtes de l'Empire dans la mer Égée.

Les Grecs, maîtres de la mer, peuvent interdire aux Turcs tout agissement sur la côte occidentale.

Comment alors débarquer des troupes pour ravitailler celles qui s'appuient à Scutari ou à Prévesa?

Combien seraient compromis les transports à Salonique et même à Dede-Agatsch!

Constantinople est aussi menacée de mer que de terre, parce que la garantie de la neutralisation des détroits peut être annulée au premier jour, comme le sera très certainement aussi ce fameux traité de Berlin, et ceux qui l'ont précédé en 1841, 1856 et de 1871.

Assurément, je ne doute ni de la loyauté des déclarations plusieurs fois renouvelées, soit par le comte Schouvaloff, soit par les hommes d'État anglais, M. Gladstone, le comte Granville ou le marquis de Salisbury. On me permettra, néanmoins, de n'avoir qu'une très médiocre confiance dans la solidité éternelle des traités.

Pour couvrir Constantinople contre toute attaque tentée soit par une flotte russe partie de Sebastopol, soit contre toute autre flotte s'étant au préalable rassemblée dans la baie de Bésika, par exemple, il pouvait suffire jadis de fermer les deux portes donnant accès à Constantinople, le *Bosphore* et les *Dardanelles.*

Cette considération a fait accumuler sur les rives des deux chenaux une profusion de forts et de batteries qui aujourd'hui ne signifient presque plus rien du tout. Du reste ces ouvrages ne sont point entretenus. En majeure partie désarmés, les quelques pièces demeurées sur des affuts délabrés et sur des talus écroulés, n'en imposeraient pas même aux flottes de galères des anciennes républiques italiennes.

Les pachas allemands au service de la Porte, von der Goltz, Rustow, Starke se sont plus d'une fois élevés, mais bien inutilement, contre cette coupable incurie.

De la pointe Fanaraki à Scutari, le Bosphore est hérissé sur ses deux rives de batteries ou de forts serrés et presque contigus. Nommons à partir du débouché nord :

F. de Roumili Fener, jadis Boghaskesen, c'est-à-dire qui coupe la gorge, ruine sur l'Hermaion profilant ses cinq vieilles tours bâties en 1452 par Mahomed II au point de passage de Darius Hystaspis. C'est là que périrent en 1824 les derniers janissaires —F. de Tupass,— de Karidche Bournou,— de Bouyuk Liman,— de Roumili Kawak qui date de Murad II—de Teli Tabia,— de Megar Bournou,— de Alti Agath,— de Kiritch Bournou touchant Therapia ; puis en face sur la côte d'Asie les trois groupes autour de Anatoli Fener, Anatoli Kavak qui date de 1392 et Anatoli Hissari que complétera sous peu Sira Tasch.

Les plus sérieux de tous ces travaux, les moins mauvais. si l'on préfère, me paraissent avoir été établis entre Thérapia et Bouyoukdéré, sur le promontoire de Kiretsch-Bournou, si bien connu des promeneurs.

Les défenses des Dardanelles ne sont guère plus présentables. Il n'est pas de militaire étranger leur attribuant la possibilité de résister plus d'une demi-heure à la violence d'une escadre sérieuse. Le détroit serait forcé, comme en février 1807, par l'escadre de lord Duckworth, ou franchi par surprise, comme le 13 février 1878, par les 9 cuirassés anglais. Pourtant, quelle agglomération de batteries ou forts, et en Chersonnèse, et en Troade ! Je note pour mémoire les deux groupes de défense, l'un — le principal — au milieu du chenal, à la courbe que force le promontoire d'Albydos. Sur la rive d'Europe, les forts : A K Bash Kalé, — Boualé Tabia, — Thambournou, — Derma bournou et Iscala, où la navigation du détroit est plus particulièrement difficile. En face, Nagara et Sultanié Kalessi. Enfin, l'autre groupe à l'entrée même des Dardanelles, le château d'Europe et le château d'Asie (Kum Kalé).

Le château d'Europe (Sidil Bahrw et Sultanié datent de Mahomed II.

En 1659, le grand vizir Achmed Koprili établit les deux vieux forts près du village de *Kilid Bagar*, en face *Sultanié Kelessi*.

Trois régiments d'artillerie de forteresse sont particulièrement affectés au service du Bosphore ; deux régiments le sont aux Dardanelles.

La presqu'île de Chersonnèse ne se prête pas avantageusement à un débarquement. L'isthme de *Bulaïr*, qui la rattache au continent, offre néanmoins un point sensible que les alliés ont fortifié en 1853, en élevant sur les hauteurs trois forts ; au centre Sultanié Tabia, et sur les côtés Francis Tabia (fort Napoléon) et Ai Tabia (fort Victoria), avec ouvrages intermédiaires et tranchées. Cette barrière a été plus tard complétée par les Turcs. Sa défense nécessiterait 100 pièces et 20,000 à 25,000 hommes.

En 1877-78 elle a été occupée par 5.000 à 13.000 hommes.

Tous ces ouvrages sont de médiocre valeur, l'ossature du terrain permettant la recherche de positions qui les dominent.

Sur le front de terre, les approches immédiates de Constantinople sont couvertes par la ligne de *Tschataldscha*.

Cette ligne développe 32 kilomètres. Son front est marqué par un cours d'eau, le Karasu-Dore, qui prend sa source non loin du lac Terkous, pour se jeter dans le lac de Cekmedeje. Ce ruisseau disparait un moment pour former ensuite, sur 15 kilomètres, une vallée marécageuse de 2 à 3 kilomètres de large. La position s'appuie d'une part sur la mer de Marmara à l'anse de Bountchouk-Tchekmedjé, plus exactement au lac Cekmdeje, pour finir au lac de Terkous, long de 14 kil. 4 sur 3 kil. 2 de large, s'écoulant dans la mer Noire, dont il est séparé par une lagune de 2 kil. 4.

Cette ligne, ébauchée en 1877, mais dont la construction a été interrompue par l'armistice de février 1878, devait comprendre 37 ouvrages et 360 pièces.

100.000 hommes étaient nécessaires à son occupation.

Blum-Pacha et, après lui, Becker-Pacha eurent charge ensuite de la terminer. Elle le fut, en partie, tout au moins. Pendant quelques années, les ouvrages armés de 145 pièces Krupp, Armstrong, et Paixhans, ont été assez bien entretenus, puis l'abandon y est venu.

En arrière de cette ligne s'élevait une seconde ligne, celle de Kilia-Kiagatkhana, dessinant pour ainsi dire les dehors de Constantinople.

Toute cette organisation défensive de la capitale est, comme nous l'avons dit, sans importance actuelle ; elle est, de plus, mal calculée, nécessitant beaucoup trop d'artillerie et d'hommes, 150,000 à 180,000 hommes et près de 700 pièces.

Or, la Turquie n'a pour y satisfaire ni les ressources en hommes, ni en matériel.

Enfin, comme avancée, pour servir de pivot de manœuvres aux armées ottomanes couvrant Constantinople contre une attaque des armées russes, le camp retranché d'Andrinople dans une magnifique position stratégique. Ce camp, achevé aujourd'hui dans ses parties essentielles, ne le cède en rien à celui d'Erzeroum.

J'ai eu occasion de recueillir dans quelques conversations, certains avis sur la réorganisation de la défense de Constantinople. Je vais les résumer ici :

La défense du front maritime doit être uniquement confiée à des escadrilles de torpilleurs et doit reposer sur un emploi très étendu des engins sous-marins.

Les quelques forts à élever dans le détroit ne doivent servir que de points d'appui à ces défenses essentielles.

Dans le Bosphore, les deux points de Kavak, l'un sur la côte d'Europe, l'autre sur la côte d'Asie, semblent désignés pour recevoir des forts modernes avec coupoles et grosses pièces. En avant de ces forts, quelques batteries annexes battant le couloir de Fanaraki. L'anse de Buyukdère est à aménager par la concentration et le ravitaillement de l'escadrille. C'est là que doivent être élevés les docks et chantiers de réparation, d'armement et de ravitaillement.

Dans les Dardanelles, l'emplacement choisi serait la passe de Kanak, et des forts modernes devraient s'élever sur l'emplacement des constructions actuelles à Boualé Tabia, Iscala, Nagara et Sultanié Kelessi.

Sur le front de terre, tous les nombreux ouvrages de la ligne de Tchataldja pourraient être rasés. A leur place, on pourrait élever trois bons forts et préparer, pour être construits au dernier moment, le tracé d'ouvrages intermédiaires en style semi-permanent.

Il paraît désirable aussi de couvrir Scutari sur la ligne Artane-Ismid, défense qui serait appuyée par un fort sur la hauteur de Bulpharlu.

Le camp retranché d'Andrinople, tout excellent qu'il est comme point de manœuvres stratégique, n'est peut-être pas suffisant.

Il paraît désirable de fermer la ligne à la mer par Kyrk-Kilisseh et Midia.

Kyrk-Kilisseh a déjà, du reste, été étudié par Tahir-Pacha, qui y désirait l'établissement de quatre grands forts avec ouvrages intermédiaires.

Enfin, le cours de la Maritza, plus exactement le chemin de fer qui suit la vallée, réclame proctection.

Un système de forts d'arrêts à l'entrée du défilé de Fededschick serait de très grande utilité pour couvrir le débarcadère de Dede Agatch.

En dernier lieu, il serait peut-être recommandable d'étudier l'établissement d'une forteresse intérieure, permettant à l'armée ottomane, après la perte d'Andrinople, de se maintenir sur la ligne Midia, Visa, Araba, Airoboli, Rodosto.

Mais l'établissement de cette ligne et son occupation n'ont de raison d'être que si la Turquie, brusquement expulsée d'Andrinople, a besoin de gagner du temps pour attendre l'arrivée d'un allié et essayer jusqu'au bout ce que l'honneur lui commande.

Et alors l'étonnement sera grand, l'admiration plus grande encore quand on verra cette armée sans le sou, sans souliers, couverte de haillons, presque sans pain, recommencer des prodiges d'héroïsme qui feront même oublier les vertus militaires consacrées par Plewna.

IV

ROUMANIE

ROUMANIE

Le 11 septembre 1877, le roi Carol recevait le télégramme ci-après :

« Du camp sous Plewna. Viens à notre aide, les Turcs nous menacent d'un désastre. — Je te laisse le soin d'effectuer le passage du Danube où il te plaira. — Prends les dispositions qui te sembleront les meilleures. — Toutes tes conditions sont acceptées d'avance, mais hâte-toi car il y a urgence, la chrétienté est en péril. »

Ce télégramme était signé du grand-duc Nicolas Nicolajewitch, commandant en chef de l'armée russe.

Le lieutenant Vassiliou, de l'artillerie roumaine, a dit dans son beau livre « *Opérations de l'armée roumaine pendant la guerre de l'indépendance* », combien avait été brillante et glorieuse l'assistance prêtée par l'armée roumaine à sa grande sœur slave. Le général Kouropatkine, dans le plus bel ouvrage d'étude tactique que je connaisse « *Observations critiques sur la guerre turco-russe* », ne lui marchande pas non plus l'éloge qui lui revient.

L'armée roumaine depuis cette époque n'a fait que se perfectionner, notamment depuis la mise en vigueur de la loi organique du 8/20 juin 1882.

Cette armée a une organisation toute spéciale, comprenant à côté de l'armée active, peu nombreuse, des régiments de formation particulière que je comparerai volontiers à des régiments territoriaux, avec cadres permanents pour des périodes d'instruction et des convocations de service, presque ininterrompues, savoir : pour l'infanterie les *dorobantz*, pour la cavalerie les *calaraschi*. Les fournées portent le nom de *schrimbs*. Les hommes sont d'abord appelés comme recrues pendant deux mois, puis convoqués pour le service pendant huit jours toutes les quatre ou six semaines.

L'infanterie de l'armée permanente compte 8 régiments à 3 bataillons et un de dépôt; 4 bataillons de chasseurs (Vanatori). Les dorobantz sont formées en 32 régiments également à 3 bataillons, avec ce qui est nécessaire pour en former un quatrième à la mobilisation.

J'ai constaté, non sans une certaine surprise, que l'effectif des régiments de dorobantz, était supérieur à celui des régiments de ligne, quoique le cadre permanent ne dépasse guère 180 hommes. A la réflexion, je me suis rendu compte que les nécessités de l'instruction et les obligations du service faisaient répudier toute non valeur dans ces corps.

Grâce au caractère spécial de l'officier roumain, à sa parfaite instruction professionnnelle, à son très grand amour pour le métier, les sous-officiers dressés par lui, sont à tous les points de vue de bons instructeurs, d'excellents éducateurs qui forment ensuite une troupe excellente, et cela d'autant plus facilement, que le Roumain est resté le digne descendant des anciens légionnaires.

Dans les régiments de ligne, l'instruction donnée d'une façon plus permanente, plus suivie (trois années de service), permet surtout d'accorder plus de développement au tir et aux travaux de campagne, dans lesquels, du reste, l'infanterie roumaine est passée maîtresse, comme elle l'a prouvé sous Plewna.

J'ajouterai que ce travail sérieux, *éducation et dressage*, façonne l'homme à une démarche qui a fait sur moi l'impression la plus favorable.

J'ai vu le 2ᵉ régiment de ligne et le 6ᵉ dorobantz, rivalisant de bonne tenue et d'exacte discipline. Au lieu du pantalon garance, donnez à tous deux le pantalon gris, à la ligne une tunique à garnitures rouges sous une capote grise et un képi, rappelant le nôtre. Aux seconds, donnez la blouse bleue et sur la tête la *katchoula* portée par Michel le Brave, bonnet en astrakan avec touffe de plume à gauche.

La cavalerie active compte 4 régiments de *rochiori*, hussards ou chasseurs, comme il plaira, avec la culotte et les bottes à la hongroise, et le dolman rouge.

Les *calaraschi* (12 régiments) ont le dolman et les tresses noires. La coiffure de toute la cavalerie est le bonnet d'astrakan, avec plumes de couleur distinctive pour les divers régiments.

J'ai déjà dit que les calaraschi étaient pour la cavalerie, ce que les dorobantz sont pour l'infanterie. Le cavalier verse à son arrivée au corps une somme de 300 francs pour l'achat du cheval.

Le contingent annuel des calaraschi étant en moyenne générale de 2,800, et la cavalerie de ligne aussi bien que l'artillerie réclamant chaque année un lot de jeunes chevaux, la Roumanie se trouve dans l'obligation d'en acheter chaque année une moyenne de 3,500, que les commissions de remonte vont habituellement chercher en Russie. La cavalerie est généralement bien montée. Les attelages de l'artillerie sont remarquables.

Cette arme, qui se distingue par ses tuniques brun-marron avec garniture verte, comprend 8 régiments à 6 batteries, formés en brigades, à raison d'une par corps d'armée. La batterie a six pièces, n'en attèle que quatre en temps normal. Chaque régiment fournit 4 batteries (pièces de 8^m7, *krupp*) aux divisions du corps d'armée. Le reste constitue l'artillerie de corps (pièces de 7^m5). Un décret du 4 novembre 1887, modifiant celui du 1/13 avril 1887, a provoqué quelques changements ayant pour but de spécialiser très exactement le service de chacun des régiments de la brigade. La batterie à cheval affectée au régiment divisionnaire devient batterie montée. Par contre, l'artillerie de corps transforme une de ses batteries montées en batterie à cheval pour en posséder deux. Enfin les 4 batteries de montagnes sont distraites des régiments divisionnaires et forment un groupe spécial.

Le génie, dont la tenue sévère n'est égayée que par une large double bande rouge au pantalon, compte 2 régiments de 2 bataillons à 5 compagnies. (1re compagnie, télégraphistes; 2, 3. 4e, de sapeurs-mineurs; 5e, de chemin de fer.)

Le budget de la guerre est en moyenne de 28 à 29 millions de francs.

La Roumanie est, pour les préparatifs militaires assez considérables qu'elle fait depuis quelque temps, tributaire de l'étranger, principalement de l'Allemagne dont elle tire le matériel de ses ouvrages de défense, son artillerie et les munitions.

C'est à l'Allemagne ou à l'Autriche-Hongrie qu'elle s'adressera aussi sans aucun doute, lorsqu'elle aura décidé le remplacement de son Berdan, actuellement en service.

Elle en était encore dernièrement aux expériences de commission (colonel Argintoianu et capitaine Dimancea, le même qui a dénoncé les pratiques scandaleuses, qui ont compromis directement le colonel Maican, puis ensuite par ricochet l'ancien ministre de la guerre, le général Anghelescou). Le fusil Mannlicher, quoique une première fois déjà écarté par la commission, aurait, dit-on, quelques chances d'être adopté, surtout à cause des facilités de fabrication qu'offre la manufacture de Steyer.

J'ai déjà dit en quelle haute estime il convenait de tenir les officiers de l'armée roumaine. Une mention toute particulière doit encore être faite en ce qui concerne les officiers des armées spéciales. Ces officiers, provenant de l'école militaire (*scola de officeri*, 200 élèves, Bucarest, 2 années d'étude commune à toutes les armes, fréquentent comme sous-lieutenants l'école d'application, 40 élèves, Bucarest, 2 ans), où ils sont les assidus du polygone de Cotroceni, et en sortent enfin avec l'épaulette de lieutenant. Les plus distingués de ces jeunes gens sont envoyés en France pour perfectionner leurs études (cinq en moyenne chaque année, à Fontainebleau).

Les officiers qui se destinent à la cavalerie ont également une école d'application (*scola de echitatie*). Il est question aussi d'instituer un cours supérieur d'enseignement militaire (*scola superiora de resbel*).

Une école navale, comptant une cinquantaine d'élèves, est organisée à Galatz.

Enfin, Crajova et Jassy possèdent des écoles préparatoires (première 120, deuxième 200 élèves).

Par suite d'une retenue que nous comprenons, mais que nous regrettons aussi, les portes de notre école de guerre sont demeurées fermées à nos sympathiques camarades de l'armée roumaine, dont un si grand nombre ont fait leur première éducation sur les bancs de nos collèges.

Le service d'état-major est placé sous la haute direction du général *Falcoyano*, ancien élève de notre école d'état-major, qui fut ministre de la guerre avant le général Anghelesco, et directeur général des chemins de fer roumains. C'est un officier de très grand mérite, et d'excellente réputation. A ses côtés : le général *Dona*, qui travaille depuis plusieurs années à une belle carte du royaume; le colonel *Pœnaro*, ancien élève de notre école d'état-major, chef de la section de l'état-major qui correspond à notre deuxième bureau; le colonel La Hovary, auquel est dû le plan de mobilisation et de concentration de l'armée; le lieutenant-colonel Groza, chef d'état-major du IIIᵉ corps, Roumain de Transylvanie, qui a passé par l'état-major autrichien et qui, comme tacticien, a su se faire une sérieuse réputation.

D'autres enfin que j'oublie, tous disciples du regretté général *Slanicéano*, l'ancien chef d'état-major général de 1877-1878, homme d'une valeur militaire exceptionnelle,

Des officiers non moins distingués se trouvent en dehors de l'état-major. C'est presque pour moi un devoir d'en citer quelques-uns, pas tous, au hasard de ma pensée, m'excusant par avance auprès de ceux que j'aurais omis :

Les généraux : *Berendei* (Anton), commandant la 1re division d'infanterie, qui sera prochainement sans doute inspecteur général du génie, auquel est dû la construction de la ligne ferrée Costescti-Turnumagurelle ; *Arioli*, inspecteur du génie, officier du plus grand mérite, et, ce qui ne gâte rien, d'opinion libérale très avérée ; *Barozzi*, ancien chef d'état-major général, chef de la maison militaire du roi, qui a été le premier ministre de la guerre du cabinet Rosetti-Carp, succédant au général Anghelescou et précédant le général Manu.

Le général Manu, qui commandait en 1877 le corps roumain à Nicopolis, alors que le grand-duc Nicolas réclamait l'assistance de l'armée roumaine, qui a été maire de Bucarest, doit autant à son caractère qu'à ses talents militaires et administratifs d'avoir été appelé avec M. Alexandre Lavohary à faire partie du cabinet actuel, véritable cabinet de transition préparant l'avènement définitif au pouvoir des vieux conservateurs, c'est-à-dire du parti répudiant toute compromission avec la triple alliance.

Je citerai encore, étant donné la part considérable que leur attribue les travaux de fortification de la capitale, les commandants des deux régiments du génie, le colonel *Argetoyano* qui est je crois un ancien élève de Metz, et le colonel *Georgin*.

L'armée active et la réserve, dont je viens de résumer la composition, peuvent être alignées sur le pied de guerre à 150,000 hommes. Les formations de *milice territoriale* encadrée dans les bataillons et escadrons de dépôts (actuellement 32 bataillons) fournissent environ 50 000 hommes; ce qui porte à 200,000 hommes l'effectif total des forces roumaines. Je laisse encore de côté, comme sans emploi utile, la *levée en masse* (gloate) que M. Jean Bratiano ne semble point avoir voulu faire entrer en ligne de compte, lorsqu'il déclarait le 24 décembre 1887 à la Chambre, que l'armée roumaine pouvait mettre sur pied de guerre 300,000 hommes. Il aurait pu dire 380,000 hommes, mais il aurait dû alors reconnaître qu'il manquait le nécessaire pour les armer.

Le service militaire est personnel et obligatoire de 21 à 40 ans. De 21 à 30 ans, dans l'armée active ou sa réserve (3 ans armée active, 6 ans reserve), ou pour les dorobantz et calaraschi, 5 ans d'activité et 4 de réserve.

Les classes de 30 à 35 ans appartiennent à la milice territoriale. De 35 à 40 ans, les hommes peuvent encore être absorbé dans la levée en masse.

Les éléments constitutifs de l'armée sont répartis en quatre corps d'armée établis chacun en une région territoriale.

Le projet de former un Vᵉ corps dans la *Dombrutcha* n'a pas encore été réalisé; il ne s'y trouve actuellement qu'une brigade, la 17ᵉ.

Iᵉʳ corps *Craïova*, 1ʳᵒ division, Turn Severin; 2ᵉ division, Craïova.

IIᵉ corps, 3ᵉ division, Tergoviste; 4ᵉ division Bucarest (3 brigades).

IIIᵉ corps, 5ᵉ division, Buzeu; 6ᵉ division, Foschani.

IVᵉ corps, 7ᵉ division, Roman; 8ᵉ division, Botoshani.

Plus, par chaque corps d'armée : une brigade d'artillerie, un régiment de cavalerie, une brigade de calaraschi et les services auxiliaires.

Un décret 12/24 février 1888, se basant sur la loi du 17 décembre 1887, vient de modifier assez sensiblement la répartition des unités territoriales dans chaque région, dans le but de faire disparaître certaines inégalités. Ainsi le IVᵉ corps, le plus chargé, était aussi le plus pauvre; tandis que le IIᵉ, le plus populeux, était par trop ménagé.

Ce passage et échange de districts d'un corps d'armée à un autre, a motivé également des changements dans la distribution des régiments de dorobantz. C'est ainsi que les 26ᵉ (Falcin) et 28ᵉ (Succara) dans le IIᵉ corps ont été licenciés pour compléter d'autres régiments pauvres, et que de nouveaux 26ᵉ et 28ᵉ ont été créés l'un, dans le Iᵉʳ, l'autre dans le IIᵉ corps. Ces désaffectations et réaffections ont aussi permis de constituer uniformément à 4 escadrons les deux régiments de la brigade de calaraschi.

Une des questions les plus intéressantes à étudier en Roumanie est celle de la défense de l'Etat. Le principe en est basé sur la théorie développée par le général Brialmont dans ses études « sur la défense « des Etats par les camps retranchés. »

Le général Brialmont est l'auteur du projet du camp retranché de Bucarest.

Ce projet dote la ville d'une enceinte et d'un chapelet de 18 forts de trois grandeurs différentes, avec ouvrages intermédiaires, posés à 6-9 kilomètres de l'enceinte sur une circonférence de 60 kilomètres. Les forts 1 à 9 sont sis sur la rive gauche de la Dambo\iza, les forts 10 à 18 sur la rive droite en arrière du chemin de fer stratégique. Chacun de ces forts a pour organe principal un parapet de 7 à 8 mètres, couvrant des coupoles cuirassées.

Ces forts doivent être achevés en 1890 et le gouvernement y consacre annuellement un crédit de six millions, plus un fonds de première mise sur lequel il doit rester, je crois, une dizaine de millions.

Quelques-uns de ces forts sont achevés en terrassement et maçonnerie. *Kitila*, le plus éloigné et le plus important à la bifurcation de la voie ferrée; *Magoschoia, Otopeni, Tumari*. Trois autres sont également entrepris. *Kitila*, que l'on gagne à une dizaine de kilomètres de la barrière de Tergoweste, doit recevoir 3 coupoles et 35 pièces de gros calibre.

Je ne crois pas me tromper beaucoup, ni commettre une fâcheuse indiscrétion, en faisant connaître que les quatre généraux qui composent le comité de défense, conseil du roi, seraient assez d'avis de suspendre momentanément la construction de ces forts, très coûteux, en attendant que la question récemment soulevée par l'intervention des projectiles à charges explosives, ait trouvé une solution plus ou moins satisfaisante.

Un de ces messieurs m'a fait l'honneur de me dire qu'il n'avait que très médiocre confiance dans l'efficacité, comme masque de protection, des masses de béton dont les Allemands couvraient leurs forts de Metz, exemple, que du reste, nous n'avons pas manqué de suivre.

J'ajouterai, en forme de parenthèse, que ma conversation avec cet officiel général m'a fait connaître combien on était en Roumanie au courant des plus récentes et confidentielles innovations faites à l'étranger. Je souhaite qu'on soit aussi bien renseigné à l'état-major général du boulevard Saint-Germain. Dans tous les cas, j'ai entendu une fort intéressante comparaison, discutant les avantages et les inconvénients des deux poudres sans fumée et à grandes propriétés balistiques, fabriquées à *Sevran-Livry* et à *Hambourg-Rothweil*. Il paraîtrait que la poudre allemande donne un peu plus de fumée que la nôtre, qu'elle encrasse davantage et qu'elle est tellement accessible à l'humidité qu'elle s'avarie très promptement.

Mais je reviens aux fortifications de Bucarest.

Dans le dernier mois de 1886, le gouvernement roumain ayant mis au concours le type de coupole à adopter pour l'armement des forts, de très intéressantes expériences furent faites sur le polygone de Cotroceni.

La tourelle française construite à Saint-Chamond,

d'après le système du commandant Mongin, fut prise en concurrence avec la tourelle allemande de Gruson, construite à Buckau d'après les plans du major Shumann.

Les expériences furent terminées en janvier 1887, et malgré le triomphe incontesté du système français, malgré l'avis de la commission d'expériences, la préférence etait accordée au modèle allemand.

J'affirmerai volontiers que cette odieuse injustice a été commise sur l'ordre formel du ministre de la guerre. Le fait m'a été garanti par bon nombre d'officiers qui tous reconnaissaient la supériorité du modèle français, estimant tout au plus qu'il était nécessaire d'y adapter quelques légères modifications de détail.

On dit aussi, et je le crois volontiers aujourd'hui, que la responsabilité immédiate de ce deni de justice est due à de pressantes sollicitations diplomatiques.

Quoi qu'il en soit, et c'est ce qu'il ne faut pas oublier, la presse allemande a été à cette époque admirablement dirigée (comme elle le fut pour attaquer notre livraison de canons à la Serbie et comme elle l'est encore) pour « *créer le succès en affirmant qu'il existait* » et chanter, même avant l'heure décisive, le triomphe de l'industrie nationale.

A l'étranger certains journaux tenaient le même langage. Je citerai entre autres : le *Pester Lloyd*, la *Bohemia*, le *Morning Post*, les seuls dont j'ai retenu les titres parce que l'on a bien voulu m'expliquer les raisons qui les poussaient à faire à cette occasion l'éloge du produit allemand.

Quant aux journaux allemands, aucun mensonge

ne leur répugnait. L'un d'eux, la *Gazette de Cologne*. je crois, car je cite de mémoire, se faisait même écrire de Bruxelles, que le général Brialmont donnerait sa démission de directeur des travaux si l'on adoptait le système français.

Examinons maintenant comment le royaume de Roumanie peut-être amené à utiliser et son armée et son système défensif.

La question se pose sous cette forme :

« Dans l'éventualité d'une guerre austro-russe « quelle sera l'attitude du gouvernement roumain?»

Avant de me rendre à Bucarest, le raisonnement m'avait conduit à ces conclusions:

En Roumanie, le sentiment national est essentiellement favorable à la Russie. L'irretendisme roumain convoite non la Bessarabie, mais la rentrée dans la grande famille, des cinq millions de frères perdus en Transylvanie.

Par contre, le roi Carol, n'ayant jamais voulu oublier qu'il était un Hohenzollern, préparant sa succession en faveur d'un autre Hohenzollern, son neveu, est absolument inféodé à la politique allemande. Chaque fois qu'il lui a été donné de librement choisir, il a investi de sa confiance absolu des hommes servant la même tendance politique.

L'histoire tout entière, du ministère de M. Jean Bratiano en est l'incontestable et éloquent témoignage.

Tant que M. Jean Bratiano a été au pouvoir j'ai cru à une accession entière mais non avouée de la Roumanie à l'alliance des puissances centrales.

Depuis, divers indices, ne serait-ce que la déclaration faite par M. Stourdza à un correspondant du *Times* n'ont fait que me confirmer dans cette opinion.

Aujourd'hui, qu'une évolution commence à se produire dans le rôle des partis en Roumanie, que la politique de M. Jean Bratiano est irrémédiablement condamnée, que les vieux conservateurs sont sans aucun doute à la veille de prendre le pouvoir, je crois que la volonté du pays saura au moins imposer au roi une attitude de bienveillante neutralité vis-à-vis de la Russie.

Les tendances du parti vieux conservateur ont été trop souvent proclamées pour qu'il soit nécessaire de les rappeler. Elles se sont confirmées encore au mois de décembre 1888, à l'occasion de la discussion de l'adresse au roi. M. Nicolas Jonesco, aussi bien que le prince George Stourdza ont formellement réclamé de franches déclarations de neutralité. Leurs discours, certaines exagérations élaguées, formulent l'expression absolue des vœux de la nation.

Quant au triomphe prochain des vieux conservateurs il n'est pas possible d'en douter non plus. Ils ont avec MM. Lascar Catargi et N. Blaremberg la direction de la Chambre. Au Sénat, leur candidat le général Florescou l'a emporté de haute main sur le candidat du gouvernement M. Cretzulescou. Enfin deux des personnalités les plus marquantes du parti, le général Manu et M. Alexandre Lavohary, ont trouvé place dans le cabinet Rosetti-Carp.

Maintenant encore, les vieux conservateurs sont tenus dans leur compromis avec les *junimistes* au rôle subordonné; mais, l'observateur attentif ne peut se laisser égarer, les rôles sont à la veille de s'intervertir, et lorsque cette évolution se sera produite, la Roumanie entrera résolument dans la voie politique que lui commandent ses intérêts nationaux, économiques et militaires.

J'admets donc pour l'avenir, dans l'éventualité d'une guerre européenne, que la Roumanie conservera vis-à-vis de la Russie une attitude *tout au moins bienveillante*.

Quelle que soit l'hypothèse acceptée, l'armée roumaine aura à se mobiliser, et sa concentration s'effectuera sur le Sereth, l'aile droite vers *Braïla*, la gauche vers *Marajesti* avec prolongement vers *Onesti*. Trois corps garniront cette zone, le IVe se tenant autour de Bucarest prêt à se déplacer.

C'est cette zone que le roi, n'ignorant pas ce que son attitude peut faire redouter au royaume, songe à transformer en une aire fortifiée, sorte de champ de bataille préparé, compris dans le triangle Busco-Braïla-Fokschani. Le roi, patronnant de sa propre initiative les idées nouvelles du major allemand Schumann, aurait même, à ce que l'on prétend, engagé plus qu'il ne convenait les crédits disponibles pour les fortifications de Bucarest. On sait d'autre part que ces projets de fortifications, en arrière de la ligne du Sereth ne sont pas approuvés par les comités de l'artillerie et du génie, et que le ministre de la guerre actuel ne s'en montre que médiocrement partisan. Il y a donc lieu de se demander ce qu'il adviendra, et de ces projets, et des commandes de matériel qui seraient déjà faites en Allemagne.

L'armée roumaine quelle que soit l'éventualité admise, se déploiera en arrière du Sereth, dans la zone précédemment définie, et, nous n'aurions rien à ajouter à cette simple énonciation, s'il ne nous paraissait intéressant, forçant la note, de spéculer avec l'imagination fantaisiste des stratèges de cabinet.

Approuver avec certains auteurs, dans le cas où la Roumanie s'unirait à la Russie, le déplacement de son armée vers le nord, pour occuper la Bukowine est une assez naïve folie. L'armée roumaine ne peut que rester sur son territoire pour former la gauche de la grande armée du sud qui déboucherait par Luzk et Proskurow sur Tarnapol Lemberg. Le VIII° corps russe probablement servirait à lier les deux groupes sur la direction Kischinew-Jassy.

Alliée à l'Autriche-Hongrie, la Roumanie dispose son armée dans une attitude expectante, comme une menace attachée au flanc gauche de l'armée russe du sud, forcée alors de considérablement renforcer cette aile.

Ce n'est que lorsque l'armée austro-hongroise de la Gallicie orientale aura pu prendre l'offensive, dans la direction de Proskurow, qu'il sera loisible au contingent roumain de franchir le Pruth pour gagner le Dniester entre Kischinew et Chotin. Schemerinka serait, si l'on veut, son objectif définitif.

Mais l'armée austro-hongroise sera-t-elle apte un jour à prendre elle-même cette offensive, seule capable de donner de l'allure à son alliée roumaine?

Première et importante question à laquelle nous répondrons *non*, avec autant de conviction que de franchise.

D'une façon ou d'une autre, le dispositif d'attente, strictement observé s'impose donc à la Roumanie.

Nous savons aussi que cette opinion a de très fervents et autorisés adeptes dans les rangs de l'état-major de Bucharest[1].

[1] Depuis que cette étude a été faite, un nouveau ministère a été constitué en Roumanie et le sentiment national s'est manifesté encore plus vivement avec ses tendances vers la Russie.

V

BULGARIE
ET ROUMÉLIE ORIENTALE

BULGARIE
ET ROUMÉLIE ORIENTALE

Au moment de la déclaration de guerre de la Serbie, l'armée dont disposait le prince Alexandre faisant face à l'ouest et au sud, pouvait craindre d'être violentée et par la Serbie et par la Turquie.

Sa dislocation était alors la suivante : à l'ouest, autour de Sliwnitza, le major Goudjeff ayant pour chef d'état-major le capitaine Paprikoff ; plus au nord contre Widdin, le petit corps du capitaine Bujounoff ; au sud, sur la frontière de Macédoine, les troupes bulgares du major Grouieff, et plus à l'est, autour de Yamboli, Tirnovo-Semenli, les milices rouméliotes des lieutenants-colonels Phyloff et Moutkouroff.

La Bulgarie disposait à cette époque de 8 régiments d'infanterie portés de 3 à 4 bataillons, et autant de régiments de réserve ; de 8 escadrons et de 78 pièces, soit en chiffres ronds 70.000 hommes.

Grâce à la tutelle russe qui n'avait pris fin qu'au mois de septembre, cette armée bulgare était sérieusement organisée et apte à une résistance énergique, malgré l'insuffisance matérielle et morale des grades subalternes.

Dans les charges plus élevées les conditions satisfaisaient mieux. L'armée était encore aux mains d'une pléiade d'officiers capables, ayant presque tous fait leur éducation militaire dans les écoles russes, quelques-uns même sur le champ de bataille. Le ministre de la guerre, capitaine Kikoforow, était un ancien élève de l'école d'artillerie. Officier de 1875, il s'était distingué en 1877-78. Le chef d'état-major, capitaine Pétrow et son adjoint, capitaine Paprikoff avaient suivi les cours de l'académie militaire de Pétersbourg. Le major Grouieff avait fait ses études à l'académie Michel et avait pris part à la campagne 1877-78. Le major Goudjew s'était distingué à Schipka et à Eski-Saghra. Presque tous les commandants de régiments avaient participé à la dernière campagne. Quelques-uns même, comme les capitaines Dukow et Bleskow des 3e et 5e régiments, étaient décorés de l'ordre de Saint-Georges.

L'armée rouméliote, qui avait été aux mains de quelques aventuriers cosmopolites chargés de son organisation, était pratiquement bien moins conditionnée. De fait, il n'existait que le noyau de 12 bataillons ou *droujinas*, dans lesquels vinrent se confondre pêle-mêle, sans aucune distinction, tous les volontaires des environs.

Ces droujinas, ainsi transformées en véritables régiments, présentaient l'effectif le plus varié et l'assemblage le plus disparate. Le fusil Kinka prédominait, le Berdan n'étant que d'exception. Tous les volontaires portaient le costume national. Ces bandes ne comptaient qu'un nombre excessivement restreint d'officiers. Les popes et maîtres d'écoles qui les accompagnaient en grand nombre, en tenaient lieu tant bien que mal.

Après la victoire, le prince Alexandre estima avec juste raison qu'il lui était nécessaire de se préparer à de prochaines éventualités et de constituer fortement cette armée à laquelle il devait la consolidation de sa couronne.

Le prince Alexandre a eu le très grand honneur de se consacrer principalement à cette œuvre, poursuivant ensuite, tant au point de vue politique qu'au point de vue militaire, l'union intime entre les deux provinces, l'une contribuant du reste principalement à favoriser l'autre.

Rien ne sut l'arrêter, même pas la conférence de Constantinople du 6 avril 1886.

Les milices rouméliotes furent remplacées par des corps organisés :

4 régiments à quatre bataillons ;
1 régiment de cavalerie à quatre escadrons ;
1 régiment d'artillerie à six batteries ;
2 compagnies du génie.

Le commandement de la brigade rouméliote fut confié au lieutenant-colonel Moutkourof.

A la suite de cette organisation, c'est-à-dire fin juillet 1886, l'armée bulgare-rouméliote se présentait à la composition de :

12 régiments d'infanterie savoir : 1er, prince Alexandre ; 2e, Strumski ; 3e, Wdinski ; 4e, Plewna ; 5e, Danube ; 6e, Tirnowa ; 7e, Preslaw ; 8e, Primorski, tous bulgares, à 3 bataillons ; 9e, Plowsdioski ; 10e, Rhodopski ; 11e, Sluoninski et 12e, Balkanski, ces derniers rouméliotes à 4 bataillons.

Cavalerie : 3 régiments à 5 escadrons et un escadron de gardes du corps.

Artillerie : 3 régiments à 8 batteries attelant 8 pièces.

L'infanterie était armée du fusil Berdan, l'artillerie était pourvue de la pièce Krupp de 8 cent. 7.

Le budget de la guerre, très considérable, en proportion des modestes ressources du pays, se chiffrait à 17.227.000 francs, auxquels il convient encore d'ajouter une somme de 36.170.000 francs accordée en séance secrète pour parfaire la réorganisation de l'armée, par des achats de matériel à effectuer à l'étranger.

La révolution du 21 août a sinon compromis, tout au moins considérablement retardé le développement progressiviste de la puissance militaire de la principauté.

Au point de vue matériel, l'inconvénient quoique sensible n'est que moindre et facilement réparable avec le temps et l'argent... lorsque ce dernier sera moins rare dans les caisses de l'État.

Le co-régent Mutkurow, assisté du colonel Nicolajew qui avait remplacé Ricaforow, compromis dans les derniers événements, a fait son possible pour maintenir et même améliorer l'organisation de l'armée.

A ce point de vue, mais à celui-là seulement, la tâche du prince Ferdinand a été relativement facilitée :

Les 8 régiments du Nord, ont été portés au mois de janvier 1887 à 4 bataillons, comme les 4 régiments de la province sud, et doivent de plus, à la mobilisation, constituer chacun 2 bataillons de réserve. Un bataillon d'artillerie de forteresse a été formé et la création d'une septième compagnie du génie fait déjà prévoir la constitution d'un régiment de pionniers à Roustchouck.

Les 12 régiments ont été accolés en brigades permanentes dont les sièges sont à : Sophia, Widdin, Roustchouck, Choumla, Philippopoli et Sliono.

L'artillerie est en permanence à Sophia, Choumla et Phillippopoli.

Enfin, on prépare la formation de 24 cadres de compagnie, correspondant à chacun des districts territoriaux pour encadrer les formations de milice ou opoltchénie.

L'armée active présente sur le pied de paix un effectif de 992 officiers et 28.000 hommes.

A la mobilisation, les régiments d'infanterie se dédoublent en 24 régiments à 4 bataillons plus un bataillon de réserve. La cavalerie forme 5 régiments à 4 escadrons. L'artillerie se constitue également à 5 régiments, soit : 120 bataillons, 25 escadrons (y compris le régiment de gendarmerie et l'escadron d'escorte) et 41 batteries, soit : 328 pièces. La principauté peut aussi constituer 3 corps, correspondant aux groupements principaux du temps de paix : Sofia, Choumla, Philippopoli.

La milice est encore une organisation communale très imparfaite. On admet qu'elle pourrait fournir en temps de guerre, 150 bataillons et 15 escadrons.

Contrairement à une appréciation erronée, accréditée à l'étranger, cette armée sera sous peu et commence déjà même à être très parfaitement outillée et approvisionnée du nécessaire.

J'ai pu me convaincre sur place que les très fortes commandes de toute nature, faites à l'étranger, étaient en partie rentrées dans les magasins de l'Etat (effets d'équipement, effets d'habillement et de chaussures, draps), et que d'autres étaient en cours d'exécution, chez Grusson, chez Krupp, à Carlsruhe et à Rottweil.

Au moment de mon passage à Sophia le gouvernement cherchait à se procurer des fusils à magasin et des munitions. Il était à ce sujet en négociations avec des industriels belges.

Ce qui est certain, c'est que le prince Ferdinand, pas moins que le prince Alexandre, ne veut reculer devant aucun sacrifice pour bien pourvoir l'armée nationale.

On a pu remarquer les réticences avec lesquelles j'ai fait l'éloge de l'organisation de l'armée bulgare, laissant toujours à l'écart un des côtés de la question.

Il est temps d'y arriver; je veux parler du facteur moral, du sentiment, qui règne dans l'armée de la principauté.

Le coup d'Etat du 21 août a porté à l'esprit et à la force disciplinaires de l'armée une atteinte qui a été presque mortelle.

Les événements politiques qui ont suivi, les déchirements intérieurs, ne pouvant plus aggraver le mal, n'ont fait que l'entretenir, et la guérison, ne me paraît malheureusement pas proche.

Je rappellerai simplement que les événements du mois d'août, ont dû motiver le licenciement du 2e régiment d'infanterie dont le drapeau a été brûlé, et que ce régiment a été reconstitué sous le n° 13. Il en a été de même du 3e régiment d'artillerie qui a pris le n° 4. Enfin un grand nombre d'officiers ont dû quitter l'armée, ou ont été relégués dans une humiliante inactivité.

Et le procès retentissant du major Papow n'a-t-il pas été uniquement politique et dicté par la haine jalouse de Moutkouroff??

Ces mesures de rigueur, commandées par la politique des partis, n'ont point modifié le sentiment de l'armée, et je crois pouvoir affirmer que la très majeure partie du corps des officiers est restée fidèle, à la mémoire du Battemberg[1].

La régence n'a jamais eu dans l'armée de fidèles partisans, et le prince Ferdinand ne commence que très lentement et difficilement à s'y créer des affections.

C'est, qu'il me soit permis de le dire, peut-être un peu de sa faute. Alexandre, alors même que nous écarterons de son front l'auréole de Sliwnitza, plaisait mieux, parce qu'il était plus soldat, et qu'il s'occupait plus intimement des *besoins* et des *intérêts* des officiers.

Quant à l'armée, elle est comme le peuple complètement indifférente à la forme du gouvernement. Le nom du souverain lui importe peu. Ses humbles sympathies sont acquises à la Russie.

L'officier lui, n'est retenu dans cette sympathie que par une question d'intérêt. Il craint, si le pays se livre à la Russie, le retour d'un ministre de la guerre envoyé de Petersbourg et surtout, la suite nom-

---

[1] Le mariage du prince, tout en détruisant la possibilité de son retour sur le trône bulgare, n'a pas modifié sensiblement ces sentiments.

breuse d'officiers russes, dont ce ministre ne manquerait pas de se faire accompagner.

Que deviendraient alors les officiers de l'armée nationale? Ne seraient-ils pas toujours tenus dans les charges les plus subalternes?

Voilà, simplement dite, la vraie et seule raison qui oblige les officiers de l'armée bulgare à différer de sentiment avec leurs concitoyens, et à affecter des opinions qui au fond du cœur ne peuvent être les leurs.

Il n'y a là qu'un malentendu qu'il serait aisé de dissiper s'il était nécessaire.

Je sais fort bien qu'il peut en coûter désagréablement de lever ainsi les masques. Il pourra se produire de bruyantes protestations, et des officiers viendront affirmer leurs sentiments de profond dévouement qui, pour M. Moutkourow, qui, pour son Altesse le prince Ferdinand.

Une petite enquête sur le passé de MM. les protestataires me donnera presque toujours facilement raison de leur indignation. Ce n'est que dans quelque temps, lorsque le prince Ferdinand aura su se faire apprécier, comme il le doit et comme il le peut, que j'aurai foi dans les dévouements des intéressés pour sa personne.

J'ai cherché à me rendre compte, mais sans grand succès, j'en conviens, des mesures que le gouvernement de Sophia avait pu prévoir pour résister à une entrée éventuelle des troupes russes en Bulgarie.

J'ai cru constater qu'il n'y avait à ce sujet aucun

plan d'arrêté, comme si le gouvernement se rendait parfaitement compte, que toute résistance serait superflue et que l'apparition des uniformes russes donnerait le signal d'un grand soulèvement de la population acclamant ses libérateurs.

Je ne parle naturellement que pour mémoire du projet, sans créance, qui a été mis en circulation, d'organiser les défenses des ports de Varna et de Burgas. D'abord, ces travaux ne pourraient jamais être que de très médiocre importance ; puis en second lieu, toute organisation militaire de ces ports est formellement interdite par l'article 11, du traité de Berlin, ce fameux traité auquel chacun fait mine de tenir avec tant de respect.

La seule lutte réellement nationale serait celle dirigée contre les Turcs, et je ne crois pas que la résistance de la principauté se limiterait à la seule défense des Balkans.

Il est probable du reste, que les Turcs, à ce moment, auraient suffisamment à faire dans leur propre province de Roumélie, et surtout en Macédoine.

Celle-ci, comme le disait récemment la *Trnarska Constitutia*, l'organe de M. Karawelow, pourra être un jour le gage de l'amitié de la Russie, tandis que l'Autriche-Hongrie veut se l'approprier pour y tracer son chemin à la mer.

VI

SERBIE

SERBIE [1]

En 1885, l'armée serbe comprenait :

L'armée active et sa réserve (1ᵉʳ ban.)
La territoriale ou 2ᵉ ban.
La réserve de la territoriale ou 3ᵉ ban.

Le pays était partagé en cinq divisions territoriales (Morawa, Drina, Danube, Schumadia et Timok), fractionnées en trois districts de régiments, subdivisés à leur tour en quatre circonscriptions de bataillons.

L'armée active et la territoriale présentaient ainsi chacune 15 régiments d'infanterie.

La réserve de l'armée territoriale se constituait péniblement à 12 bataillons par division. Chaque division active comprenant, outre l'infanterie :

- 1 escadron devant former à la mobilisation 4 escadrons actifs et un de dépôt.
- 4 batteries d'artillerie de campagne se dédoublant à la mobilisation.
- 1 compagnie du génie et les services auxiliaires.

En plus, un escadron de la garde.

---

[1] Cette étude a été faite avant l'abdication du roi Milan. Au point de vue de l'armée il n'y a d'ailleurs aucune modification intéressante à indiquer.

On se rend aisément compte combien la mobilisation d'une armée, formée pour ainsi dire uniquement sur le papier, devrait être grevée de difficultés et chargée de lenteur.

Passer d'un effectif à peine entretenu de 12.000 hommes à l'effectif nominal de 220.000 et 16.000 chevaux était une opération matériellement impossible.

La mobilisation ordonnée le 24 septembre 1885 en a fourni la triste démonstration, étant même données les conditions heureuses dans lequelles se trouvait l'armée serbe par suite de la convocation *accidentelle* de 10.000 réservistes.

L'effectif de l'armée de campagne fixé à 90.000 hommes n'a pu être atteint. Le manque d'officiers pour remplir les cadres subalternes, l'insuffisance en chevaux de selle, et surtout de trait, n'a permis que d'utiliser incomplètement les ressources disponibles.

On ne demanda aux 15 régiments d'infanterie que 3 bataillons au lieu de 4; la cavalerie ne fournit que 3 escadrons, l'artillerie 4 batteries seulement (10 classes).

L'appel du 2ᵉ ban (7 classes de 30 à 37 ans), devait donner 60 bataillons et 20 batteries, soit 56.000 hommes; il ne lui fut réclamé que 7 régiments et 22 escadrons.

La mobilisation n'a donc produit que 44 p. 100 de son rendement fictif soit : 64.000 hommes, 1.600 chevaux, 132 pièces, 4.000 voitures, au total et pour être plus utilement véridique 48.000 combattants et 1.700 chevaux.

Ces chiffres établis d'après mes propres renseignements ne diffèrent pas essentiellement de la donnée officielle : 45.290 hommes.

J'ai encore très présente à l'esprit certaine soirée des premiers jours de novembre où j'émis en présence de quelques amis et confrères en journalisme, la conviction presque certaine chez moi, que l'armée du roi Milan courait au-devant d'un désastre. Personne ne voulut être de mon avis tellement était général, profondément accrédité, le mépris de mes commensaux pour la misérable bande, que le prince Alexandre de Battemberg « faisait appeler son armée ».

Ne connaissant pas les ressources militaires de la Bulgarie, je me tus ; mais je dis ce que je savais pour l'avoir vu de l'état piteux de l'armée serbe, de son dépourvu en instruction, de l'insuffisance de ses officiers et du manque absolu d'organisation laissant les arsenaux à sec et les magasins vides.

Depuis 1886, le général Hervatowitch qui est un militaire de distinction et un organisateur de talent a voulu beaucoup faire pour la réforme de l'armée. Il n'a pas dépendu de lui que ses excellents projets se soient réalisés. Les fatales considérations budgétaires, les principes économiques qu'il a fallu faire prévaloir ont été les heurts auxquels il s'est buté.

Son successeur, le colonel *Grouich*, n'a pu et ne pouvait pas être plus heureux ; car le cabinet dont il a fait partie avait inscrit en tête de son budget « réforme économique » et a diminué de quelques millions, les propositions pourtant bien modestes inscrites au budget de la guerre.

Le ministre ne pouvait donc tout au plus que se consacrer à des détails n'entraînant aucune charge nouvelle, dérobant à Pierre pour prêter à Paul, c'est-a-dire retirant d'une main pour donner de l'autre. Il désirait surtout s'attacher à améliorer les conditions de mobilisation de l'artillerie et de la cavalerie.

Les perturbations de politique intérieure qui depuis plus d'un an bouleversent la Serbie ont fait retarder à une date indéterminée l'œuvre de réorganisation à peine ébauchée.

La nouvelle organisation datant du commencement de 1887 ne modifie pas notablement les conditions fondamentales de l'armée serbe.

Le 1er ban ou armée active, avec sa réserve, comprend les hommes de 20 à 28 ans (2 ans sous les drapeaux et encore cette durée de service est notablement réduite par les renvois anticipés commandés pour l'équilibre instable du budget).

Le 2e ban (armée territoriale) 28 à 37 ans quelque peu réformée sur le modèle de la landwehr autrichienne c'est-à-dire avec établissement de cadres permanents.

Le 3e ban englobe tous les hommes de 37 à 50 ans :

Le 1er et le 2e bans mettent chacun sur pied :

15 régiments d'infanterie à 3 bataillons.
5 régiments de cavalerie à 5 escadrons.
5 régiments d'artillerie à 4 batteries.
1 batterie d'artillerie de montagne.
1 bataillon du génie.
1 bataillon de pontonniers.
1 batterie d'artillerie de siège.
1 bataillon du régiment des chemins de fer.

Au total :

90 bataillons, 50 escadrons, 40 batteries de campagne et 10 de montagne plus les services auxiliaires.

Quoique le budget de la guerre (14 millions) absorbe une très grosse part du budget total (44 1/2), les ressources financières sont absolument insuffisantes pour doter les magasins et les arsenaux de ce qui est indispensable pour entreprendre une guerre.

De toutes, l'armement en Serbie est la chose la moins défectueuse. L'infanterie est pourvue d'un fusil du type Mauser (calibre 10^{mm}, 15) modifié par un officier de l'armée serbe, M. Milanowitsch.

L'artillerie attèle le matériel français de Bange.

On se rappelle au moment de Sluvnitza la colossale fumisterie émise par les journaux allemands imputant la victoire bulgare à l'excellence des pièces Krupp et la défaite serbe aux défectuosités du matériel de Bange. Un des correspondants de la *Gazette de Cologne*, grand ami du lieutenant-colonel de Wuillaume, trempant avec lui dans les mêmes turpitudes, a été le promoteur de cet odieux mensonge.

La vérité est que le gouvernement allemand n'a jamais pu pardonner aux Serbes de ne pas s'être laissé attendrir par les offres avantageuses de la maison Krupp, et de s'être obstinément refusée à accepter les rossignols qu'on voulait lui écouler.

Je sais qu'à la dernière heure, le représentant de Krupp avait autorisation de soumissionner à un prix si dérisoire, que la fourniture n'était plus vendue mais bien donnée.

N'ayant pu réussir à corrompre les officiers négociateurs du marché et les membres de la commission d'achat, le journalisme allemand s'est attaché à discréditer notre industrie.

C'est une vengeance aussi mesquine qu'inutile.

L'industrie allemande ne peut prétendre, partout et toujours, avoir la main aussi heureuse qu'en Roumanie.

Il n'est guère mystère que pour ceux qui veulent l'ignorer, que le matériel de Gruson, mis en concurrence avec notre matériel de Saint-Chamond, n'a été accepté que par ordre, et que de gros pots-de-vin ont été versés.

Aussi, un ancien ministre de la guerre expie-t-il aujourd'hui le crime d'avoir été trop altéré.

Malgré tous les efforts des ministres de la guerre et la bonne volonté du souverain qui se rendait très exactement compte de l'état de son armée, je suis forcé de reconnaître que la force militaire du royaume ne s'est pas améliorée depuis 1886. Je crois même pouvoir dire qu'elle ne s'est pas relevée de sa désastreuse campagne.

On sait que par la force des choses le roi Milan Obrenowitch était inféodé à la politique autrichienne.

L'empereur François Joseph fut et reste pour lui un protecteur dont il ne saurait se passer.

De tout ce que j'ai vu et appris je ne crois pas que les sentiments de l'ex-souverain soient très partagés dans l'armée. En majeure partie, les officiers sont russophiles ou plus exactement anti-autrichiens, avec une légère teinte de panslavisme.

Le succès des radicaux aux élections pour la grande Skupschtina, élections que le roi Milan a voulu laisser libres, n'a pu que contribuer à développer ces tendances. Les régents devront en tenir compte.

Par contre, dans l'armée comme dans le pays, les intransigeants antidynastiques, partisans du prince Pierre Karageogewitsch. sont en infime minorité. MM. Katic et Tajsic n'ont pas de clients dans l'armée.

Bref, la dynastie des Obrenowitch est très populaire dans l'armée, et serait en situation de compter sur elle, en toute circonstance, si au moment d'une guerre avec la Russie, l'Autriche n'avait pas — ce dont je serais fort surpris — à intervenir en Serbie pour y maintenir l'ordre (qu'elle entend).

L'armée serbe appuyée de quelques troupes autrichiennes et gratifiée de tout ce qui lui manque pour faire campagne, serait employée à tenir en respect les Monténégriens, les anciens Beys et les agitateurs vieux-serbes, macédoniens ou autres qui ne manqueraient pas de provoquer l'insurrection, dans les provinces occupées, le Sandjak de Novi-Bagar et les anciens districts de la vieille Serbie.

Dans ces conditions et dans cette modeste mesure, la Serbie peut rendre quelques services à celle qui veut rester quand même sa puissante protectrice. Mais elle ne saurait en faire d'avantage, cette tâche étant déjà excessive pour elle.

VII

GRÈCE

GRÈCE

Je ne suis pas de ceux qui rêvent le rétablissement du grand empire gréco-byzantin dont Constantinople serait la glorieuse capitale. Par contre, je ne doute pas un seul instant que le prochain et inévitable conflit dans les Balkans ne donne à la Grèce : la Crête, la Macédoine, cette partie de l'Epire qui lui avait été promise, mais qui ne lui a pas été cédée en même temps que la Thessalie, et probablement aussi, les îles de l'archipel : Samos, Chio, Lesbos, perles choisies dans le trésor convoité.

Je ne crois pas beaucoup me tromper, en affirmant que les Hellènes comprennent fort bien que ces provinces et ces îles ne peuvent leur revenir à titre de don purement gracieux, comme la cession, par l'Angletrrre, des îles Ioniennes. Les Hellènes se disposent à mériter ces acquisitions par leur intervention dans le conflit. Ils ambitionnent de les devoir [1] à la valeur de leur armée.

De là, comme conséquence logique, les sacrifices

---

[1] La diplomatie prépare du reste très habilement cette conquête par l'action de ses consuls : en Crête, que ce soit un M. Jygomalas ou un M. Drakopoulos; en Macédoine que ce soit un M. Dokos ou un M. Panurias. Le fameux incident du consul de Grèce à Monastir (juin 1888) a mis à découvert une

consentis par la nation, et les efforts de tous, pour parfaire le nombre des soldats destinés aux luttes suprêmes.

M. Tricoupis, auquel la Grèce doit l'organisation de 1882 à laquelle le général Vosseur et la mission française ont si heureusement contribué, M. Tricoupis ne put achever son œuvre, et le cabinet Delyannis qui lui succéda en 1885 se trouvait dans la fâcheuse obligation de tout subordonner au rétablissement des finances.

Mais les événements de la fin d'année 1885 devaient imposer au ministère d'autres charges. Il ne s'agit plus cette fois d'une organisation moins étendue, plus économique, mais d'une réelle mobilisation.

Les réserves sont appelées, les volontaires affluent pour former des corps francs ; ils accourent de toutes part, et les exilés dans les colonies, ou à l'étranger qui abandonnent leurs comptoirs, et les étudiants dont l'enrôlement fait fermer l'Université. La Chambre vote un emprunt sur lequel 11.300.000 francs sont prélevés pour les dépenses de la guerre; des chevaux sont achetés en Hongrie; l'habillement et l'équipement en France ; les dons volontaires affluent, même des colonies les plus lointaines — disant éloquement combien est vigoureuse et vivante la foi nationale, et, profond l'amour de la Patrie.

La puissance de l'effort fut telle que fin 1885 le royaume disposait de 72.779 hommes (dont 12,000 volontaires) constituant 49 bataillons, 12 escadrons,

---

partie de ces menées qui, en somme, sont plus qu'excusables, étant données les conditions ethniques et religieuses de ces populations.

8 batteries de campagne, 11 de montagne et 2 de forteresse.

Ces troupes étaient réparties en 4 commandements d'armée (Archigion, Stratou) savoir :

I. — 14 bataillons, 6 escadrons, 7 batteries, 10 compagnies du génie sous les ordres du général Sapountzaki dont le quartier général était à Larissa. Les corps de volontaires qui lui étaient adjoints étaient destinés à menacer Salonique et à conquérir Candie.

II. — 11 bataillons, 3 escadrons et 3 batteries sous les ordres du général Petimégas ayant son quartier général à Trikala.

III. — 11 bataillons, 3 batteries sous le commandement du colonel Karaïskaki avec son quartier général à Arta.

IV. — Réserve à la disposition immédiate du ministre de la guerre, en partie groupée, à proximité d'Athènes :

13 bataillons. 3 escadrons, 3 batteries et 2 compagnie du génie.

La Turquie avait concentré de l'autre côté de la frontière : 124 bataillons, 25 escadrons et 37 batteries, soit 120.000 hommes que soutenaient 3 divisions. déplacées de la frontière Rouméliote. Son aile droite à Janissa montrait 2 divisions (à 16 bataillons, 4 escadrons et 3 batteries l'une); son centre était formé de cinq divisions — l'une à Grévyana, dans la vallée de Venétikos, affluent de la Vistrissa, — une au coude de la Vistrissa, alors quelle brusque du S. au N.-S., la dernière dans la vallée de Sarantaporos.

A l'aile gauche, une division à Katerina, soutenue par les troupes en réserve à Salonique.

L'intervention des puissances empêcha le conflit d'éclater. Une démonstration navale à laquelle la France refusa de s'associer, contraignit la Grèce à se soumettre. M. Delyannis tomba et fut remplacé par M. Tricoupis auquel revint la tâche ingrate de démobiliser (mai 1886).

Reprenant et complétant alors son œuvre de 1882, M. Tricoupis a reconstitué l'armée grecque qui compte actuellement :

10 régiments d'infanterie à 2 bataillons actifs et un cadre de dépôt.

8 bataillons d'Erzones recrutés dans la montagne et dont les hommes, habiles à manier le fusil, dès leur enfance, ont conservé leur pittoresque costume, avec l'ample jupe plissée aux hanches.

3 régiments de cavalerie à 4 escadrons.

3 régiments d'artillerie, 20 batteries (8 de campagne, 8 de montagne, 4 de forteresse), attelant du matériel Krupp et casernés en majeure partie dans cet ancien château de la duchesse de Plaisance, qui a été agrandi, modifié et défiguré en caserne.

Un régiment du génie à 2 bataillons de 5 compagnies, exercé autant comme troupe de pionniers que comme régiment d'infanterie.

L'effectif budgétaire de l'armée présente :

  1.787 officiers et assimilés.
  7.362 sous-officiers et assimilés. } 30.749
  18.091 hommes de troupe.
  3.509 chevaux ou mulets.

La mobilisation de l'armée active peut fournir, — sans compter les volontaires — 115.000 hommes; les 10 classes de l'armée territoriale (32 à 41 ans) donneraient en chiffre rond 100.000; toutefois, cette armée de seconde ligne n'a pu être organisée, faute de cadres.

Enfin notons, mais pour mémoire seulement, la réserve de l'armée territoriale (hommes de 42 à 51 ans).

L'armée grecque, par les aptitudes natives du soldat, l'excellence de son cadre de sous-officiers, la valeur et la capacité professionnelle de ses officiers est, malgré la durée restreinte du service et la gêne des considérations économiques, un excellent instrument de guerre.

Nous avons dit que la mobilisation de 1885 lui avait permis de mettre sur pied 72.000 hommes. Il est assez probable que, dans les conditions actuelles, une mobilisation générale, complétée par une levée de volontaires, lui permettrait facilement de former une armée de campagne de 180.000 hommes.

Je ne voudrais certainement en rien, même en apparence, paraître déprécier les généraux, hommes de valeur qui ont été ministres de la guerre, tels MM. Valtinos, Sarouzaki, Karalskaky, Mouromischalis; tous ont patriotiquement contribué à l'organisation de l'armée. Je ne puis cependant m'interdire de faire valoir combien la Grèce a eu à se louer de son essai d'un ministre civil de la guerre.

L'armée reste redevable à M. Tricoupis de sa complète régénération, sans négliger, d'importantes améliorations : écoles, cours d'instruction par les officiers de réserve, etc.

Je viens de citer les noms de quelques anciens ministres de la guerre qui ont exercé ou exercent encore des commandements; je dois ajouter à ces officiers généraux, le général *Zimbrakati*, un ancien et brillant élève de l'école de Metz, sorti second de sa promotion, et le général *Grivas*, le représentant du *drill* dans l'armée grecque, dont l'énergie a eu si promptement raison du brigandage en Thessalie, mais dont le rôle politique, un peu bruyant, le fait tenir, pour l'instant, doucement à l'écart.

De la brillante phalange des colonels, quelque regret que je puisse avoir, je n'en citerai qu'un seul le colonel *Kolokotroni*, le fils du *Vieux de la Morée*, qui fut aide de camp du roi, commandant de l'école militaire et auquel doivent revenir, de l'avis de beaucoup, les fonctions de chef de l'état-major général de l'armée.

Deux mots maintenant consacrés à une personnalité qui appartient à l'histoire de demain et dont la prochaine alliance avec la famille des Hohenzollern, a provoqué certaines inquiétudes.

Constantin, duc de Sparte, tient de sa mère, cette gracieuse reine Olga, si respectueusement adorée de tout son peuple, fille du grand-duc Constantin, et cousine du tzar. Grand, blond, beau, mais la tête un peu grosse, le prince représente bien le type slave. Le sérieux et le solide, la fougue du soldat de race, joints à la douceur du tempérament, forment le fond de son caractère.

Georges, frère de Constantin, taillé dans le bois dont fut fait le maréchal de Saxe, tient au moral beaucoup plus de son père.

L'actualité met le premier seul en relief.

L'éducation privée, politique et militaire de Constantin, a été fort soignée, au point d'en faire un des princes les plus instruits de l'Europe. Ses premières études ont été confiées à M. de Luden, que je crois être ancien officier allemand, et qui était venu s'installer à Athènes comme directeur du collège Allemand. Ses professeurs pour les sciences et les lettres furent MM. Pantasidès et Argiropoulos; le français lui fut enseigné par M. Boissaud; l'anglais par M. Dickson.

Son éducation militaire, a été dirigée par le major Sapountzaky, fils du général qui a commandé à Larissa. Il a suivi les exercices de l'école du Pyrée (pour l'artillerie et le génie), puis a fait son service comme sous-lieutenant au 1er régiment d'infanterie, dont le chef était alors un colonel qui avait été attaché au service du roi, Mr Mavromichalis, fils de Pétrow-Bey, le si populaire héros des guerres de l'indépendance.

Le duc de Sparte devenu capitaine, a été compléter son instruction militaire dans un régiment de la garde prussienne. Son amour pour le métier des armes, lui avait valu l'affection du vieil empereur et l'amitié de Guillaume II. Ses avantages personnels, les qualités du cœur, lui ont gagné l'amour d'une des filles de Frédéric II, la princesse Sophie. Constantin toutefois ne trébuche pas dans ce ridicule excès du caporalisme à outrance, passé à l'état de manie maladive chez son futur beau-frère, le *soldatenspieler*.

Le roi Georges a du reste puissamment contribué à développer chez son fils, ces qualités militaires, et on a pu voir bien souvent, le père et le fils, accompagnés d'un aide de camp, suivre de très près les exercices de bataillons, ou les évolutions de l'artillerie, sur le vaste polygone qui s'étend aux versants parfumés de l'Hymette.

Quant à l'évolution politique que l'Alliance des maisons de Grèce et de l'Allemagne, pourrait faire subir à la politique nationale, n'y pensons pas.

On sait n'est-ce pas, — ne serait-ce que par le douloureux épisode du Danemark, — ce que valent dans les intérêts de peuples à peuples, les alliances de famille ?

Le duc de Sparte ne peut ignorer que la nation demeure fidèlement attaché à la grande théorie du panthéllénisme, qui la porte à l'espoir certain de récupérer un jour, les colonies détachées de la mère patrie.

Or, ces colonies grecques et orthodoxes gémissent encore sous le joug de l'islamisme. La Grèce, en dépit de toutes les combinaisons tramées avec plus ou moins d'astuce, ne doit et ne peut être que l'adversaire de la Turquie.

Quant aux alliés de la Turquie, ils ne peuvent guère tenter contre la Grèce que le blocus de ses côtes, il serait dangereux de sa part d'espérer s'en tirer toujours aussi amiablement qu'en mai 1886. Il lui suffit du reste, de feuilleter son histoire :

En août 1831, l'amiral grec Mioulis, craignant la capture de sa flotte par l'amiral Riccord, brûle 28 de ses bâtiments.

En 1851, l'amiral anglais Paker, met le blocus aux côtes de Grèce et quelques jours lui suffisent pour capturer dans les eaux de Salamis, plus de 200 bâtiments.

En mai 1854, les escadres françaises et anglaises tiennent les eaux grecques, et en décembre même, une brigade française est débarquée au Pirée.

J'ai déjà dit dans mon étude consacrée à la Turquie, combien cette puissance pouvait avoir à redouter une marine grecque tenant un rang honorable.

L'examen des conditions de la défensive, nous conduit aux mêmes conclusions : renforcer la flotte.

Et cette marine n'est-elle pas indispensable aussi pour assurer protection à la navigation marchande, à ce point prospère, qu'elle compte environ 3,300 bâtiments montés par 28,000 marins, soit 3 p. 100 environ de la population masculine?

Aujourd'hui que l'armée de terre réorganisée est capable de soutenir honorablement aux frontières, l'honneur du « Lavaron », que le gouverneur du roi Georges s'applique avez zèle à la réfection de la flotte!

C'est son devoir et ce doit être sa suprême ambition.

L'*Olga* et le *Georgos* sont de vieux cuirassés, l'*Amiral Mioulis*, l'*Hydra*, l'*Hellas*, le *Sperasis*, le *Persaphone*, sont démodés, l'escadrille d'une vingtaine de torpilleurs seule vaut quelque chose. Ce sont les bâtiments destinés à soutenir ces torpilleurs qui font défaut à la marine grecque.

Cette réorganisation de la marine commande les prochaines destinées du royaume.

VIII

ANGLETERRE

TRÈS COURT RÉSUMÉ DE LA QUESTION D'ORIENT

LA PERSE

ANGLETERRE

Nous n'avons pas l'intention, dans cette étude consacrée à l'organisation militaire et navale de l'Angleterre d'en scruter tous les détails.

Cette investigation, nous entraînerait trop loin, et ne présenterait qu'un médiocre profit.

Il est préférable, il nous semble, de poser *a priori* les conditions réclamées de cette organisation et d'examiner ensuite comment il y est satisfait.

Ces conditions paraissent pouvoir être résumées en trois paragraphes :

1° Protection du royaume ;

2° Protection des colonies et guerres extérieures pour maintenir ou accroître l'influence anglaise ;

3° Protection de la marine marchande et des lignes de navigation.

1° PROTECTION DU ROYAUME

Une polémique tout récemment ravivée, encore présente à toutes les mémoires, indique combien cette question préoccupe vivement les Anglais.

Ai-je besoin de dire que la question est vieille déjà, et qu'elle ne date pas seulement de la plus éloquente et de la plus spirituelle manifestation, faites par la célèbre brochure « *La bataille de Dorking* » modèle qu'on a depuis cherché à imiter, mais que nul n'est encore parvenu à égaler?

Ai-je aussi besoin de dire que c'est à cette question que se soude l'étonnante obstination de l'état-major anglais, personnifié par lord Wolseley, à autoriser l'établissement du fameux tunnel sous la Manche?

De temps à autre, la panique chez nos bons voisins se manifeste par une bruyante recrudescence. Tel le mal dont ils ont souffert au mois de mai dernier, alors que *sir Charles Dilke* a ajouté à ces fameux articles dans la *Fortnightly Review*, ce grotesque et insipide factum de l'*Universal Review*, signalant pour l'Angleterre, le péril du *boulangisme*, sous le fallacieux prétexte que la politique du général peut hâter ou faciliter une entente franco-russe. Le singulier plaisant ne peut pourtant ignorer ce que la presse allemande a dû elle-même reconnaître : que le général Boulanger ne fait pas de politique étrangère, et que le jour où il aura à en faire, elle se résumera tout entière dans la seule ambition d'assurer à la France respectée, une paix certaine et honorable.

Alors aussi que sir *Edward Hamley* donnait au *Nineteenth Century*, son article *Defence lessnes of London*, reproduit et commenté par tous les journaux du royaume, ou que le *Daily Telegraph* lançait (12 mai) son article à grande sensation « *England in danger* »; que la *Saint-James Gazette* dans une lettre signée des initiales G. P. cherchait à rééditer la bataille de Dorking, et que le *Globe* quelques jours plus tard clamait l'*Agonie de l'Angleterre*.

Et pendant que s'écoulait ce flot d'encre, —je n'ai cité que les articles les plus connus, — les discours ne chômaient pas, dans les Chambres, comme dans les clubs et meetings.

A *Cannon-Street-Hôtel*, les discoureurs s'en donnaient à cœur de joie. Sir *Charles Beresford* pérorait à *Andrews Hall*, et le glorieux vainqueur de *Tell-el-Bachschisch* hasardait au banquet du *Metropole-Hôtel* d'imprudentes paroles, qui ont donné bien du tracas à lord Salisbury, au duc de Cambridge et à M. *Stanhope*, le ministre civil de la guerre, alors occupé à préparer son fameux *Nationale defence bill* qui devait calmer toutes les inquiétudes.

Mais il est grand temps de discuter les facteurs, qui doivent assurer aux Iles Britanniques cette sécurité dont elle paraît tant douter.

Ces facteurs sont au nombre de trois :

L'armée régulière ;
La milice et les volontaires ;
La flotte.

L'armée régulière par une singulière anomalie en cette fin de siècle, à militarisme à outrance, est entièrement formée par voie d'engagements volontaires, et compte à l'effectif entretenu, 211,207 hommes et 26,000 chevaux.

Infanterie.	garde..	5.896 h.	8.144 offic. ou ass.
	ligne ..	134.282	
Cavalerie..	garde..	1.302	13.080 sous-officiers
	ligne..	17.792	
Artillerie............		35.727	3.518 musiciens.
Génie		7.005	186.462 soldats.
Services administrat.		6.113	
Corps coloniaux.....		2.989	

Cette force se trouve répartie :

Angleterre . . . . 107,395 hommes.
Colonies et Egypte . . 31,369
Indes 72,443

Dans la mère patrie les troupes sont disloquées à peu près comme suit :

Districts	Batail.	Régim. de cavalerie	Batter.	Dépôt	Génie
Nord	4	3	6	20	»
Est	1	»	4	11	»
Sud-Est	4	2	8	13	»
Chatam	2	»	6	»	13 c^{ies}
Woolwich	1	»	11	»	»
Londres	6	4	2	7	»
Aldershot	7	2	8	»	»
Sud	»	14	»	2	»
Ouest	4	»	11	9	»
Écosse	2	1	2	10	»
Jersey	1	»	1	»	»
Guernesey	1	»	1	»	»
Irlande { Belfast.	13	7	3	3	»
Dublin.	13	3	8	3	»
Cork . .	9	2	7	3	»

La *milice* quoique perdant d'année en année, compte sans celle des îles normandes (3,996 hommes), 137,598 hommes répartis entre les diverses armes :

Infanterie 116,232
Artillerie 19,273
Génie (service des places) . . . 1,246
Génie (défenses maritimes) . . 947

La cavalerie est fournie par la Yeomanry, 14,255 hommes.

Le *corps des volontaires*, sans cesse prospérant. accuse 257,834 hommes, sans y comprendre les corps spéciaux pour la défense des côtes et le service des engins sous-marins, dont sir Charles Beresford est pour ainsi dire le promoteur. (Royal naval coast volunteers, Royal naval volunteers, Naval artillery volunteers).

Les effectifs des volunteers se répartissent entre les différentes armes et services :

Infanterie. . . .	196,154 hommes.
Artillerie	46,562
Cavalerie. . . .	425
Génie.	13,560
Service de santé .	1,012
Vélocipédistes . .	121

Dans le courant de l'année (3 juillet) 1888, les corps de volontaires ont été constitués en brigades.

119 Corps en 19 brigades actives. . 95,000 h.
86 Corps en 12 brigades de place . 72,000
9 Corps non embrigadés.

Nous trouvons donc au total, le décompte largement fait : 680,000 hommes de toutes catégories dont 576,280 pour *la home defence*.

Qu'il nous soit permis en très peu de mots d'apprécier la capacité et la valeur de cette masse.

L'instruction soignée, mais surtout le tempérament national, attribuent à l'armée anglaise, une très réelle valeur dont la qualité prédominante est la bravoure, qui s'est affirmée partout où le soldat anglais a eu à combattre, en Crimée, comme dans les campagnes improductives d'Afghanistan, du Zoulouland, du Transwaal d'Egypte et du Soudan. Mais cette armée n'est que très chichement pourvue de ce qui lui est nécessaire. Son matériel d'artillerie est très défectueux. 15 batteries seulement sur 101, possèdent un matériel nouveau. Le fusil à la veille seulement d'être transformé n'est pas à hauteur des perfectionnements de l'heure actuelle. Sa cavalerie manque de chevaux. Elle compte à l'effectif entretenu 18,500 officiers et hommes de troupe, et n'a que 11,800 chevaux ; entre autres les 3 régiments de la reine, n'ont que 800 chevaux pour 1,200 cavaliers. Et cette pénurie de chevaux depuis longtemps énergiquement dénoncée par les généraux Ravenhill, Brackenburg, le colonel Russel, est telle, qu'en 1882, au moment de la campagne d'Egypte, on ne put se procurer que 1,700 chevaux en 17 semaines.

Le corps des officiers, surtout des officiers généraux et supérieurs est d'une notoire insuffisance professionnelle. Gentlemens, très certainement, mais pas militaires.

Enfin, la mobilisation de l'armée est entachée d'une lenteur considérable, et sa préparation n'a pas eu la science de surmonter les difficultés de toutes sortes qui étaient à vaincre.

Les Anglais du reste ont dû eux-mêmes s'en convaincre, et les deux corps *mobilisables* n'ont été organisés sur l'initiative de lord Wolseley, que pour conjurer dans la mesure du possible, ces pénibles défectuosités et permettre l'embarquement dans un temps relativement court, des envois ou des renforts nécessités par les guerres extérieures, auxquelles l'Angleterre, dans ses possessions, est sans cesse exposée.

Et encore, faut-il s'entendre sur ces deux corps,

dits *mobilisables*, dont la composition doit fournir en chiffres ronds 21,000 hommes d'infanterie, 6 régiments de cavalerie à 600 sabres, 96 pièces, avec génie et services, soit un peu plus de 32,000 hommes ; ce qui fait 66,000 pour les deux. Le *premier* seul est capable d'être mis en quelques jours à la mer, et non dans les 48 heures. Quant au second, il lui faut bien pour être prêt, un minimum de trois semaines, et encore en appauvrissant les autres fonctions de l'armée.

Les défectuosités qui entravent l'utile fonctionnement de l'armée se font — j'ai à peine besoin de le dire — plus péniblement encore sentir dans la milice. Quant aux *volunteers*, ce caprice fantaisiste de notre voisine, autant vaut ne pas en parler. Le qualificatif « garde national » ne leur convient même pas.

Au point de vue de la qualité, c'est une masse inexpérimentée et indisciplinée, bonne tout au plus — et encore dans de bien grotesques conditions — à parader chaque année le lundi de Pâques après réédition fidèle de l'immortelle bataille de Douvres.

Le ministère de la guerre en Angleterre a subi au commencement de cette année, une importante réorganisation au bénéfice du commandement supérieur de l'armée, qui se trouve ainsi doté d'un véritable état-major général. Je n'ignore pas non plus que M. Stanhope, auquel cette réforme est due, a sérieusement travaillé à la modification des conditions influant sur la mobilisation (emploi des chemins de fer pour la mobilisation et la concentration ; réquisition des chevaux et voitures ; embrigadement permanent des volontaires en 19 brigades).

Mais il n'en subsiste pas moins, indéracinables, des vices d'organisation tels, que l'armée anglaise doit être considérée comme une quantité absolument négligeable. C'est non sans raison, que M. de Bismark a pu faire dire par la *Gazette de Cologne*, que la puissance militaire de l'Angleterre égalait tout au plus celle des Pays-Bas.

Le colonel *Hogier* dans un récent article du *Nineteenth Century*, a cherché à établir ce qui était nécessaire à la défense de l'Angleterre :

Côte de Chatam-Douvres. Portsmouth.	60.000
Plymouth et Deronport...............	60.000
Bristol..........................	30 000
Liverpool.......................... ...	40.000
Côte du Yorkshire..................	30.000
Côte de Hull.................	40.000
Clyde, Forth et Tay.................	60.000
Londres...........................	70.000
Réserve générale......	50.000
	440.000

En comptant la cavalerie, 500.000 hommes.

L'auteur estime, malgré les données de la statistique, qu'il manque à l'Angleterre 150.000 hommes et 17.000 pièces d'artillerie.

Quant à la protection même des côtes, elle est absolument illusoire. A part la magnifique rade du *Solent*, où pourraient se rallier toutes les flottes du monde, couverte par Portsmouth, avec ses docks sans pareils et ses six forts, tous les autres ports, tels que Falmouth, Plymouth ne valent pas mieux que Douvres, et que les six ou sept ouvrages protégeant l'estuaire de la Tamise. Les embouchures de la Clyde et de la

Mersey, le canal de Bristol, Aberdeen, Yarmouth, Holy Head, réclament aussi des protections.

Mais le gouvernement ne peut consacrer à ces défenses que des sommes insignifiantes. 3.195.000 livres pour les ports de guerre et 1.938.000 livres pour ceux du commerce. Sa tentative de suggérer aux diverses municipalités de coopérer à ces dépenses n'a pas été heureuse, comme sir Armstrong a eu le regret de le déclarer à lord Salisbury le 4 janvier 1889.

L'armement réclamerait au bas mot, 1.000 pièces du nouveau modèle. On en trouve deux à Spithead et nulle part ailleurs.

Quant aux fortifications de la capitale, la question sommeille. La quiétude n'est troublée de temps à autre que par des escarmouches de presse auxquelles s'adonnent assez volontiers la *Pall Mall Gazette* et les *Daily News*, pour faire écho aux revues militaires ou aux publications mieux accréditées telles que : *England on the defensive and the problem of the invasion*, par le capitaine Barrington; *The Invasions of England* par le capitaine Hogier; *The use of earthen fortresses for the defence of London* par le major Paliser; *The defence of the Kingdom*; la conférence du major Elsdale, au royal united service institution sous le titre : *The defence of London and of England*, etc.

Donc si jamais la fiction idéalisée dans la *Bataille de Dorking* ou dans, *Plus d'Angleterre*, pouvait se réaliser, c'en serait fait et bien facilement, du Royaume-Uni.

Mais heureusement pour elle, l'Angleterre est en droit de compter plus sur sa flotte que sur son armée.

Cette flotte malgré les défectuosités de détail que les hommes politiques et la presse se plaisent à étaler, malgré la tâche multiple et réellement trop chargée qui lui incombe, malgré enfin l'expérience si médiocrement favorable — pour ne pas apprécier plus sévèrement[1] — cette flotte en un mot est le véritable rempart de l'île, et sa peu contestable supériorité sur la flotte française, lui assure, à *moins d'accident*, la prédominance dans ses eaux.

J'ai eu quoique fort à regret, à faire intervenir ici la flotte française, mais j'ai été naturellement contraint à le faire, le chauvinisme anglais ne voulant connaître d'autre péril *local* que celui d'une invasion de notre part.

J'ai dû aussi faire une réserve « à moins d'accident ». L'explication s'en trouvera dans les conclusions de cette étude, quand j'aurai exposé les rôles multiples qui incombent à cette marine, et que j'aurai établi sa presque insuffisance à les satisfaire complètement.

Il n'est pourtant pas sans intérêt, ne serait-ce qu'à titre tout à fait spéculatif, d'esquisser à grands traits les deux systèmes qui pourraient être adoptés en Angleterre, pour assurer contre le péril français, la protection des côtes nationales. Le premier système est celui préconisé au commencement de ce siècle par lord Saint-Vincent : blocus direct des côtes fran-

---

[1] Cette fameuse expérience a montré en effet l'impossibilité de bloquer efficacement une flotte ennemie; l'amiral Tryon a pu sortir de Bantry-Baï et de Lough-Swilly pour paraître devant Liverpool, Aberdeen, Greenock, Edimbourg, Newcastle Leith, etc., etc.

çaises, et en arrière, pour parer à toutes les éventualités, deux flottes de réserve, l'une dans le *Down* l'autre dans le *canal Saint-Georges* ou aux *îles Scilly* auxquelles l'amiral sir G. Elliot attribue une haute importance comme station stratégique.

Le *Times*, pour être plus explicite, poste devant Cherbourg 12 cuirassés et 8 croiseurs, devant Brest, 8 cuirassés et 7 croiseurs. Il expédie dans la Méditerranée une formidable flotte de 19 cuirassés et de 20 croiseurs.

Déjà en 1793, lord Howe avait adopté un autre système. Il formait deux flottes, l'une à Torbay (Devonshire), l'autre en croisière devant les côtes de France pour courir sus à la sortie des escadres.

Mais ce procédé déjà insuffisant dans les dernières années du siècle précédent serait aujourd'hui aussi inexplicable que risqué.

Donc, et for ever, le blocus, avec les correctifs obligés, à la suite de la leçon des guerres (guerre de la Sécession, guerre entre le Chili et le Pérou) et des manœuvres montrent que le blocus peut toujours être forcé.

2° PROTECTION DES COLONIES

La protection extérieure de l'empire britannique est assurée conjointement par l'armée et la flotte.

Elle a pour moyens, les corps spéciaux aux diverses parties de l'empire, les détachements fournis par la métropole, et l'établissement de stations fortifiées dites « *calings station* » pour fournir aux escadres des points de ravitaillement.

Presque toutes les colonies anglaises entretiennent des corps de milices ou des volontaires.

La *Dominion of Canada* possède une armée réellement complète de 40.000 hommes, à ce point bien organisée, qu'une école militaire a été établie à Kingstown. La métropole peut donc se contenter d'envoyer 2.000 hommes à Halifax, importante station stratégique, surtout depuis l'ouverture du transcanadien [1].

La Jamaïque reçoit également des troupes de la métropole (2ᵉ régiment des Indes-Occidentales, le 1ᵉʳ régiment étant à Sierra Leone).

Au *Cap* et à *Natal*, se trouvent également des bataillons détachés de la métropole, pour soutenir les corps volontaires, bataillons dont l'effectif est renforcé par de nouveaux envois lorsque les circonstances de guerre le rendent nécessaire.

---

[1] Cette ligne a été commencée en 1874. En 1880, 500 kilomètres seulement étaient établis. Lorsque le travail fut remis à la Société ayant pour directeur M. G. Stephen, l'entreprise fut immédiatement activée sur trois sections.
Callander station au lac Supérieur.
Selkirk à Camloops.
Camloops à Port-Moody.
Le gouvernement se réservait le secteur Port-Moody à Saronna (400 kilomètres).
L'établissement du transcontinental (4350 kilomètres) devait être achevé au 1ᵉʳ mai 1891. La Société put terminer les travaux au printemps 1885.
Quelques indications pour faire ressortir les immenses avantages de cette voie pour le transport de troupes. De Liverpool par Halifax à Vancouvers, 14 à 15 jours ; de Vancouvers à Yokohama, 11 jours ; de Vancouvers à Hong-Kong, 16 à 17 jours ; de Vancouvers en Italie, 17 à 18 jours ; de Vancouvers à Calcutta, 23 à 25 jours.
L'Angleterre s'est en quelque sorte affranchie pour gagner

Par contre, il n'y a pas de troupes anglaises en Australie. Les corps coloniaux suffisent. Bien plus, ils sont aujourd'hui à même de prêter leur concours à la métropole dans ses expéditions, comme au Soudan, où nous avons vu des bateliers du Canada et des volontaires de l'Australie, sans oublier aussi qu'en 1878 au moment de la guerre d'Orient, le Canada avait déjà offert un corps de 10.000 hommes.

C'est surtout en Australie que ce mouvement de *self protection*, se manifeste avec le plus d'activité. Il a même donné lieu au fameux projet de *fédération australienne*, que le gouvernement impérial soutient en partie de ses deniers, comme il le fait en affectant 850,000 livres prélevées de l'emprunt de 3.500.000 livres, que le Parlement a voté le 4 juin de cette année, pour doter cette fédération d'une escadre de 5 croiseurs et de deux torpilleurs.

Ainsi désencombré des gênants détails locaux, le gouvernement peut s'appliquer plus efficacement aux exigences d'un intérêt général, *impérial*[1] si l'on préfère,

l'Inde et l'Australie, des éventualités qui pourraient lui fermer le canal de Suez. Dans tous les cas elle double cette ligne de transport.

Au point de vue intérieur, l'importance de la voie ferrée n'est pas moins considérable :

En 1870, pour son expédition sur la rivière Rouge, le transport de 1.614 hommes et 104 voitures, de Toronto au fort Alexandre (1.850 kilomètres), a demandé un peu plus de trois mois (14 mai, 20 août) et cela encore, grâce à la valeur et aux qualités exceptionnelles des troupes.

En mars 1885, la voie n'étant pas entièrement ferrée, le 10ᵉ régiment de grenadiers pouvait déjà être transporté en trois semaines de Toronto à Winnipeg.

Le déplacement s'effectuerait aujourd'hui en trois jours.

[1] Cette question de l'*Imperial defence* a fait l'objet de nom-

et son premier soin est alors, soit seul, soit aidé des ressources coloniales d'établir, d'approvisionner et d'armer (à ses frais) les *coaling stations* semées sur tous les points du globe, tant pour commander certaines passes, que pour offrir en des centres judicieusement choisis, comme susceptibles en un moment donné, de présenter une importance stratégique aux escadres qui ont à protéger les colonies, et à couvrir les lignes de navigations suivies par les navires marchands.

Ces stations sont : Aden, Trincomale, Colombo, Singapore, Hong-Kong, Simon's Bay, le Cap, Sierra-Leone, Saint-Hélène, Maurice, la Jamaïque, Sainte-Lucie [1], Halifax, le détroit du roi Georges, et Thursday-Island [2].

Helgoland, Gibraltar, Malte et Chypre ont des caractères spéciaux. *Gibraltar* et *Malte* ont aujourd'hui plus que jamais, par suite de l'accord anglo-italien une importance considérable. 2.600.000 livres du crédit que je mentionnais ci-dessus, sont destinées à améliorer l'aménagement et l'armement de ces stations stratégiques.

L'Inde mérite une mention toute spéciale. L'immense empire que l'Angleterre a su y acquérir et qu'elle étend par d'incessantes conquêtes, souvent

breuses études et conférences, au nombre desquelles il serait injuste de ne pas mentionner tout spécialement, la conférence du capitaine Colomb, en juin de l'année dernière à l'*United Service-Institution*.

[1] Sainte-Lucie a été préférée à Barbade; la station est établie à Port-Castries.

[2] A la liste de ces postes stratégiques un seul manque : l'île du cap Vert. Combien on le regrette !!!

bien au delà de ce que son intérêt lui a fait appeler, à un moment donné, la « *frontière scientifique* » est protégé et tenu en respect par une armée de 500.000 hommes [1].

Nous avons déjà dit que 72.000 hommes environ de l'armée nationale étaient détachés aux Indes. Ils ne servent en quelque sorte que de soutien à une armée spéciale, complètement outillée et organisée, comptant environ 120.000 hommes de troupes natives, soit 125 bataillons d'infanterie, 37 régiments de cavalerie avec une infime proportion d'artillerie.

Cette force est divisée en trois armées.

L'armée du Bengale.
— de Madras.
— de Bombay.

L'armée du Bengale est formée de :

24 régiments de cavalerie.
64 bataillons d'infanterie.
Un corps de sapeurs mineurs.
4 batteries d'artillerie.

On peut rattacher à cette armée, quoiqu'ils dépendent immédiatement du commandement en chef :

---

[1] Les Anglais du reste ne se dissimulent nullement, la difficulté de la situation. Qu'il me suffise de citer la très intéressante conférence faite le 6 mai 1886, par le colonel sir Charles Nugent, au royal *United Service-Institution* et le débat instructif auquel ont pris part divers officiers.

Thème de la conférence « des avantages et des inconvénients des différents lignes de communication avec nos possessions orientales dans l'éventualité d'une grande guerre maritime ».

a). Le corps du Punjab (Punjab frontier force);
Savoir : 4 régiments de cavalerie.
  1 corps de guides (3 rég. de cavalerie,
   8 compagnies d'infanterie).
  4 batteries.
  11 bataillons d'infanterie.

b). Le contingent d'Hydrabad   { 6 rég. de cavalerie.
The central India Horse   { 12 batail. d'infant.
The local corps of Rajputana   { 4 batteries.

Cette armée du Bengale se recrute pour deux tiers dans l'Inde septentrionale et le Nepaul, pour un tiers seulement dans les provinces du nord-ouest, Hindous et Mahométans.

Les régiments de cavalerie à 4 escadrons comptent 9 officiers anglais et 625 *natives* (officiers et troupe). Ils sont dits de 1 à 19, Bengal Cavalry, et de 1 à 5, Punjab Cavalry. Ils sont tous pourvus de la carabine Snider et du sabre. Sept ont la lance. Comme tenue, la blouse ou tunique ample et le turban avec des couleurs distinctives : 13 en bleu, 4 en rouge, 1 en jaune, 1 en brun, et dans le Punjab Cavalry : 2 bleu, 1 rouge, vert et brun.

Le régiment d'infanterie est à un ou deux bataillons et le bataillon à 8 compagnies ; effectif : 8 officiers anglais et 912 natives (officiers et troupe).

Les régiments d'infanterie sont qualifiés 1 à 45. Bengal Infantry, 1 à 5 Gurkha Infantry, de 1 à 4 Sikh Infantry, 1 à 6 Punjab Infantry.

L'infanterie, sauf les Gurkha a, à peu près la même tenue que la cavalerie : 36 régiments sont en rouge, 14 en vert et 14 en brun. Les Gurkha portent le « *kilmarnock* »; ils sont, comme les autres troupes d'infanterie armés du Snider, mais portent en plus le redoutable « kukri » leur sabre court et recourbé.

La batterie d'artillerie comporte 4 officiers anglais, 3 indigènes, 98 servants et 138 conducteurs.

Cette armée a une réserve divisée en deux classes :

La première retient les hommes ayant servi de 5 à 12 ans. Ces réservistes sont destinés à renforcer l'effectif des bataillons actifs (environ 220 par unité).

La deuxième réserve constitue une réserve générale, spécialement pour les services sédentaires, avec les hommes ayant plus de 21 ans de services.

L'*armée de Madras* compte 4 régiments de cavalerie dont deux régiments de lanciers, 32 bataillons d'infanterie (3 d'infanterie légère, deux de pionniers) et un corps de sapeurs-mineurs (8 compagnies). Une partie de ces troupes sert hors la région.

Les troupes de l'armée de Madras sont composées moitié d'Hindous, moitié de musulmans. Dans la cavalerie, l'élément musulman domine (1278 sur un effectif de 1.683 hommes).

L'*armée de Bombay*, enfin, compte 22 régiments d'infanterie, dont 4 sont dits locaux. (3 Belouchistan et un d'infanterie de marine.)

Ajoutons à ces forces, les armées particulières, généralement assez bien équipées, entretenues par les princes, dont les états sont soumis au protectorat anglais.

L'ensemble de ces armées, de très relative valeur, présente environ 300.000 hommes.

C'est à l'aide de cette armée que l'Angleterre complète son œuvre d'extension en Asie, reculant les frontières de son empire indien, par d'incessantes luttes, en Afghanistan, en Birmanie, au Thibet, etc.

Elle prélève également sur cette armée pour des expéditions hors des Indes; campagne en Abyssinie, campagne d'Egypte (division du général Mac-Pherson). Enfin, au moment ou la guerre menaçait avec la Russie, elle avait fait venir à Malte quelques corps des Indes, et ce furent aussi des troupes indigènes qui occupèrent Chypre.

C'est de cette armée, enfin, que dépendra l'issue du grand drame qui se déroulera un jour en Asie, entre la baleine et l'éléphant.

3º PROTECTION DE LA MARINE MARCHANDE ET DES LIGNES DE NAVIGATION

Ce que j'ai dit de la défense des colonies me dispensera de longuement insister sur la protection de la flotte marchande.

Quelques mots suffiront, ne serait-ce que pour faire ressortir la contradiction du débat fréquemment soulevé à ce sujet, et dans ces temps derniers, entre lord Georges Hamilton, premier lord de l'amirauté et l'amiral Hornby, conférençant à la Chambre de commerce de Londres.

En 1793 la flotte marchande anglaise forte de 16,806 bâtiments et jaugent 1,589,758 tonnes, pouvait réclamer la protection de 185 croiseurs.

En 1814, 489 croiseurs protègent 24,411 bâtiments présentant 2,616,965 tonnes.

Aujourd'hui la flotte marchande du Royaume-Uni compte 22,409 bâtiments (6,630 vapeurs) avec un tonnage de 7,321,000, et les colonies entretiennent 15,140 bâtiments (2,434 vapeurs) avec 1,924,000 tonnes.

Au total, 37,152 bâtiments et 9,245,000 tonnes.

L'amiral compte que cette riche flotte marchande ne peut réclamer que la protection de 133 croiseurs ou réputés tels. A son avis 186 sont indispensables, savoir :

```
Canal..................................  16
Côtes anglaises........................  40
4 stations dans l'Atlantique...........  22
24 autres stations[1]..................  108
```

Grosse dépense d'environ 25 millions de livres qui fait faire une vilaine grimace à l'amirauté, laquelle, pour éclairer le tableau dans des tons plus consolants, s'empresse de recourir à la comparaison avec la flotte française. Fin 1890 l'Angleterre possédera 41 croiseurs, alors que la France n'en aura que 20. C'est là tout au moins une fiche de consolation.

J'aime peu, je l'ai déjà fait comprendre, ce système de comparaison, à éléments très incertains, si goûté de la presse anglaise, qui y trouve aisément, avec un peu de dextérité, les conclusions qu'elle recherche. Je préfère, j'en conviens, l'opinion exprimée par M. E. Weyl dans sa belle et savante étude « *La marine anglaise* » (Ollendorf, 1887), opinion très nette, n'admettant pas que les marines puissent être composées d'après les chiffres des statistiques officielles. Un tra-

---

[1] L'amiral sir Georges Elliot, se contente dans une lettre au *Times* qui a été fort remarquée, de réclamer, comme premier mais impérieux besoin, la construction de 10 à 12 croiseurs de 10.000 tonnes, avec une vitesse de 16 nœuds.

vail de soigneuse sélection peut seul servir de base d'appréciation.

Que l'on admette avec le *Daily Telegraph*, par exemple, que l'Angleterre ne possède que 92 bâtiments avec 933 canons, filant plus de 14 nœuds, alors que la France en a 68 avec 689 canons, ou encore que l'on compte sur la *Navy-list* :

    31 cuirassés dont 13 de premier rang.
    —   16 de second.
    5 gardes-côtes, etc., etc., soit 45 cuirasses.
    84 croiseurs dont 16 en achèvement.
    37 canonnières de 1re classe.
    62 torpilleurs, etc., etc.

Que l'on compte, dis-je, comme l'on voudra, il ne résulte pas moins des indications générales et stables, qui nous permettent d'affirmer la supériorité incontestable et bien acquise de la flotte anglaise, sur toutes les flottes du monde, y compris la nôtre, que les Anglais ont pourtant le bon esprit de dénigrer.

En septembre 1810, la *Naval Chronicle* avait pu écrire : « Nous possédons une marine formidable qui à elle seule est supérieure à celles de toutes les autres puissances réunies ; nous pouvons tout entreprendre contre les nations qui nous feraient la guerre, néanmoins nous sommes hors d'état de protéger nos propres côtes. »

Aujourd'hui encore, plus que jamais, l'Angleterre est hors d'état de protéger ses côtes. Un chapitre de cette étude a fait la démonstration de cette impuissance.

Autre question maintenant :

L'Angleterre possède-t-elle encore aujourd'hui une marine si formidablement supérieure ?

Il est aussi aisé de déduire des trois paragraphes qui composent cette étude, et ces conclusions doivent suivant nous, se présenter naturellement à l'esprit, que le triple rôle de protection incombant à la flotte anglaise est bien au-dessus de ses forces

Cette conviction devient bien plus manifeste, quand on ajoute aux aperçus qui précèdent, des appréciations sur la qualité du matériel de cette flotte, et quelques considérations sur le rôle offensif ou extérieur, auquel l'Angleterre peut fort bien se prêter dans certaines éventualités.

En faisant aux exagérations voulues la part la plus grande, en corrigeant le pessimisme emballé des discoureurs politiques et de leurs organes publics, il n'en demeure pas moins certain, que les défectuosités du matériel exposent l'amirauté à bien des mécomptes, pouvant convertir en non-valeurs momentanées quelques bâtiments classés bons pour le service.

Des 92 bâtiments comptés par le *Daily Telegraph* comme susceptibles d'un excellent service, 11 ont besoin de nouvelles chaudières et 9 n'auront pas leur artillerie avant le mois d'avril 1890.

Le *Times* ressassant l'éternelle histoire, la seule vraie sans doute, de ces 9 cuirassés qui attendent leur artillerie, rappelle que l'*Anson* devait recevoir ses pièces d'*Elswik* en septembre dernier et que le *Collingwood* attend encore de Whitworth les 4 pièces promises pour le mois de mai 1887.

Le *Globe* sait de son côté que les 4 pièces de 69 du

Rodney ne peuvent être tirées et qu'il en est de même des pièces de 24 du *Warspite*.

Personne n'ignore du reste que les accidents du *Thunderer*, du *Collingwood* et bien d'autres, ont sérieusement donné à réfléchir à l'amirauté, et que bien des capitaines de vaisseaux dans plus d'une circonstance, ont été obligés de ne faire usage de leurs canons nouveau modèle qu'avec d'infinies précautions.

Lord Brassey et d'autres hommes d'une irréfutable compétence, nous avouent que l'artillerie seule n'est pas défectueuse, que beaucoup de bâtiments ont perdu leur vitesse, et que les blindages, sans excepter ceux de l'usine Cammel, laissent bien à désirer.

Et encore, la revue de la flotte dans la rade de Spithead, à l'occasion du jubilé de la reine a inspiré à l'amiral Thomas Symonds, un article assez peu édifiant, qui peut se lire dans l' « *Admiralty and Horse Guards Gazette* ».

L'escadre de réserve est un mythe grotesque.

14 cuirassés montrés dans cette revue ne valent rien. Ce sont : *Azincourt, Black Prince, Iron Duke, Minotaure, Sultan, Schannon, Hercules, Invincible, Monarch, Devastation, Neptune, Hotspur, Rupert* et *Belle-Isle*.

Dans les *Jahbücher für die deutsche Armée und marine*, un officier allemand ajoute à cette liste de non-valeurs, 21 autres bâtiments.

Ceux même, d'assez récente construction, ne sont pas exempts de toute tare. C'est encore sir *Thomas Symonds* qui se charge de nous édifier à ce sujet :

Le *Collingwood* a trop de tirant d'eau; il est insuffisamment cuirassé.

L'*Inflexible* est dans les mêmes conditions; de même l'*Ajax* qui, par-dessus le marché se laisse mal gouverner. L'*Agamemnon* mérite d'identiques reproches. Le *Conqueror* et l'*Hero* sont faiblement cuirassés et le canon de leur tourelle ne peut battre dans toutes les directions.

Impérieuse et *Warspite*, croiseurs sur lesquels l'amirauté compte tant, ne peuvent passer le canal de Suez.

La convention que l'on sait exister entre l'Italie et l'Angleterre, est encore pour la flotte anglaise une cause d'appauvrissement, au détriment de ses intérêts directs et essentiels.

Cette convention qui a pour but le maintien de l'équilibre méditerranéen, bien entendu tel que les Italiens l'entendent, oblige en effet l'Amirauté à détacher dans la Méditerranée une puissante flotte pour assister l'escadre italienne.

C'est en vertu de cette convention, il est bon de le rappeler, que l'escadre de l'amiral Hewet s'est rendue dans la Méditerranée, lorsque des amis intéressés ont eu l'art de faire croire au présomptueux Sicilien, que la France menaçait la Spezzia d'un bombardement.

Le puchinello de la consulta en a été pour son cas d'angoisse, qui a été répercuté en France par un éclat de rire. Lord Salisbury en a été un peu plus contrarié, le dérangement n'était pas de son goût, et le pas de clerc a eu, à son avis, le grand inconvénient de démasquer des combinaisons politiques, tenues si secrètes qu'elles avaient pu être niées en plein parlement, et par le premier ministre et par sir Fergusson.

Quelques personnes prétendent que lord Salisbury, mieux renseigné par ses agents en France, que ne l'étaient et M. Crispi et son avertisseur, n'a consenti à l'envoi dans la Méditerranée d'une escadre anglaise, que parce qu'il savait que la démonstration se transformerait en une simple promenade.

Ces mêmes personnes estiment que dans de plus graves circonstances, l'empêchement de l'Angleterre serait moins efficace.

C'est donc seulement par la marine que l'Angleterre peut prétendre encore jouer un rôle dans la politique européenne. Seul son intérêt égoïste lui commandera l'emploi à tenir ; nation marchande, elle suppute la valeur de son intervention.

Une récente étude du colonel G. Maurice, dans *Contemporary Review*, estime que la flotte anglaise représente pour l'Allemagne et l'Italie une armée de 500,000 hommes.

Un écrivain allemand, le *comte de Durkheim*, a pris soin de ramener à de plus justes proportions cette fantaisiste estimation (Zur Gerechteren Beurtheilung dee Stellung und Allianyfa"higkeit Englands als Seemacht).

En dernier lieu, n'écartons pas comme absolument impossible, quoique improbable, l'hypothèse d'un conflit entre l'Angleterre et les Etats-Unis, que motiverait la jalousie mercantile, au moment d'une guerre européenne.

Un mot suffit à ce sujet.

L'Angleterre aurait quelque peine à renouveler ses exploits de 1814.

Mais, admettons qu'un conflit franco-allemand

italien n'affectant pas directement ses intérêts, l'Angleterre se décide à participer à la guerre continentale et cherchons quelle peut être l'attitude de la France.

Elle ne peut en aucune façon, — ne serait-ce que pour ne pas se laisser détourner d'un objectif autrement prépondérant — songer à porter la guerre en Angleterre. Il importe donc bien peu de savoir qui a raison, de lord Wolseley ou de lord Georges Hamilton, le premier affirmant la possibilité du débarquement par surprise, de 100,000 Français, le second niant la possibilité de cet effort.

Par contre, il n'est pas inadmissible que la partie de la flotte française, non employée dans la Méditerranée, tente à forcer le blocus devant Cherbourg et Brest, et cherche à se dérober aux croisières, pour renouveler les exploits des corsaires de France, dont le capitaine Normann s'est fait l'historien.

Ce que les corsaires sortis de nos ports ont pu faire de 1793 à 1814, une partie de notre flotte peut bien plus facilement le risquer aujourd'hui, avec l'espoir même dans bien des circonstances, de ne pas être obligés de prendre la chasse, sous le canon des anglais.

Et, je n'envisage bien entendu, dans l'hypothèse de cette future guerre, que nul ne désire, mais que tous sentent venir, je n'envisage, dis-je, que les combinaisons les plus élémentaires. L'équilibre des forces peut encore être dérangé au préjudice de l'Angleterre, par l'intervention de facteurs extérieurs, la contraignant à une participation plus intéressée, à un effort plus épuisant.

Et maintenant, pour me résumer et conclure.

L'Empire britannique n'a rien à redouter pour la sécurité de sa métropole, mais il est vulnérable sur bien des points, et sa flotte n'est plus assez puissante pour prétendre à l'incontestée domination des mers.

« *Rule Britannia* » n'est plus qu'une fanfaronnade.

TRÈS COURT RÉSUMÉ

DE LA

QUESTION D'ORIENT

Les aperçus de politique militaire résumés dans ce chapitre ont un appendice pour ainsi dire forcé « la *Question d'Orient* ».

L'Empire britannique est fatalement entraînée à envisager cette question sous un double aspect : en Europe et en Asie. En Europe, l'Angleterre n'est peut-être pas seulement la première puissance, mais mieux, la seule véritablement intéressée au maintien de l'empire ottoman. De là, une permanente cause d'hostilité en attendant le conflit inévitable avec la Russie.

Il ne servirait à rien de faire l'historique de la question. La procession logique a été depuis cinquante ans complètement déroutée. Qu'il suffise de rappeler que le traité de Berlin, probablement la suprême expérience de l'Europe pour maintenir l'empire ottoman, a été pour la Russie une humiliation et un sujet de profond mécontentement. Sa conséquence la plus sérieuse a été de mettre aux prises l'Angleterre et la Russie, et d'accentuer leur hostilité en Asie.

Cet état d'hostilité en Asie date du commencement

du siècle, chacune des deux puissances cherchant à y implanter son influence.

D'année en année les Russes accentuent leurs progrès, et à mesure que la conquête s'étend, l'Angleterre subit de plus cruelles angoisses au sujet de son empire indien.

Merw tombée aux mains des Russes a été pour les Anglais un douloureux avertissement. Ils durent s'en consoler en lui appliquant la formule de O'Donovana « Merw n'est qu'une expression géographique ».

De plus récentes difficultés ont donné *Pendjeh* à la Russie.

On ne peut douter que *Hérat* tombera à son tour comme un fruit mûr aux mains de ceux qui savent patiemment attendre.

Il est douteux que Hérat, dont M. Vambery caractérise si exactement l'importance stratégique et commerciale, provoque le conflit. Son occupation tout au plus en avancera l'heure, ou diminuera la distance entre les deux adversaires; les Anglais pouvant ce jour-là, être provoqués à réoccuper Candahar si inhabilement évacué.

Mais, dès cet instant la situation s'aggravera considérablement. Les Russes ont pour objectif la pénétration à la mer par l'Afghanistan et le Bélouchistan qui subit déjà le protectorat anglais, et, les Anglais doivent tout mettre en jeu, pour maintenir entre eux et leurs méthodiques concurrents, une zone en quelque sorte neutre, véritable tampon ou bourrelet protecteur.

C'est donc à maintenir l'indépendance de cette zone que s'applique depuis longtemps déjà toute la diplomatie anglaise. La campagne en l'Afghanistan de

1879 prétendait avant tout faire prédominer l'influence britannique, et, quoique malheureuse, cette campagne a donné à l'Inde, par le traité de *Gandamak* ce que l'on est convenu d'appeler la *frontière scientifique*.

Cette frontière livre aux Anglais les portes d'entrée dans l'Afghanistan :

Passe de Khyber qui conduit de Peschawar à Caboul; défilé *de Rorum*, la voie la plus importante débouche au sud entre Caboul et Ghazni.

La vallée *du Gomul* qui conduit entre Ghazni et Candahar.

C'est sur cette frontière même que le gouverneur des Indes organise sa base d'opérations, lui accordant par surcroît de précautions tous les caractères défensifs : système de *Peschavar-Attock* et fortins à l'entrée des défilés; c'est là aussi que se trouve le corps spécialement organisé sous le nom de *Pendjab frontier force*, que l'on renforce parfois considérablement, dans les moments difficiles, afin de le tenir prêt à toute éventualité.

Aussi, au moment de la dernière insurrection des Ghilzais, en juin 1887, la frontière afghane était surveillée par 4 divisions occupant 53 postes fortifiés. La majeure partie de ces troupes était répartie autour de Peschawar; *Quetta* occupé en vertu de la convention du 8 décembre 1876 complétée par celle de juin 1883, et où aboutissait depuis le 8 avril une ligne ferrée de 120 kilomètres franchissant la passe de Bolan était occupé par une division.

Les Russes de leur côté ne restent pas inactifs dans leur évolution méthodique.

A l'avant-garde, la préparation diplomatique, lente mais habile, cédant le champ au juste moment à une énergique action militaire. Aussitôt après, suit la conquête administrative et économique.

Qu'il me suffise de rappeler pour commenter ces appréciations, tout ce qui a été écrit au mois de juin de cette année à l'occasion de l'inauguration du chemin de fer transcaspien, cette œuvre grandiose à laquelle demeure attaché le nom du général Annenkoff.

Et, en ce moment même, n'assistons-nous pas à ce que j'appellerai la désagrégation du soi-disant état afghan, sans parler des rivalités politiques qui se jouent à Téhéran.

Autant je crois que la conquête de l'Inde, si jamais le rêve de Skobelew doit se réaliser, ne sera pas l'œuvre de notre génération, autant je suis convaincu de l'inévitabilité du conflit à propos de l'Afghanistan.

Je n'hésite pas davantage à préjuger le triomphe des armées russes.

C'est ce jour que se manifestera avec éclat, combien est exagérée la puissance de ce colosse aux pieds d'argile figurant l'empire britannique.

Nous avons fait le décompte de la puissance militaire anglaise, nous avons dit que ses forces aux Indes, sans y comprendre les troupes de police se chiffraient à près de 500,000 hommes. Malgré cet effectif considérable, bien des cerveaux militaires. et je partage entièrement leur avis, doutent que l'Angleterre puisse dans son effort le plus considérable, disposer librement au jour du cataclysme de plus de 80,000 hommes.

En 1878 le gouverneur des Indes n'a pu réunir que 36,000 hommes en quatre mois, et il a dû se contenter de bien piètres résultats.

La campagne d'Egypte n'a pu être faite qu'avec 28,000 hommes.

80,000 hommes, on le sait, seraient un effort prodigieux, si prodigieux qu'il motiverait le déplacement de près de 200,000 valets et suivants d'armée, et près de 300,000 animaux de charge, chiffre qui n'a rien d'exagéré, si l'on veut bien se rappeler que les 34,700 combattants de 1879, en Afghanistan, traînaient à leur suite 47,000 personnes et que les 12,000 combattants du corps expéditionnaire en Abyssinie en avaient 28,000.

Il est tout au moins permis de douter que l'empire britannique soit capable de ce colossal effort.

Et, c'est ce que je me permets.

LA PERSE

Aux considérations générales qui intéressent la question de l'Asie Centrale, se rattachent logiquement quelques indications plus détaillées concernant la Perse, saisie dans les serres de la tenaille, dont les branches s'étendent vers Londres et Pétersbourg.

Il est admis par bien des politiciens que la marche des Russes vers l'Indus doit être précédée de l'accaparement de la Perse et de l'installation de la Russie sur les rives du golfe Persique.

J'ai toujours cru, et je crois encore que cette théorie est abusive. La Russie ne peut songer à la conquête de ce royaume. Bien plus, à mon humble avis, son appui est indispensable au grand empire pour la réalisation de ses vastes projets.

La Perse bénéficie, très heureusement pour elle, d'une remarquable homogénéité aux points de vue ethnique, religieux et administratifs.

La Russie est assurément assez puissamment outillée pour entreprendre et du Caucase et du Turkestan, une marche concentrique sur Téhéran. Les difficultés matérielles de cette entreprise, l'effectif relativement réduit des troupes disponibles permettent tout au plus à la Russie d'espérer la conquête des provinces septentrionales de l'Aderbeichan et d'une partie du Chorassan.

Mais après? La résistance de la Perse en sera-t-elle annihilée pour si peu? A quels énormes et constants sacrifices n'entraîneront pas les efforts nécessaires, pour consolider et achever l'œuvre précaire des premières conquêtes.

La résistance nationale localisée dans les provinces méridionales et du sud-ouest, protégée par les soulèvements, échelonnés en terrasses, qui courent parallèlement au golfe Persique, et rejetée dans ce montagneux réduit, peut créer encore, les luttes épisodiques dont la Russie a eu tant de mal à triompher au Caucase.

Il est douteux, dans de telles conditions, que la Russie puisse commettre l'erreur d'attacher un semblable péril, au flanc de la ligne d'opérations, qui par Hérat et Candahar, doit la conduire sur l'Indus. Donc, première raison pour la Russie de ne pas se faire de la Perse une irréconciliable ennemie.

A cette première raison s'en ajoute une seconde. Toutes deux m'ont été exposées à Constantinople au cours de mon dernier voyage, alors que l'incident du fleuve Karum menaçait de prendre certaines proportions, par un jeune diplomate ottoman, qui a été attaché pendant quelques années à l'ambassade de Pétersbourg.

L'appui, tout-au moins la stricte neutralité de la Perse est nécessaire à la Russie, aventurée dans une guerre, tant en Asie Mineure que dans le Turkestan. Deux fois déjà, dans l'histoire des dernières décades, cette attitude de la Perse s'est manifestée au profit de la Russie. Au moment de la guerre de Crimée, une formidable insurrection des populations musulmanes du Caucase a été sinon empêchée, tout au moins réduite à avortement, par le refus de la Perse de faire acte d'hostilité contre la Russie.

En 1877, après le premier échec des opérations contre Kars, la colone du général Lazareff battait en retraite, poursuivie par les Turcs et la cavalerie Kurde. Ceux-ci, en empiétant sur le territoire persan, pouvaient couper la colonne, de sa base d'opérations, et transformer la retraite en déroute. La Perse ne l'a pas permis, et les dispositions militaires quelle sut prendre sur sa frontière, imposèrent aux poursuivants le respect d'une frontière qu'ils étaient trop disposés à violer.

En un mot, dans toutes les luttes qui peuvent soulever ou inquiéter l'Islam, et affecter des populations musulmanes, la Perse est une quantité qu'il serait dangereux de traiter de négligeable.

Je sais, d'autre part, qu'aucune de ces considérations n'est ignorée à Pétersbourg, au département chargé des affaires asiatiques, et je ne doute pas un instant qu'elles ne soient intervenues pour aplanir le conflit que l'opinion publique, irréfléchie, semblait vouloir provoquer à la suite de la note circulaire du 9 septembre 1888, ouvrant à la navigation, sans distinction de nationalité, le fleuve Karun, de Mohammera à Ahwaz.

Il fallait réellement posséder une forte dose d'imagination et un puissant mauvais vouloir, pour faire naître de cette mesure un incident diplomatique en y rattachant comme l'ont essayé la *Nowoje Wremja* et le *Graschadanin*, des hors-d'œuvre et faits divers, tels que l'affaire du consul de Mesched et la fermeture du marché de Luftabad, d'où les granits du Khorassan sont transportés dans la province transcaspienne.

Il est juste de faire observer que la navigation du fleuve Karun est exclusivement profitable à l'Angleterre, mais comme il n'existe, faute de moyens de communications, aucune relation commerciale entre Ahwas et Isphahan ou Téhéran, les avantages offerts à l'importation anglaise se localisent dans la seule province de la Susiane, laissant indemne la prépondérante influence commerciale de la Russie dans les provinces du nord.

A examiner les choses sans parti pris, la mesure autorisant la libre navigation sur le cours inférieur du fleuve Karun est simplement une nouvelle manifestation de tendances généreuses et libérales de Nassr-ed-Dine, pour faire profiter son royaume des bienfaits des progrès industriels de l'Occident.

L'incident même auquel nous faisons allusion prouve une fois encore combien est malheureuse la situation de ce pays, pris en quelque sorte entre l'enclume et le marteau, obligé de maintenir un équilibre stable entre les compétitions des deux puissances se surveillant avec une âpre jalousie.

Seule, une loyale entente de l'Angleterre et de la Russie peut faire admettre la Perse à la rénovation à laquelle s'appliquent, surtout depuis ses voyages en Europe, les efforts intelligents de Nassr-ed-Dine.

Cet accord, espérons-le, se réalisera un jour.

Fâcheusement réduit par ces compétitions à une stérile impuissance, en ce qui regarde le développement de l'industrie et l'établissement de voies de communication, le shah a pu tout au moins continuer et parfaire l'œuvre de ses prédécesseurs, en consacrant ses soins à l'organisation de son armée.

Ce que j'ai laissé deviner au commencement de cette étude, en parlant des difficultés matérielles d'une agression de la part de la Russie, de l'insuffisance relative des forces à y employer, montre suffisamment l'importance du rôle que les événements peuvent réserver à l'armée persane.

Celle-ci compte en armée régulière :

Infanterie. 80,000 hommes formés en 80 régiments à l'effectif moyen de 700 hommes sur le pied de paix, mais que le système de recrutement régional, pour mieux dire local, permet de compléter presque sans perte de temps.

Les régiments (fowdge) sont groupés en divisions à peu près permanentes. Les généraux de division (mir-pendjeh) sont maintenus indépendants des gouverneurs de province, qui n'interviennent que pour les opérations de recrutement, d'approvisionnement et de mobilisation.

La cavalerie régulière ne compte qu'une division de cosaques, instruite à la russe par la mission militaire que dirige le colonel Kousmin Karavaieff.

Mais cette insuffisance de cavalerie permanente est plus que amplement compensée par les irréguliers, capables de fournir 200,000 *cavaliers.*

Ces miliciens se montent et s'équipent à leurs frais,

en échange de certains avantages. Leur mise sur pied est donc des plus rapides.

Dans la masse de ces cavaliers, les contingents fournis par les Bakhtiari, Chah-Sawan, Kara, Papakhe, etc., bénéficient d'une réputation très justement méritée.

L'artillerie est pourvue en Perse d'une organisation toute particulière. Tout le matériel de l'armée est réuni à Téhéran à l'arsenal (Djabbé-Khana) et au polygone (Meidan-Topkhané), et n'est mis à la disposition de la troupe que pour l'instruction. Le parc d'artillerie comprend des types de divers modèles et calibres, principalement des pièces Krupp et Uchatius.

Mais ce même arsenal (Djabbé-Khana) n'est pas seulement un dépôt d'armes ; il centralise aussi les ateliers de fabrication et de réparation ; la fonderie, la poudrerie et la construction, dont l'outillage a été assez récemment acquis en France. Cet établissement, commandé par des officiers de l'armée ayant pour directeur un de nos nationaux, M. Potin, avec chefs d'ateliers et ouvriers d'art étrangers, rend à l'armée d'inappréciables services, pour l'entretien du matériel et même des constructions neuves. C'est ainsi que l'on a pu entreprendre, il y a quelque temps déjà, la fonte de canons et la fabrication de fusils.

L'armée persane a depuis longtemps à son service des missions étrangères tour à tour anglaise, française, autrichienne.

Les préférences du gouvernement sont demeurées acquises aux instructeurs autrichiens.

L'armée est donc en quelque sorte établie sur le

modèle autrichien. Les règlements sont ceux pratiqués à Vienne et Pesth. L'armement comprend avec des chassepots, beaucoup de werndel. Enfin la tenue même se rapproche sensiblement de celle de l'armée de l'empereur François-Joseph.

Les instructeurs étrangers au service de la Perse se retrouvent également dans les deux écoles militaires installées à Téhéran. L'une de ces écoles a pour commandant le général Mirsa-Kerim Khan qui, comme attaché militaire à la légation de Paris, a laissé dans notre armée et dans notre société des sympathies non encore oubliées.

Enfin, comme pour mieux témoigner à l'armée toutes ses sympathies, Nassr-ed-Dine a confié à son fils Naïb-es-Salténé, les importantes fonctions de ministre de la guerre.

LX

DANEMARK

DANEMARK

Le Danemark est, avec nous, le seul pays en Europe qui se souvienne et espère.

Là se trouve le secret des vives sympathies que nous vouons à ce vaillant petit peuple; là aussi, la cause de la sourde animosité de l'Allemagne.

On se souvient, sans doute, qu'il a été écrit à la suite du voyage à Copenhague de l'empereur Guillaume II, que la tension entre l'Allemagne et le Danemark allait être notablement relâchée, et que ce nouvel état de choses ne pourrait manquer d'agir heureusement sur les protestataires du Nord-Schleswig.

Est-il seulement possible d'admettre que le roi Christian renonce à l'éternelle protestation nationale, contre la non-exécution de l'article 5 du traité de Prague, par lequel l'Autriche cédait à la Prusse ses droits sur les duchés, à condition que les populations de districts nord du Schleswig seraient admises à une option de nationalité ?

Est-il seulement possible que le roi Christian méconnaisse le rôle dévolu au Danemarck dans l'éventualité du futur conflit, rôle qui peut lui valoir la réoccupation du Schleswig septentrional, ce vœu le plus ardent de tous les patriotes qui le rappellent bien souvent en d'éloquentes paroles, comme le Dr Ploug dans un banquet, l'a fait au jour anniversaire du roi?

Et ce rôle assigné au royaume, les patriotes seuls ne le proclament pas. De temps à autre intervient une voix étrangère, comme le *Nord* de Bruxelles, cet officieux de la chancellerie russe, qui, au lendemain même de l'entrevue de Copenhague, rompait une lance avec la *Nord-Deustche-Allgemeine-Zeitung*.

Ce que j'aurai à dire dans le cours de cet article de l'appui prêté par le roi à son cabinet, prouve surabondamment que Christain est le plus glorieux et le plus fidèle gardien des aspirations nationales.

Je désire seulement établir en tête de cette étude, que confiante dans son droit, forte dans l'espérance, la protestation dans le Nord-Schleswig combat avec la même ardeur, le même succès, l'invasion du germanisme.

Est-il nécessaire de rappeler la création assez récente, due à l'initiative du député de Flensbourg, M. Gustave Johannsen du comité électoral, groupant solidement les éléments fidèles au culte du souvenir, épars dans les cercles de Apenrade, Hadersleben, Sonderburg, Tondern et Flensbourg.

L'association compte plus de 600 adhérents. Son comité dans lequel entrent plusieurs députés au Landstag, dispose de nombreux fonds et d'un service de presse très bien organisé, contre lequel luttent avec une complète impuissance les feuilles reptiliennes dans le genre de la *Flensburger Norddeulsche Zeitung* et du *Folkebladet*. N'a-t-il pas suffi à un de ces organes du comité de protestation, à une petite feuille locale, le *Modersmaolet*, de rappeler à chacun son devoir, pour faire piteusement avorter la manifestation organisée par la colonie allemande, afin de fêter en septembre dernier, l'arrivée à Hadersleben, du 2ᵉ bataillon du 84ᵉ d'infanterie !

Les Danois du Nord-Schleswig, pas plus que les Français d'Alsace-Lorraine, ne sont acquis aux bienfaits du régime allemand. Annexés, ils sont tous soumis aux mêmes et humiliantes vexations : guerre à l'école (interdiction de la langue danoise), acharnement à rompre les liens qui rattachent à la mère patrie, attitude agressive de l'administration qui n'a pas craint, comme sur les champs de bataille d'Alsace, de faire enlever des tombes où reposent les glorieux vaincus du Sundewitt, les offrandes du souvenir, maintenant reputées emblèmes séditieux.

Les articles de la presse nationale entretiennent ce culte, et il est à peine besoin de parler du vaillant *Dagblad*. A de très rares exceptions près, les mêmes sentiments sont affirmés, avec plus ou moins de retenue, par les autres organes de l'opinion publique. Les exceptions à signaler sont si peu nombreuses qu'il convient de les faire connaître, ne serait-ce que pour flétrir ces..... égoïstes oublieux : Tel le *Bondevennen* (l'ami des paysans) rédigé par *MM. Jensk Busk*, député et *J.-K. Lauridsen ;* tel aussi le *Nationaltidende*, dont le rédacteur en chef, M. Hjorth-Lorenzen, est un ancien agitateur dans le Schleswig-Nord.

Nous avons tenu à ne pas omettre les articles à incriminer dans ces journaux ; la rareté du fait suffit à faire la démonstration de son peu d'importance. Il peut bien réussir de temps à autre aux agents allemands, d'écouler un article composé dans les secrètes officines. La presse française elle-même n'a pas été à l'abri de ces surprises.

Trop petit pour oser, le Danemark attend que la justice de Dieu ait armé le bras, instrument de ses vengeances. Il sait qu'il peut être la première victime d'un attentat. Il ne veut pas que la première blessure lui soit mortelle. Son ambition se contente de pouvoir attendre l'arrivée des puissances amies intéressées à lui porter secours.

Telle est toute l'économie de l'organisation défensive du Danemark.

Je crois qu'il est absolument sans intérêt d'insister sur *d'autres* points.

Immédiatement après l'année néfaste, nous assistons à la formation, dans la nation, d'un parti humble d'abord, mais qui se développe puissamment dans la société, grâce à l'énergique activité de l'armée, à laquelle revient l'honneur de ne pas avoir laissé sommeiller la conscience patriotique, en montrant toujours et sans cesse le danger éternellement menaçant.

Je signalerai, pour témoigner de cette ardente et obstinée activité, les conférences très nombreuses tenues sur le même programme. Elles ont été en une seule année de près de 650.

Le comité national dispose, comme autre moyen de propagande, du journal militaire et populaire *Vort Forspar* (20,000 abonnés), ainsi que de toute une série de petites brochures, dont la collection est précieuse à consulter, pour qui veut saisir et suivre le développement de l'œuvre. Je me contenterai de citer les quelques brochures se rapportant plus directement à la question des fortifications :

Absalon of Venderne. — Om Danmarks Forsvar og Forsvarets. — Stoette ved Fæstnings vaerker. — Om Danmarks Forsvar. — Om Danmarks Neutralitet. — Om Danmarks Forsvar og dets Understættelse ved Fæstnings vaerker. — Vor Lands Forvar[1].

A noter aussi la grande adresse remise au roi, adresse couverte de centaines de mille de signatures, réclamant la réorganisation de l'armée et l'établissement de travaux de défense, et les dons nationaux pour l'œuvre de défense, dons qui au mois de mars de cette année s'élevaient à 1,387,112 couronnes.

De 1875 à 1880 la deuxième Chambre s'est obstinée à rejeter tous les projets qui lui étaient présentés.

En 1882 la première chambre est saisie d'un nouveau projet très heureusement agencé. Elle le repousse d'abord, le reprend ensuite, toutefois à une très faible majorité, mais la deuxième Chambre ne le laisse passer ni en 1882 ni les années suivantes.

C'est alors que le gouvernement, plus exactement les deux hommes éminents, les deux grands patriotes qui dirigent, suivant la volonté du roi, la politique

---

[1] Comme autres documents se rapportant à la question militaire :

Divers articles dans le *Militaert Tidsskrift*. — Lommebog for Hœrens Befalingsmaend, par les capitaines Jenssen, Tusch et Joergensen, sorte d'almanach d'organisation et d'administration militaires. — Estrupiatet og Demoralisationen. — Ere Foesthingsverker noedvendige for vort Forsvar eller ej ? — Et Indlaeg i Forsvarssagen — Huod kan bidrage til at Styrke Forsvaret for enhver del af vort Fœdreland ?

nationale, M. *Estrup* et le général *Bahnson*, cédant aux préoccupations inquiètes que l'opinion publique partage avec lui, a l'énergie de violenter le mauvais vouloir du Parlement, et de procéder à défaut de budget accepté, par lois de finances, pour faire commencer en 1885, au nord de la capitale, la partie essentielle du projet modifié établi en 1882.

Ce projet donne à l'armée danoise les moyens d'une concentration générale dans l'île de Seeland. Il comporte : la protection des points de passage du Jutland dans l'île principale, l'organisation défensive de Seeland avec son réduit Kopenhague.

C'est Kopenhague en premier lieu qu'il convient de mettre à l'abri de toute inquiétude. La capitale sera donc couverte et sur le front de mer et sur celui de terre.

Sur le front de mer, protection contre un bombardement et asile assuré à la flotte. A cet effet : fort en mer sur le rocher de Midelground, batteries à Hellerup et sur la côte de l'île d'Amaker.

Sur le front de terre : en avant d'une enceinte appuyée aux deux ailes par des batteries de côte, un chapelet de forts à coupoles cuirassées et bétonnées et des ouvrages en fortification permanente ; à l'aile gauche *Valensbek*, au centre *Husum* et *Glasaxe*, à l'aile droite les ouvrages de *Lyngby;* dans l'île de *Amaker* deux ouvrages : en avant de cette ligne de forts, quelques ouvrages détachés en style provisoire, et utilisation complète pour couvrir les approches de tous les accidents locaux, comme les lignes d'inondations qui s'étalent à gauche jusqu'à la route de *Ros-*

kilde, pour reprendre au centre par *Husum* jusqu'au parc de l'*Ermitage*.

Les demandes ministérielles se sont successivement élevées depuis 1884 à 33, 39 et 46 millions et demi de couronnes. Les 46 millions et demi que le ministre sollicitait en dernier lieu s'appliquent : 15,005,600 couronnes aux défenses du front de mer et 31,671,000 à celles du front de terre.

Ces dernières devaient être réparties en 5 annuités, celles pour le front de mer en sept. Si nous ajoutons 8,800,000 couronnes pour la réfection de la flotte, on obtient en dépenses extraordinaires une demande de 55 millions et demi, plus pour les dépenses normales de la guerre et de la marine, 22 millions de couronnes.

Ces chiffres montrent la grandeur du sacrifice que le pays croit nécessaire de s'imposer pour assurer son indépendance.

Au cours des travaux se présentent quelques modifications dont nous devons tenir compte; ainsi, sur la droite, suppression de la ligne continue entre *Hellerup* et *Gientofte*. Par contre, au centre, renforcement de la ligne de défense en arrière des inondations, en substituant aux deux ouvrages détachés de *Glusaxe*, une portion de ligne continue d'une plus solide résistance.

Les défenses de la Seeland se complètent par des ouvrages ou batteries, couvrant les points indiqués du débarquement : *Elseneur* (Helsingœr), *Kallundborg*, *Kœrsoen*, le *Aggersœ Sund* et *Kjœge*. L'établissement pour la flotte à Aggersœ est estimé à 6 millions.

Actuellement les fronts nord et nord-ouest sont

achevés et protégés par les ouvrages de Charlotten lund, de Garderhœt, de Damgaard et une zone inondable très étendue.

La protection du Jutland paraît devoir se réduire à l'organisation défensive d'un port d'embarquement. La presqu'île de *Helgenœs* qui s'étire au sud pour couvrir Aarhuus, a été choisie. et le projet y prenait pour 4 millions de travaux.

Nous ne pouvons mieux faire que d'emprunter à la très intéressante et patriotique brochure du lieutenant-colonel Sœltoft. les indications concernant la répartion et l'emploi probables de l'armée danoise :

1° Troupes de campagne.

a). Deux divisions à deux brigade l'une (6 bataillons), 1 régiment de cavalerie (3 escadrons), 3 groupes de batteries et 1 compagnie du génie.

b). Une brigade d'infanterie indépendante (8 bataillons).

c). Une brigade de cavalerie à 3 régiments.

d). Une réserve générale d'artillerie et de génie.

2° Troupes pour le service des places fortes et garnisons.

Au total 80,000 hommes dont 59,000 combattants, beau résultat doublant presque les effectifs de 1864.

Telle est, dans son ensemble, l'œuvre nationale à laquelle le roi, M. *Estrup*, président du conseil des ministres, le général *Bahson*, ministre de la guerre, l'amiral *Raon*, ministre de la marine, M. *Scavenius*, ministre des cultes, se sont dévoués avec une infatigable ardeur, modernisant en quelque sorte une question, celle des défenses de la capitale, dont l'historique serait à plus d'un titre fort instructif à détailler.

Qu'il me suffise de dire que cette évolution à travers les siècles revient constamment avec une envieuse insistance à deux types primordiaux : le projet de Kristian V (1645) et celui de 1809.

C'est en l'année 1443, sous le règne de Cristophe de Bavière, que l'on constate autour de Copenhague les éléments d'une première fortification, sous forme de murs et de palanques. En 1524, on commence à se servir de la terre pour remparer les murs.

Vers 1530, alors que la ville se préparait à soutenir la cause de Kristian II, elle augmente la valeur de son enceinte, et ses murs soutinrent le siège de 1535-36. De cette époque datent les améliortions : *Skipperholm*, *Gammelstrand*, *Kattesund* et *Favergade*.

Frédéric II contribue, lui aussi, à améliorer les fortifications (1581-82). Ce sont les ouvrages que Kristian acheva de compléter en 1608. Les travaux cependant ne marchaient que lentement par suite du mauvais vouloir des habitants, le terrain étant la propriété de la ville, et le roi fut obligé à des sacrifices prélevés sur ses très modestes revenus.

Kristian traça en 1606 la partie sud de l'enceinte. De 1617 à 1625 il crée *Kristianhavn* et *Borsgraven*. Ces travaux se distinguent déjà des précédents par leur profil perfectionné d'après les méthodes de l'école hollandaise. Le roi s'occupa ensuite des dehors et construisit en 1629 un grand fort près de *Ladegaarden* et traça le fossé entre le lac de *Saint-Jorgens* et *Kallebodern*. En 1531, il bâtit *Ravnsborg* pour boucher la trouée entre les lacs *Peblinge* et *Sortadems*. Plus tard, en 1645, il éleva encore *Vartow* à l'extrémité du lac Sortedams, et de là un rempart jusqu'à la citadelle.

En somme, le plan de 1645 montre : une ligne de remparts par la citadelle, *Norreport*, *Vesterport* ; des ouvrages avancés à Vartow, Ravnsborg, Ladegaarden et refait des remparts jusqu'à la côte. C'est cette organisation qui eut à supporter, en 1657, la guerre avec Charles-Gustave. Les duchés durent être évacués, Fredéricia abandonné, les troupes en Scanie ne purent être rappelées, et le roi de Suède put passer par *Varnoes* en l'île de *Fionie*, de *Svendborg* dans les îles de *Lolland* et de *Falster*, qu'il parcourut de *Taars* à *Stubbekpobing*. La Seelande était compromise, on dut signer la paix à *Roeskilde*. Mais en août 1652, Charles-Gustave rompit la paix et marcha sur Kopenhague avec 6,000 hommes. Les Suédois s'établissent solidement dans des ouvrages non loin de *Soerne* et envahissent la ville. L'ouvrage de Vartow avait 18 canons, celui de Ravnsborg 9, celui de Ladegaarden 7, celui à l'intérieur du lac Saint-Joërgens 22, dont une batterie pour 4 pièces battant vers *Stykpram* et *Kallebodstrand*; les communications entre Saint-Joërgens, Kallebodern et Hovedstroni se faisaient par la rue actuelle de Stormgades. Les Suédois réussirent à forcer la ligne du côté du rivage et à prendre les ouvrages à revers. L'assaut fut donné le 11 février 1659, il fut repoussé et les Suédois durent se retirer jusqu'à Brondshoj, où ils séjournèrent jusqu'au 27 mai 1660.

La paix rétablie, Frédéric III poursuivit l'amélioration des fortifications de la ville, reconstruisit le château et releva les remparts, les dotant de gros bastions par Vesterport, Kalleboden et Ryssenstens-Bastion.

Dès les débuts du règne de Frédéric V, la guerre menace avec la Suède. *Gyldenlœve* commandait une magnifique flotte de 44 bâtiments avec laquelle il se promettait de faire merveille, lorsque une flotte anglo-hollandaise pénétrant dans le *Ore Sund*, vient dégager la flotte suédoise de Karls Krona et forcer *Gyldenlœve* à se retirer dans Kopenhague.

La ville fut bombardée (20-26 juillet) et quelques jours après (3-9 août), 15,000 Suédois débarquèrent au nord de Humlebœk, sans toutefois s'aventurer au delà. La paix fut négociée à Travendal, paix motivée uniquement par des considérations politiques, car Kopenhague n'avait pas été entamée, et sa garnison stimulée par l'ardeur de la reine douarière Charlotte-Amélie, bien plus que par son gouverneur le général *Schack*, attendait pleine de confiance l'attaque des Suédois.

En 1713, on commence à s'occuper de travaux sur le front de mer. Ils devaient comprendre 7 ouvrages. En même temps, le commandant de la place, le général *Scholten*, présenta un projet pour modifier et améliorer les défenses du front de terre. Ce plan, qui reçut l'approbation royale le 26 juin 1717, ne fut malheureusement pas exécuté, et c'est à peine si, en 1755 au moment d'une menace de guerre avec la Russie, on le tira des cartons pour en exécuter une bien minime partie.

Sous Christian VII, l'attention se reporte aux défenses maritimes et la commission de 1786 s'attache surtout a améliorer les ouvrages de *Stubben*, *Trekro-*

ner et *Provesten*. Ce dernier fort rendit de grands services dans le combat du 2 avril 1801 ; quoique considérablement améliorés en 1807 (Trekroner, 71 canons, Provesten 89), ils ne se trouvèrent pourtant pas suffisants pour empêcher le bombardement.

Le 16 août les Anglais prennent terre à *Vedbœk*, le 19 la ville est investie, le 25 les Danois sont forcés d'évacuer Tomme Jord, où les Anglais établissent trois batteries de bombardement (48 mortiers et 40 pièces). Les batteries qui firent le plus de mal, furent celles de : *Svanholm*, *Rolighed*, *Jœdekirkegaarden* et *Salpeterverket*.

Si la ligne de Kristian IV avait existé, l'établissement de ces batteries n'eût pas été possible.

La garnison de Kopenhague comptait 5,300 hommes de troupes régulières et 8,600 miliciens.

C'est la commission formée en novembre 1807 avec mission d'établir un plan de défense de circonstance, qui reprenant pour le compléter le plan de Kristian IV, insiste pour la première fois sur l'établissement de forts détachés. Plus tard en 1809, le colonel du génie Von Suckow, président de la commission, reprend cette même idée, proposant la construction de 9 redoutes en avant de Kallebodern, Frederksberg Slot, Lygten, Lersœn, Snanémœllen, avec redoutes dans les intervalles en arrière. Malheureusement, à ce projet assez simple fut substitué un projet plus grandiose, qui reçut la sanction royale. Il comprenait en avant de l'enceinte un chapelet de 14 redoutes, et exigeait avec une garnison de 8,000 hommes, un armement de 268 pièces dont 100 de campagne. Mais tous ces projets dorment et lorsqu'en 1812 le Danemark, dut sortir de sa torpeur, on fut obligé de se rappeler le projet de Kristian IV. 1,200 hommes établirent en 15 jours une fortification improvisée avec 7 ouvrages.

Les événements de 1848 amènent en avril un nouveau projet de fortification assez semblable à celui de 1809, mais poussant les dehors plus avant sur la ligne : Oversvœmmelser-Grœndal-Lygten.

De cette époque date la véritable discussion scientifique qui doit précéder à toute œuvre de fortification et qui tient compte de l'incessant manque d'équilibre entre les moyens de la défense et ceux de l'attaque.

Nous ne pouvons entrer dans le détail de cette discussion inaugurée par le professeur Wilckens, les capitaines Kœbke et Hoffmeyer, pas même faire mention des projets de 1853 et 1857 ; ce serait de la discussion technique et non plus une resouvenance historique, la seule à laquelle nous ayons voulu nous prêter, pour montrer quelles avaient été les transformations successives d'un projet vieux de plus de deux siècles, et à la dernière transformation duquel il nous est aujourd'hui donné d'assister.

Nous avons dit dans le courant de cette étude que le gouvernement du roi avait dû être animé d'une patriotique énergie, pour violenter le mauvais vouloir du Parlement, et procéder pour ainsi dire d'office, à l'exécution des premiers travaux indispensables à la sécurité nationale.

Cette situation a besoin d'être commentée et nous nous trouvons ainsi obligés, par la nature même du sujet, à pénétrer dans la politique intérieure du Danemark.

En 1849, le roi Frédéric VII donna au pays un gouvernement constitutionnel; cette constitution, revisée en 1866, partage le pouvoir entre le roi et deux chambres, le *Landsthing*, Chambre haute et le *Folksthing*, Chambre basse.

Jusqu'en 1872, la majorité dans les deux Chambres était de même nature, quoique le mode électoral fût différent; universel pour le Folksthing, restreint pour le Landsthing. La majorité des deux Chambres se composait d'une bourgeoisie éclairée, d'industriels, de fonctionnaires, et de quelques grands propriétaires. Les Chambres travaillaient dans un sens très libéral. L'obstruction parlementariste n'était pas encore née.

Mais l'année 1872 vit l'arrivée au Folksthing d'un *quatrième état, la démocratie,* les laboureurs et les petits cultivateurs, qui entama dès lors la lutte avec la bourgeoisie.

Le parti des paysans incapable de porter le débat sur un terrain élevé, utile au pays, s'adonna complètement à son activité démocratique et usa de la seule arme dont elle put disposer, l'obstruction parlementaire.

Dès 1873, il veut se refuser à voter le budget, et le ministère quoique libéral dut menacer de recourir à un article de la constitution, donnant au roi le privilège de voter des lois provisoires, en l'absence de la représentation nationale. La gauche, toutefois, se décida au dernier moment à voter le budget.

Mais depuis cette époque le conflit n'a fait que

---

* Ministère Holstein-Holsteinborg.
² Ministère Fonnesbech.

s'aggraver, entre l'opposition de la seconde Chambre et le gouvernement, ayant pour lui la majorité dans la première Chambre.

Cette hostilité se manifeste par le refus de voter le budget et les propositions de loi.

Le budget de 1888-1889 a été rejeté par 68 voix contre 27, dans le Folksthing, alors qu'il avait été accepté au Landsthing par 40 voix contre 15.

En octobre 1885, la seconde Chambre rejette à 35 voix contre 19 la loi provisoire de défenses; en janvier 1889, elle repousse à 46 voix contre 18 la ratification de dépenses de l'exercice de 1885-1886, ainsi qu'une demande supplémentaire de crédits spéciaux de 13 millions de couronnes, dont 8 pour continuer sur le front, à l'ouest, les fortifications de la capitale.

Au mois d'avril 1888, le cabinet a essayé d'établir un compromis entre l'opposition de la seconde Chambre (MM. Boisen, Villard, Holni, comte Holstein-Ledreborg) et la majorité gouvernementale de la première Chambre (comte Moltke). La tentative n'a pas réussi.

Deux fois, en 1874 et en 1875, le roi a essayé par un changement de cabinet de modifier le courant de l'opposition; inutile effort.

La dissolution du Folksthing n'offre pas une meilleure solution; en 1873, l'opposition est résumée avec 53 (contre 43 ministériels), et en 1876 avec 74 sièges (contre 28 ministériels).

Le seul moyen pour contenter cette opposition consisterait à prendre le cabinet plus à gauche, mais le roi Christian ne le veut pas; il ne le peut pas non plus, alors même qu'il renoncerait aux droits que lui accorde la constitution de choisir librement ses ministres, parce qu'il a pour lui la majorité du Landsthing et l'opinion publique prépondérante de la capitale et des villes de province.

Dans de telles conditions, il suffit peut-être d'attendre la fin de la législature, dans l'espoir qui n'est pas contre toute probabilité, que l'opposition se décidera à sanctionner, *in extremis*, le fait accompli.

Quant à cette opposition, retenant la majorité [1], il ne faut pas se laisser illusionner par le nombre de sièges qu'elle occupe.

L'analyse à laquelle il convient de procéder, pour se rendre un compte exact de la situation, aboutit à une singulière conclusion : la condamnation du mode d'élection par arrondissement. Les renseignements les plus authentiques que j'ai pu recueillir, les aveux — inconscients il est vrai — de quelques-uns des principaux leaders de la gauche, m'autorisent à affirmer que ces 80 membres ne représentent tout au plus que 38 p. 100 de la masse des électeurs; 35 p. 100 votent pour les candidats de la droite et les abstensions se chiffrent à 27 p. 100.

On est maintenant en droit de se demander si l'entêtement du souverain à conserver M. Estrup, au pouvoir, répond aussi bien à la légalité qu'aux intérêts réels du pays.

A cela je répondrai, sans aucune hésitation, que le roi ne peut songer un seul instant à appeler au pouvoir le leader des groupes extrêmes.

---

[1] Ses principaux organes sont le *Morgenbladet* et le *Politiken*.

Aucun de ces leaders n'offre une surface suffisante ; tranchons le mot, ils appartiennent moins à la catégorie des politiciens qu'à celle des aventuriers.

Le parti n'a pas de programme politique, et depuis qu'il existe il n'a pas su en produire. M. Berg a pris soin du reste de définir le programme de son parti : le *fanage;* ou mieux, en français, l'obstruction.

En Danemark, cette politique est, je n'hésite pas à le dire, antipatriotique, car elle s'applique avec une très coupable obstination à refuser *net* les crédits nécessaires à l'œuvre de défense nationale et aux progrès que réclament l'armée et la marine.

Et, comme pour mieux accentuer encore ses tendances antipatriotiques, la gauche a été quêter l'alliance des radicaux et des socialistes, des radicaux notamment, qui dans le royaume représentent l'antimilitarisme dans sa forme la plus odieuse.

N'est-ce pas M. Hœrup, le chef des radicaux, qui a osé accuser de lâcheté les héroïques soldats de 1864, qui insulte au glorieux Dannebrog, et qui ne trouve pas dans son vocabulaire assez de sarcasmes pour bafouer les efforts de ceux que soutient la foi nationale. L'œuvre de défense est qualifiée par lui de « *hareng crevé* » et il traite de « *joueurs d'orgues* » les officiers qui sont chargés d'organiser les conférences et de s'appliquer à l'éducation militaire de la nation.

Et, si je voulais pénétrer dans les détails plus intimes de la politique intérieure, que de choses encore à relever. Organisation d'attentat politique tel que celui de décembre 1885 (Rasmussen), contre le président du conseil — indignation des fantoches politiques, tel celui ancien chantre d'église, dont le casier judiciaire porte une condamnation à six mois de prison pour outrages et violence contre des fonctionnaires, ou cet autre, ancien savetier, mort heureusement pour lui, au moment où se découvraient nombre d'escroqueries au préjudice d'une compagnie d'assurance.

Soulever ces scandales ne sert à rien et n'ajoute aucun autre argument à ceux que nous devons conclure de l'exposé militaire et politique, faisant valoir combien est patriotique l'obstination du cabinet que préside M. Estrup, à lutter contre les tendances démoralisatrices de l'opposition parlementaire.

Leur triomphe, si malheureusement il devait se réaliser, réduirait infailliblement le Danemark aux plus néfastes abdications.

X

PAYS-BAS
LUXEMBOURG

PAYS-BAS

Nous avons dit, dans notre étude concernant la Belgique, que l'armée ennemie voulant emprunter le territoire belge sans empiéter sur le territoire hollandais, ne disposait que d'une seule voie ferrée, non commandée par les ouvrages de la Meuse, celle de : Montmédy, Virton, Pepinster, Verviers.

Si au contraire, l'armée d'invasion n'a aucun scrupule à violer le territoire hollandais, deux autres lignes s'offrent à elle :

> Gladbach, Ruremonde, Hasselt, Saint-Trond, Gembloux, Charleroi,

et

> Aix-la-Chapelle, Maëstricht, Hasselt, Saint-Trond.

C'est dire suffisamment, combien l'étude de l'organisation défensive de la Hollande intéresse directement le problème de la neutralité de la Belgique.

Les Allemands paraissent quelquefois s'être demandé, sous quelles formes pourrait se manifester la résistance de la Hollande, à une tentative de passage de leur part.

Ils se sont complu à constater que cette résistance était inefficace, voire même improbable, comme le donne explicitement à comprendre un article de la *Post* du 30 janvier 1888 :

« La Hollande est-elle capable, dans l'éventualité d'une guerre dans l'Europe centrale, de faire respecter sa neutralité? »

Est-ce forts de cette conviction et résolus à en user, que les Allemands, comme le prétendait en mai 1888 un correspondant de la *République française*, et ensuite la *Nouvelle Revue*, poussaient hâtivement la construction de quais militaires dans la région avoisinant la frontière hollandaise : Rheydt, Gladbach, Juliews?

Que l'importance de ces travaux ait été plus ou moins exagérée, peu importe au demeurant. Il n'en est pas moins incontestablement acquis que l'Allemagne a prévu, à toute éventualité, l'avantage qui pourrait résulter pour sa stratégie d'un passage à travers le *Limbourg* hollandais, et qu'elle se prépare clandestinement à pouvoir en user, le cas échéant.

On sait, à ne pas en douter, que le gouvernement hollandais subira le fait accompli, et qu'il ne considérera pas comme un *casus belli* la violation de ses provinces excentriques.

Et il nous paraît difficile aussi qu'il puisse en être autrement. Quelque parfaite et soignée que puisse être l'organisation de l'armée batave, elle est numériquement insuffisante pour se consacrer à un autre mode que celui de la défense concentrique.

De plus, la Hollande trouve dans son histoire militaire trois types de campagnes, dont l'étude raisonnée devait lui faire concevoir son plan de défense.

1° La campagne de 1787. qui montre l'utilisation des mêmes lignes d'invasion qu'en 1672, mais avec une application mieux soutenue.

Je n'ai pas à rappeler les incidents qui motivèrent l'intervention de Frédéric-Guillaume II, sensible (prétexte) à l'outrage fait à sa sœur Fréderica-Sophie-Wilhelmina. Le corps prussien à l'effectif de 26,000 hommes, sous les ordres de Charles-Guillaume Ferdinand, prince régnant à Brunswick, le même que nous retrouvons à Valmy et à Iéna, franchit le 13 septembre 1787 la frontière de la république des Provinces-Unies et pénètre quelques jours après à Utrecht, que le comte de Salm n'avait pas jugé possible de protéger.

Le 26. le corps prussien arrive sous Amsterdam, que livre la journée du 1er octobre, qui porte dans son ensemble le nom de combat de Amstelveen. Clauservitz signale ce combat, dans son genre, comme une opération tactique des mieux conduites et des plus fructueuses à détailler.

2° Dans les premiers jours de janvier 1795, les armées du Nord et de Sambre-et-Meuse étant réunies, Pichegru fait franchir à la droite, le Waal près de Nimègue. Le centre à son tour change de rive, la gauche signale ses avantages par la prise des forts de Heusden, Workum, Lœwenstein, et pendant que Macdonald s'établit en observation sur la Grebbe, Pichegru entrait le 20 janvier à Amsterdam accompagné de trois représentants du peuple Bellegarde, Lacoste et Joubert.

3° En 1799, l'Angleterre, jalouse d'arracher Rotterdam, Amsterdam, le Helder à la domination française et convoitant avec plus d'avidité encore d'achever la ruine d'une marine rivale, croit le moment opportun pour intervenir. Elle débarque 300,00 de ses soldats et 17,000 Russes, le 27 août à Callandsoog. La résistance du général Daendels donne à Brune le temps d'arriver avec les troupes françaises et la division hollandaise du général Dumonceau. L'armée anglo-russe se porte directement, mais avec lenteur, sur Amsterdam. Brune n'est qu'à moitié heureux à Bergen (19 sept.), le duc de York donne de l'avant, forçant les Gallo-Bataves à céder lentement le terrain, mais il ne sait même pas profiter de son médiocre avantage à Castricum, et pris soudain d'une désespérance que rien n'excuse, il rétrograde suivi par Brune, qui finalement lui impose le 18 octobre la convention de Castricum, réglant les conditions de l'évacuation de la Hollande et du rembarquement des troupes anglo-russes.

Amsterdam est donc toujours et toujours l'objectif des convoitises de toute agression contre la Hollande.

Le conseil de défense qui a élaboré la loi de mai 1874, promulguée le 18 août 1874, dite *loi de défense* [1], l'a compris ainsi.

Il constitue autour du réduit central Amsterdam, une série de positions ou de lignes en couvrant les approches.

A l'est, c'est-à-dire sur le front allemand, comme position de défense principale la *nouvelle ligne d'eau hollandaise* (Nieuwe hollandsche Waterlinie) entière-

[1] La Hollande a dépensé, depuis cette époque, 43 millions de florins sans compter quelques autres sommes bien inutilement prodiguées à Venloo et Maëstricht.

ment fortifiée depuis Muiden et Noarden sur le Zuyderzée jusqu'à Gertruidenberg.

Cette ligne, ne mesurant que 12 kilomètres d'étendue, très solidement établie, commandant tous les points de passages, est souvent dite aussi quoique improprement : ligne d'Utrecht. Elle a même un dehors précédé d'une avancée.

Le dehors précédant de 25 kilomètres la nouvelle ligne d'eau hollandaise est la *ligne de la Grebbe*, qui mesure environ 45 kilomètres de développement entre la Grebbe sur le Rhin et Spakenbourg sur le Zuyderzée.

L'*Yssel* d'un développement trop considérable et d'une valeur passive médiocre, dessine la ligne de résistance avancée. Le fort cuirassé sur la ligne de Pannerden, peut en quelque sorte être considéré comme le point d'appui de droite, de cette première ligne de résistance.

Donc, sur le front, est une ligne de première résistance, une position intermédiaire de rassemblement, une position défensive et le réduit central.

La protection de la frontière méridionale s'impose impérieusement, non pas tant comme barrière contre les Belges, que pour empêcher que la défense ne soit tournée par le sud.

Cette ligne de défense méridionale comprend trois secteurs :

1° de Saint-André (Ecluse bleue) à Gertruidenberg, ébauchant deux têtes de ponts à Bois-le-Duc et Gertruidenberg.

2° La position du *Hollandsch Diep* et du *Volkerak*, avec *Willemstadt et ses annexes*, qui doit servir de point d'appui à la marine, pour garder l'entrée du Biesboch, et couvrir le magnifique pont du chemin de fer Anvers-Rotterdam. Sur la rive gauche l'ouvrage de Moerdijk et, en face, le fort cuirassé de Willemsdorp.

Les *positions des bouches de la Meuse* et *du Haringtliet*, ainsi que les ouvrages de l'Escaut oriental, complètent cette obstruction du front méridional avec le fort de Hoorn, la station de Brielle, la ligne d'eau Brielle-Helvestluis, et sur l'Escaut oriental, les vieilles places démodées de Ellewoutsdijk et Ternengen.

Les positions des bouches de la Meuse et de l'Escaut empiètent déjà sur le front maritime ; achevons donc l'examen des moyens de défense appelés à couvrir Amsterdam à l'ouest.

En arrière des digues couvrant l'embouchure du splendide canal reliant Amsterdam à la mer du Nord s'élève le fort de *Ijmuiden*, puis enfin, tout au nord, la *position* du *Helder* avec le magnifique fort cuirassé de *Harssens*, obstruant la seule passe accessible aux grands bâtiments de guerre.

Il nous reste en dernier lieu à brièvement examiner la position centrale d'Amsterdam.

Toute la théorie admise pour la défense des frontières de Hollande, aboutit nous l'avons déjà constaté, à l'accumulation des dernières ressources de la résistance nationale, dans la position centrale d'Amsterdam. En elle-même, cette position ne paraît pas très heureusement choisie et s'il n'y avait la question de capitale, on aurait pu très avatageusement substituer Utrecht à Amsterdam.

a. Amsterdam manque d'eau potable. La ville s'approvisionne actuellement à la prise d'eau de Vogele sang dans les dunes, mais cette prise d'eau est exposée aux entreprises de l'ennemi. Dans ce cas, la ville pourrait alors se pourvoir au Vecht à Nieuwersluis, d'où les bateaux réservoirs descendent l'Amstel. Enfin, reste l'eau des citernes qui peut suffire pendant 45 jours pour 500.000 âmes.

b. Difficulté d'asseoir les ouvrages de fortifications sur un sol aussi peu consistant que les polders, le sable seul pouvant être employé tant pour feutrer les assises que pour profiler la masse courante. On estime approximativement à 150.000 mètres cubes l'amas de sable nécessaire à chaque ouvrage.

Deux lignes de forts ont paru indispensables. La ligne intérieure pour garantir la place contre une attaque de vive force ne serait élevée qu'au moment du besoin.

Le projet officiel a admis pour la position d'Amsterdam :

Au nord de Uigeest près de la jonction des voies :

Amsterdam / Alkmaar à Edam,
Haarlem

les ouvrages de Uitgeest, Stierop, Beemster, Beemsterringdisk, Beemsterringvaart Edam.

En mer, à l'entrée de l'Y, le fort Pampus avec cuirassements et coupoles.

Sur le front ouest, de Uitgeest à Alsmeer : Wis Kerbroek Velzen, Saardam, Pennings veer, Liede, Visfhuigen, Hoofddorp, talsmeer.

Sur le front sud : Uithoorn sur l'Amstel, Weesp, Nestersluis, Stokkelaars et Accoude se reliant par un ouvrage à Gain au fort de Nieuwersluis [1].

[1] Nous renvoyons ceux de nos lecteurs que la question inté-

Un ancien ministre de la guerre, M. van Mulken, a très explicitement exposé la théorie admise pour la défense de ces frontières.

Elle peut se résumer en ce principe : gagner du temps afin de permettre à la mobilisation de se compléter, et au gouvernement d'étendre là où il est indispensable, et alors que cette fatale nécessité s'impose, les inondations.

Cette question des inondations a en effet sa très haute importance. La ruine de toute une région ne peut-être décidée qu'à la dernière extrémité, et néanmoins il faut la décider suffisamment à temps pour qu'elle soit praticable. On a déjà beaucoup fait pour accélérer l'afflux des eaux, et l'on fera beaucoup encore, mais en dépit de toutes ces améliorations et même dans les conditions les plus avantageuses, plusieurs jours sont nécessaires pour transformer l'inondation sur les points voulus, en un obstacle sérieux.

Un des anciens ministres de la guerre, le général *Roo van Alderwerelt*, décomptant d'une part, les moyens, discutant de l'autre, les exigences de la défense, établit comme suit la formation de l'armée :

Troupes sédentaires pour l'occupation des lignes de défense : 28 bataillons, 40 compagnies d'artillerie; soit 27.000 hommes non compris les services auxiliaires.

---

resse dans ses détails plus techniques, à quelques ouvrages spéciaux : *Etude generale du systeme de défense de la Hollande*, par le capitaine Notebdert, de l'armée Belge. Ouvrage déjà cité du capitaine Hœnig. *L'Armée des Pays-Bas*, remarquable publication de la petite bibliotheque de l'armée française (Charles Lavauzelle).

Troupes mobiles : deux armées, l'une dans la province de Groningue, l'autre dans le Nord-Brabant : 24 bataillons, 15 batteries, 16 escadrons, ce qui fait approximativement 29.000 hommes. Soit au total 56.000 hommes, chiffre normal et moyen, si l'on y ajoute les services auxiliaires, et ne différant que fort peu de ce que demandent depuis 76 les divers ministres de la guerre : Weitzel (1873-1875) 64.000 hommes, Klerck (1876) 67.000 hommes, Beijen (1876-1877) 65.000 hommes, etc.

Avec l'organisation actuelle, cet effectif normal n'est pas tout à fait atteint. L'armée de campagne comprend en effet 3 divisions et une réserve. La division est à composition uniforme : 3 régiments d'infanterie à 4 bataillons, 1 régiment de hussards à 5 escadrons, 1 régiment d'artillerie à 6 batteries, 1 compagnie du génie et les services auxiliaires : soit 285 officiers et 11.313 hommes.

Chacune de ces divisions a une affectation spéciale : 1re défense côtière ; 2e frontière de l'est ; 3e frontière du sud. La réserve, qui compte 9 bataillons d'infanterie, 4 régiments d'artillerie de forteresse et 3 compagnies du génie, tient les places jusqu'au moment où les milices et les dépôts sont à même de la remplacer.

Marine. — 21 cuirassés (vieux), 51 canonnières, 10 torpilleurs, 550 officiers, 2,175 hommes de troupe.

Marine marchande : 641 bâtiments jaugeant 254,123 tonneaux.

L'armée des Pays-Bas est un excellent outil en des mains habilement préparées, il lui manque malheureusement, — c'est la seule chose qui lui manque, mais elle est importante, — une bonne et solide organisation des réserves.

Le progrès n'a encore pu complètement se réaliser, malgré le courant très accentué qui se manifeste dans l'opinion publique.

Le *schutten* est une institution démodée, sans discipline, sans instruction militaire.

Son caractère communal (2 p. 100 de la population) apporte l'entrave la plus sérieuse à son bon fonctionnement.

On ne peut guère compter que sur les formations établies dans les centres populeux (Amsterdam, 5 bataillons; Rotterdam, 3 bataillons; la Haye, 2 bataillons, 12 communes à 1 bataillon, 73 communes à une ou plusieurs compagnies) : total, 221 compagnies (44.000 hommes dont 10.000 ayant servi).

Le 2ᵉ ban de la milice, qui en réalité ne figure que sur le papier, *rustende schuttern*, compte 71.000 hommes.

Pourtant les projets de reforme ne manquent pas, et comme il faut espérer que prochainement un de ceux-ci sera adopté, nous les résumons:

Un premier projet « *Plus de Schuttery* » (*Brinio*) propose l'adoption du service obligatoire et la fixation à 38.000 du contingent annuel; en prend 11.000 dans la milice (20 à 30 ans) ce qui au bout de 10 années, décompte fait des pertes, donne 93.000 hommes. Il restait 11.000 pour les dépôts, et le reste pour le landsturm. La durée du service dans la milice serait de 16 mois, avec 3 périodes de convocation de 9 semaines pour l'infanterie et l'artillerie de forteresse, 24 mois pour la cavalerie et l'artillerie de campagne, avec 3 périodes de convocation de 3 semaines.

L'*armée de campagne* serait formée à 3 divisions fournissant au total : 9 régiments d'infanterie à 4 bataillons et un dépôt, 3 régiments de hussards à 5 escadrons, plus un escadron de guides, 3 régiments d'artillerie de campagne à 6 batteries; soit à peu près ce qui existe actuellement, et donnant 43.460 hommes.

L'*armée d'occupation* (49.824 hommes) compterait : 36 bataillons, 6 régiments d'artillerie de forteresse, 1 bataillon du génie, etc.

Un second projet « *Plus de Schuttery* (*Tyr*) conserve 36 bataillons à la formation de l'armée de campagne, mais n'en accorde que 18 à l'armée d'occupation, et augmente, par contre, l'artillerie de forteresse.

Le troisième projet du major Seyffard, député, pousse le système de la milice dans ses dernières conséquences et répartit ainsi les classes : 4 en activité, 1 réserve, 5 landsturm; présence sous les drapeaux, 2 ans pour les troupes à cheval, 12 à 15 mois pour les autres armes. Dans la pratique, il fait des réductions encore plus notables et constitue :

Armée de campagne : 3 divisions ayant chacune, 12 bataillons, 6 batteries, 1 escadron, 1 bataillon de génie; une brigade de cavalerie à 3 régiments et 2 batteries à cheval. Cela en somme diffère peu de ce qui existe.

Armée d'occupation : 80 compagnies d'infanterie, 83 compagnies d'artillerie de forteresses, 8 compagnies génie, etc., plus 26.000 travailleurs.

Contingent annuel 29.442 hommes dont 7.320 pour former 60 compagnies de travailleurs.

Dans le royaume des Bays-Bas, tout comme en Belgique, la question de réorganisation de l'armée, par l'abolition du remplacement et l'adoption du service personnel, est subordonnée à la politique intérieure, à l'équilibre des partis.

Le roi a nommé, dans le courant de l'année dernière, une commission de quatorze membres, chargée d'élaborer un projet de réforme militaire.

On sait déjà que le rapport de cette commission, rapport que le ministre de la guerre doit déposer au cours de la présente session parlementaire, conclut à l'adoption du service personnel. Le colonel Bergansius, quoique appartenant au groupe catholique est lui-même favorable à cette réforme.

Le succès est néanmoins douteux, étant donné le groupement des partis dans la seconde Chambre.

A la suite de la réforme de la loi électorale et des élections du mois de mars 1883, le parti libéral au pouvoir depuis quarante ans a été forcé d'abdiquer devant la coalition des groupes anti-libéraux, coalition qui englobe :

Les anti-révolutionnaires ou calvinistes orthodoxes que conduit le Dr Abraham Kuiper ;

Les ultramontains ;

Les radicaux, de toute nuance confinant à l'extrême gauche libérale, pour aboutir aux socialistes-démocrates de Domela-Nieuwenhuis.

A la deuxième Chambre, 44 libéraux se comptent contre 56 anti-libéraux et dans le cabinet du baron Mackay, deux catholiques seulement ont pu trouver place, à la Guerre et à la Justice.

LUXEMBOURG

Une mention spéciale doit être consacrée au Luxembourg.

Il n'est pas sans intérêt de rappeler tout d'abord certains épisodes des mois de mars et avril 1867, alors que Napoléon III cherchait à négocier avec le roi de Hollande, l'annexion à la France du Luxembourg.

Dans la séance du 1ᵉʳ avril 1867, au Reichstag, M. de Benningsen rappelle que le Luxembourg est une terre allemande, dont la maison souveraine avait fourni des empereurs à l'Allemagne et des margraves à la province où siégeait le Reichstag. Il lut ensuite une supplique émanant du Luxembourg (*Nothschrei ans Luxemburg*) affirmant les vœux des habitants, de demeurer Allemands.

Le projet de Napoléon III a été annihilé par la convention de Londres du 4 mai 1867, déclarant la neutralité du Grand-Duché.

La question du Luxembourg, telle qu'elle était anciennement présentée, a été définitivement résolue par les événements de 1870-71. Mais une nouvelle question est aujourd'hui pendante.

L'état de santé du vieux roi Guillaume donne de si sérieuses inquiétudes qu'une issue fatale est malheusement imminente ; l'héritière du trône est la jeune princesse Wilhelmine, âgée présentement de cinq ans, et à laquelle la succession est incontestablement assurée par les modifications introduites en 1888 par les Etats Généraux à la loi de succession ; sa mère, la régente du royaume est une princesse de Waldeck.

Le Luxembourg dont la Constitution est régie par la loi salique, rompra à ce moment l'union personnelle avec la maison d'Orange pour faire retour à la maison de Nassau (loi de succession de 1783).

Depuis la réconciliation effectuée à l'île Meivan en 1888, l'empereur allemand a assuré au duc Adolphe de Nassau [1] la paisible jouissance de cet héritage.

Et l'Allemagne se prépare à cette éventualité par une sorte de mainmise sur le Grand-Duché.

Affiliation jusqu'en 1912 à l'union douanière.

Accaparement des chemins de fer par la convention du 11 juillet 1872, qui passe l'exploitation à une compagnie allemande (antérieurement à cette date la ligne Guillaume-Luxembourg était desservie par la compagnie française de l'Est).

Convention secrète déjà intervenue entre les futurs possesseurs et protecteurs réglant l'organisation des forces militaires et l'établissement des travaux de défense; travaux de défense sérieux à substituer aux palliatifs dont on est obligé aujourd'hui encore de s'accommoder tant bien que mal, comme par exemple l'ouvrage à improviser à *Grevenmacher* (non loin de

---

[1] On a prêté à ce prince l'intention d'abdiquer ses droits en faveur de son fils ; quelques fantaisistes ont même émis le projet d'une union entre ce prince, âgé de 36 ans et la petite princesse Wilhelmine.

Waserbilig), couvrant le pont sur la Moselle et dont les matériaux (plaques de blindage, coupoles, etc.) ainsi que l'armement sont remisés à Trèves.

Quelque puisse être la satisfaction de revoir revivre les splendeurs d'une cour princière dans les résidences depuis longtemps désertées (mort du prince Henri) de Luxembourg et de Walferdingen), les Luxembourgeois n'en redoutent pas moins les conséquences funestes de l'annexion à l'Empire allemand.

Que dira l'Europe lorsque cette éventualité se produira dans la forme peu déguisée que nous présageons?

Que diront la Belgique et la France plus directement menacées par cette extension territoriale?

La nouvelle question du Luxembourg nous semble autant menaçante, que l'ancienne, si ce n'est plus.

Aujourd'hui, le duc Adolphe n'est encore que régent, il ne changera rien sans doute à l'état de choses existant; mais en sera-t-il de même lorsqu'il sera en possession absolue de son héritage?

XI

BELGIQUE

LA QUESTION DE LA LANGUE FLAMANDE
LA COMMANDE DE CANONS

BELGIQUE

—

Comme pour la Suisse, l'unique mais très important objectif vis-à-vis de la Belgique, est la question de la *neutralité*.

Cette question est déjà ancienne. Elle date de 1815, plus exactement de l'acte du 19 avril 1839, et a été renouvelée en 1870, par les conventions des 9 et 11 août 1870.

Elle reprend avec une intensité nouvelle, chaque fois que le pays se préoccupe de parfaire les conditions de sa propre défense.

En 1858, alors qu'il s'agit du système de défense centrale par l'établissement du camp retranché d'Anvers; puis en 1886-1887, alors que le gouvernement se décide à compléter cette œuvre par l'obstruction de la vallée de la Meuse.

Ce sujet « *attachant* » a été en quelque sorte épuisé par une polémique passionnée, qui a donné naissance à un amas de productions, ouvrages, brochures, articles de journaux et de revues[1], dans lequel il nous

[1] Énumérons comme sources pouvant être consultées :
Situation militaire de la Belgique, du général Brialmont, 1882.

suffira de puiser en résumé l'historique de la question qui nous autorise à tirer certaines conclusions.

Lorsque les alliés créèrent le royaume des Pays-Bas en 1815, ils décidèrent qu'un certain nombre de places seraient élevées ou restaurées aux frais de la France, à l'ambition de laquelle, ces forteresses devaient servir de barrière. Il était stipulé en outre qu'en cas de guerre, ces places seraient occupées par les alliés. (Convention d'Aix-la-Chapelle, 1818).

Défense de la Belgique au point de vue national et européen, de M. Banning.

La France par rapport à l'Allemagne, étude de géographie militaire, par le major Peny (Muquardt, Bruxelles).

Essai sur la Defense de la Belgique, par le général Cambrelin.

La Neutralité de la Belgique et de la Suisse en cas de guerre entre la France et l'Allemagne, par le colonel fédéral Ferdinand Lecomte.

Die politische und militarische. Lage Belgiens und Hollands in Rücksicht auf Frankreich und Deutschland, par le capitaine allemand en retraite, Fritz Hœnig.

Revue militaire de l'etranger, deuxième semestre 1880 et premier semestre 1888. *Heeresverfassung und Maasbefestigung in Belgien*, Berlin, Mittler et fils, 1887. Anonyme, mais très certainement officier allemand ; prétend que la violation viendra de la France ; critique violemment l'organisation militaire belge, et s'attaque méchamment aux officiers de cette armée, dont la réputation est au-dessus de ces vilénies. — *La situation militaire de la Belgique dans le cas d'une guerre franco-allemande, opinion d'un Français*. Muquard et Le Sourdier, Bruxelles et Paris, 1887 ; ne croit pas à une violation de la part de l'Allemagne.

Déploiement stratégique probable des forces allemandes sur la frontière française et la *frontière française du Nord devant l'invasion allemande*, par le capitaine Kreitmann (Journal des Sciences militaires, 1881 et 1882).

Beschouwing over het verdedigingsstelsel van België en neutraliteits-quaestien, par le général P.-G. Booms (Militaire Gids, 1884).

Après la révolution de 1830, la Belgique substituée aux charges, en même temps qu'aux droits du royaume des Pays-Bas, bien que la France fût au nombre des puissances garantes, hérita de la ligne des forteresses méridionales, Anvers, Gand, Tournai, Audenarde, Ostende, Nieuport, Ypres, Termonde, Charleroi, Bouillon, Dinant, Namur, Huy, Liège. (Mons, Menin, Ath, Philippeville et Mariembourg furent démantelés).

Cette surabondance de places fortes défectueuses, les modifications survenues dans la politique générale de l'Europe, surtout après la révolution de 1848 et l'avènement du second Empire, portèrent les Belges à chercher un mode plus efficace de protection, plus en harmonie avec l'organisation militaire restreinte du royaume.

Cette période d'incubation date à peu près de 1852, mais ce n'est qu'en 1858-1859, qu'une grande commission militaire, faisant table rase de tout l'existant, fit prévaloir le système de la défense concentrique, par l'établissement du camp retranché d'Anvers[1], dont les projets, très osés à l'époque, parce qu'ils

---

[1] Anvers, 170,000 habitants. Peut recevoir dans son port 1.500 bâtiments, — circuit de 13 kilomètres. Depuis 1859, entouré de 12 fronts polygonaux de 900 à 1.500 mètres de développement assez large, fossé de 3 à 5 mètres de profondeur et 160 de largeur, au dehors à 3.000-4.500, une ceinture de forts sur un circuit de 45 kilomètres; armement 1.500 pièces, sur l'Escaut même, fort Philippe (3 coupoles); sur la rive droite fort Maire, plus loin fort Lilloo, sans grande importance, et fort Liefkenshock.

Comme extrêmes avancées, ouvrages sur la position de la Nethe-Ruppel, savoir : fort Lierre, Waelhem et Duffel, entre les deux ouvrages pour lequel un crédit de 450.000 francs était

rompaient la routine du passé et inauguraient un système pour *ainsi dire* nouveau, furent présentés par le major Brialmont. Le célèbre ingénieur, dans une brochure consacrée par lui à la mémoire du général Todleben, ne nous cache pas combien ses débuts ont été difficiles, et combien l'appui aimable et autorisé de notre glorieux adversaire sous Sébastopol, a été pour lui d'une efficace assistance.

Toutes les places de la frontière méridionale furent rasées, et on ne conserva, comme annexes du réduit central, que *Termonde* et *Diest*, têtes de pont, cette dernière place élevée en 1836, alors que la Hollande inspirait quelques craintes.

Mais on conserva également sur la Meuse les citadelles de *Namur* et de *Liège*, parce que, devant la divergence de théories qui se manifesta au sein même de la commission, et sous la pression de l'opinion publique, on ne crut pas avisé de renoncer définitivement à la défense de la ligne de la Meuse. C'est ainsi que l'auteur anonyme d'un livre remarquable (le lieutenant, aujourd'hui général Cambrelin), — *Essai sur la défense de la Belgique par l'organisation de la ligne stratégique Sambre-Meuse*, — résumait toutes les considérations plaidant pour le non abandon de la ligne de Meuse « appelée à jouer dans notre défense, le rôle le plus considérable.... C'est la route de nos alliés, de nos libérateurs, de quelque côté qu'ils viennent ».

Ces réticences du reste, même dans les sphères

porté en 1886. Termonde vieille place datant de 1667, mais reconfectionnée en 1820.

Enfin, pour compléter le système, Diest (1818) en piètre état, ainsi que son annexe le fort Léopold.

officielles étaient intentionnelles. Nous en retrouvons la trace probante dans les discussions parlementaires de 1884 au sujet de la proposition de loi concernant les forts de la Meuse.

Survient 1870.

A la suite de cette violente commotion politique, la Belgique commence à craindre que son système de défense soit trop incomplet pour lui permettre de faire respecter sa neutralité, et on en vient naturellement, mais non sans de grandes difficultés, à reprendre la continuation de l'œuvre commencée par la commission de 1858-1859.

L'achèvement de cette œuvre était d'autant plus pressant que le royaume sait qu'il n'a plus qu'à compter sur lui-même.

L'époque n'est plus où l'on pouvait attendre l'arrivée de la flotte anglaise devant Anvers, « ce pistolet chargé sur le cœur de l'Angleterre »!!!

L'Angleterre du reste se charge, de temps à autre de rappeler son désintéressement dans le *Standard*, le *Daily News* et le *Daily Telegraph* (30 septembre 1887), qui reçoit, prétend-on ses inspirations, de lord Salisbury.

De son côté, sir Charles Dilke dans ses fameux articles de la *Fortnightly Review* (janvier, février 1887), cherche à dégager l'Angleterre de la convention d'avril 1839.

Nous n'avons pas une extrême curiosité, nous dirons tout à l'heure pourquoi, à pénétrer par l'enquête politique, s'il existe entre le gouvernement belge, ou le roi seulement, et le gouvernement allemand d'autre part, un accord secret en prévision de certaines éventualités.

Nous avons seulement à tenir compte pour l'instant des déclarations officielles très explicitement résumées dans les citations ci-après :

« Le grand objet de la politique nationale doit être de maintenir la neutralité du pays, mais cette politique n'obtiendra la confiance de nos voisins que lorsqu'elle leur donnera la conviction que le pays est à même de remplir les obligations qui lui sont imposées par son existence politique.

« LÉOPOLD I*r*, 6 nov. 1860. »

« Déclarée neutre par les traités qui l'ont admise au nombre des nations européennes, la Belgique n'est pas appelée à prendre une part active aux grands événements qui agitent le monde et le transforment incessamment. S'il ne lui est pas permis de se désintéresser absolument des conflits qui éclatent autour d'elle et dont elle a toujours à redouter les contre-coups, ces conflits ne le touchent qu'indirectement.... Jusqu'en 1815 nos provinces ont été le champ de bataille de prédilection de l'Europe. Chacun, pour nous servir d'une expression de la stratégie allemande, voulait en faire un glacis, une sorte d'avant-poste. La reconnaissance de notre indépendance a été le résultat d'une renonciation de tous, à cette position ardemment convoitée. Mais elle a été subordonnée à la condition formelle que nous sachions faire respecter nos frontières et résister à l'envahisseur. »

Extrait du rapport lu par M. Hanssens dans la séance du 18 janvier 1887, à la Chambre des représentants, au nom de la section centrale.

Il n'est pas sans intérêt, non plus, de rappeler la physionomie générale de la discussion au sein de la commission de généraux convoqués par le roi, le 29 *janvier* 1887.

On reprend l'exposé de l'affaire depuis 1871, alors que le général Guillaume charge le général Leclerc d'étudier la question. Celui-ci conclut dans son rapport au danger des fortifications de la Meuse forçant à une dissémination de forces. Le général Brialmont consulté, émet un avis d'un même sens, mais s'en prenant, peut-être, plutôt aux idées ou à la personnalité du général Leclerc, qu'au principe lui-même.

Dans tous les cas, en 1880, le général Brial montreprend la question qui finit par aboutir, le roi ayant été convaincu.

Dans la séance du 29 janvier, tous les généraux acceptent le principe des *têtes de pont*, « verrous mis à « nos portes pour enlever aux belligérants, toute *ten-* « *tation de passage que le moindre retardement* menace « de rendre improductif ».

Deux généraux, Nicaise et Rennette, ajoutent à leur opinion, que ces têtes de pont « pourront aussi servir « de pivots de manœuvres à l'*armée ou à ses al-* « *liées* ».

Enfin, si nous résumons l'esprit de discussion autour de la tribune, nous arrivons à formuler les diverses objections pour ou contre l'établissement des travaux, sur la ligne de la Meuse :

1° M. Frère-Orban, chef de l'opposition à la Chambre des représentants, estime que les fortifications de la Meuse sont *inutiles*, *inefficaces* et *dangereuses*.

Inutiles, parce que Anvers suffit comme centre de

résistance non négligeable sur la ligne d'invasion, et que les canons des forts ne peuvent empêcher les défenses, d'être tournées; ainsi une armée française débouchant de Valenciennes et de Maubeuge, tourne Liège par Landen, Hasselt.

Inefficaces, parce que comme le reconnaît du reste le général Brialmont lui-même, l'armée belge est numériquement insuffisante pour parfaire à sa tâche multiple.

Enfin elles sont *dangereuses*, parce qu'elles exposent de riches cités industrielles à un bombardement.

Le général *Chagal*, ancien ministre de la guerre, se basant sur des *considérations stratégiques*, nie l'intérêt que peut avoir, tout comme le général Brialmont dans les conclusions de son livre sur la *Situation militaire de la Belgique*, soit la France, soit l'Allemagne à violenter la neutralité belge, et conclut également à la périlleuse inutilité de ces fortifications.

Au général Pontus, ministre de la guerre, revenait naturellement l'obligation de soutenir le débat et de réfuter les objections du leader de l'opposition. Il y a fort heureusement réussi sur tous les points, sauf sur celui touchant l'insuffisance numérique de l'armée belge. Il s'est surtout attaché à faire ressortir la situation périlleuse faite à une armée d'invasion s'engageant dans le défilé entre Anvers et la ligne fortifiée de la Meuse, dont il définit ainsi le rôle :

Places d'arrêt mettant le pays à l'abri d'une invasion et empêchant les belligérants d'utiliser la vallée comme base d'opérations.

Têtes de pont permettant à l'armée belge de manœuvrer sur les deux lignes, tout en conservant les communications avec Anvers.

Points d'appui et de manœuvre facilitant les opérations d'une armée de secours avec laquelle l'armée belge pourrait combiner ses mouvements.

Bref, le ministre a eu l'heureuse fortune de faire prévaloir son argumentation et le principe a été voté le 19 mai.

Il a été non moins heureux de se tirer des médiocres explications fournies par lui sur la fixation des crédits, alors qu'il estime la dépense totale des travaux (avec les 20 millions pour l'armement) à 53 millions, tandis que le député Scoumanne suppute assez irréfutablement la dépense totale à 80 millions.

Les travaux dont l'adjudication a été accordée le 8 mai 1888 à Liège, au syndicat franco-belge, représenté par MM. Adrien Hallier, Eugène Letellier, Léon Letellier, Jules Baratoux et Braive, comprennent :

1° Le camp retranché de Liège, 6 forts et 6 fortins; 6 de ces ouvrages sur la rive gauche : Flémalle, Hallonge-aux-Pierres, Alleur, Lantin, Liers, Vivegnis; sur la rive droite, entre la Meuse et la Vesdre : Barchon, Evegnée, Fléron, Chaudfontaine ; entre la Vesdre et l'Ourthe, Embourg ; entre l'Ourthe et la Meuse, Boncelles.

Ces ouvrages sont espacés entre eux de 2,500 à 3,000 mètres, et sont éloignés de 9 kilomètres et demi du centre de la ville.

2° Fort intermédiaire de Huy.

3° Camp retranché de Namur, 5 forts et 4 fortins.

Sur la rive gauche : Suarlée, Saint-Marc, Daussoulx, Marchovelette; sur la rive droite : Maigeret,

Wierde, Dave; entre la Meuse et Sambre, Wepion et Malonne.

Ces ouvrages sont espacés de 3 à 3 kil. 500, et sont placées de 6 à 7 kil. 500 du centre de la ville.

Des 26 points fixes échelonnés sur le cours de la Meuse, des frontières de France à celles de Hollande, 19 sont dans le rayon d'action des ouvrages que nous venons d'énumérer. Les 7 qui se trouvent hors du rayon sont sans importance, 2 entre Liège et Namur, 5 en amont de Namur.

4° Fort d'arrêt à Saint-Trond fermant la ligne Hasselt, Gembloux, Charleroi, Chimay.

L'envahisseur, quel qu'il soit, voulant traverser la Belgique sans emprunter le territoire hollandais, n'a donc à sa disposition, échappant à l'action des ouvrages sur la Meuse, que la ligne : Montmédy, Virton, Libramont, Pepinster, Verviers.

Thiers, dans un de ses discours à l'Assemblée nationale, a eu l'inhabileté, s'inspirant de certain passage de la prétendue *Géographie* militaire de Th. Lavalée, de proclamer comme axiome : « La vallée de la Meuse, l'histoire le démontre, c'est la véritable voie d'invasion ouverte à la France contre l'Allemagne du Nord. »

Et Thiers commettait encore une nouvelle erreur en s'appuyant sur le passage de Jommini disant : « Qui est maître de la Meuse est maître de la Belgique, » car Jommini ne s'occupe que du cas très particulier de la campagne de 1793.

Les Allemands et les quelques Belges accaparés dans l'orbitre de M. de Bismarck usent et abusent de cette déclaration pour imputer à la France la criminelle arrière-pensée de violenter la neutralité belge.

Pour se défendre du même méfait que nous ne manquons pas de leur incriminer, pour bien établir combien sont honnêtes leurs intentions, les Allemands invoquent un extrait du fameux mémoire établi en 1868 par M. de Moltke, mémoire qui sert d'introduction à l'histoire de la guerre franco-allemande par la section historique de l'état-major général de Berlin : « Si la France pénètre en Belgique, son armée s'affaiblira considérablement par les détachements qu'elle devra laisser à Bruxelles et devant Anvers. De la Moselle on peut plus facilement encore que de Cologne, s'opposer à la continuation d'un mouvement des Français au delà de la Meuse, car nous forçons l'adversaire à faire front vers le Sud et à recevoir une bataille décisive, alors que ses propres communications seront menacées. »

A bien chercher, à scruter uniquement les considérations stratégiques (lignes d'opérations et réunion de toutes les forces disponibles sur le point essentiel), nous contestons formellement l'avantage que peut valoir à l'un des deux belligérants, la violation, au *début*, des hostilités de la neutralité belge.

Toutes les personnes qui pensent avec nous que la première bataille de la future guerre franco-allemande sera une *bataille de rupture*, ne subissant d'autres influences stratégiques que celles résultant du *déploiement*, admettent qu'on ne peut imputer à la France la folle tentation d'une action offensive à travers la Belgique.

Et je sais aussi, le tenant d'une source autorisée, que jamais semblable projet n'a même été discuté dans les conseils de ceux qui ont à connaître de l'emploi de nos forces.

D'autre part, je n'ignore pas que certains agissements de l'Allemagne, ne serait-ce que par les investigations de ses agents secrets[1], pour ne *parler que des moins secrètes* de ces informations, indiquent de la part de l'Allemagne certaines préoccupations très intéressées (Travail concernant les voies ferrées, le matériel; établissement d'une statistique pour le cantonnement et le ravitaillement, etc., etc., sans même omettre malgré leur exagération certaine les travaux à la station frontière de Dalheim). A ce sujet aucun doute.

Mais je ne crois pas, par contre, que l'Allemagne puisse à ce point se faire illusion et sur sa supériorité numérique, et sur la célérité de sa mobilisation, pour risquer une grosse aventure, plaçant la jonction de ses masses couvergentes bien en avant de sa zone présumée de concentration, et exposant une grosse fraction de son armée à subir isolément l'effort de toutes nos masses réunies.

Il est à mon avis fort possible que la neutralité belge court risque d'être violentée, mais je crois qu'elle ne le sera avantageusement que pendant la deuxième période de la guerre, et très probablement alors par le vainqueur de la première partie.

---

[1] Les preuves de ces agissements abondent. Je rappelle entre autres les confidences faites à un de nos confrères de la presse politique par le sieur T..., ancien agent au service de M. Kruger, chef de la police politique à Berlin.

Les Allemands, s'ils sont vainqueurs dans cette lutte épique, rechercheront la *commodité* des voies de la vallée de la Meuse : 1° pour tourner notre seconde ligne de défense, 2° pour faire arriver sur Paris, objectif définitif, leur gros matériel de siège et tous les ravitaillements; en un mot, pour substituer à leurs lignes de ravitaillement obstruées et épuisées (qu'on me passe le mot) des lignes non encore appauvries.

La France de son côté, si même elle avait le grand bonheur, tant espéré, de refouler le premier flot de l'envahisseur, n'a que médiocre intérêt à déplacer, plus au nord, l'axe de ses opérations, pour éviter de pénétrer dans le défilé entre Metz et Strasbourg. Tout au plus pourrait-elle avoir la tentation de prolonger la gauche son déploiement.

Mais ce serait peut-être là aussi, à moins de conditions toutes occasionnelles, une dangereuse méconnaissance de l'importance prépondérante de la bataille *décisive* dans les plaines de Lorraine.

Puisque nous admettons, pour un instant, la possibilité de la violation du territoire belge, par le vainqueur dans la première période de la grande lutte, nous pouvons pousser plus loin notre investigation, et nous demander quelle sera dans ce cas, l'attitude du gouvernement belge.

Disons simplement et sans aucun subterfuge, qu'il nous paraît fort possible que le gouvernement belge cherche une raison pour motiver la passivité la plus prudente.

Raison bonne ou mauvaise, peu importe, que le succès saura faire accepter.

Cette raison sera peut-être simplement l'insuffisance des moyens militaires de la Belgique, l'imprudente mais honorable folie de risquer les destinées du royaume pour la vaine satisfaction de s'acquitter d'un devoir de conscience.

Et de fait cette raison sera valable en apparence, tant que la Belgique n'aura pas modifié le principe de son organisation militaire.

Infanterie : 19 régiments (14 de ligne) soit 58 bataillons de guerre et 20 quatrièmes bataillons, plus les compagnies de dépôt destinées à former les cinquièmes bataillons.

Cavalerie : 8 régiments à 5 escadrons (2 de chasseurs, 2 de guides, 4 de lanciers).

Artillerie de campagne : 4 régiments; les régiments n°s 1 et 3 à 8 batteries montées et 2 de réserve, sont dits divisionnaires; les régiments n°s 2 et 4 à 7 batteries montées, 2 à cheval et 1 de réserve fournissent l'artillerie de corps.

Artillerie de forteresse : 3 régiments à 16 batteries. — Génie : 1 régiment à 4 bataillons de sapeurs mineurs et 5 compagnies de troupes techniques.

Le service est obligatoire à partir de la 19e année, mais non personnel, le remplacement étant admis. La durée du service est de 8 ans dans l'armée active (service effectif dans l'infanterie, 28 mois).

Contingent annuel, 13.000 h. sur 32.000 inscrits.

Ces troupes doivent fournir à la mobilisation une armée de 130.000 hommes, ainsi répartie :

I. Armée de campagne (2ᵉ corps)......... 68.000 h.
II. Services des places fortes.............. 62.000

    Savoir :

    Anvers { garnison........ 24.000 h.
             { div. mobile (n° 3). 12.000
    Termonde et Diest........ 7.400
    Liège 7.000
    Namur................... 5.000
    Huy..................... 560

III. Gendarmerie et dépôts................ 4.500

Que peut une armée de campagne de 68.000 hommes manœuvrant même entre Anvers et la Meuse, ses deux flancs appuyés ?

Que faire avec 12.600 hommes sur la Meuse ? ?

Et puis enfin, la Belgique est-elle même certaine de pouvoir constituer cette armée de 130.000 hommes ? ? ?

Les 8 classes d'activité doivent donner 106.000 hommes.

Les 9 et 10ᵉ classes — 11.000 hommes.

Les 11, 12 et 13ᵉ classes (sans les hommes mariés) 14.385 hommes.

Le ministre de la guerre, dans ces calculs, fait intervenir un déchet, mais ses prévisions ne sont-elles pas au-dessous de ce que bon nombre d'officiers redoutent ?

L'*Allgemeine Zeitung de Münich*, dans un article très étudié (14 février 1887), s'appuyant sur des données sérieuses, comme celle des *Jahresberichte de von Löbell*, n'estime pas à plus de 90.000 hommes et

204 pièces l'effectif immédiatement mobilisable de l'armée belge.

J'ajouterai encore que le complet en officiers n'est pas atteint (il en manquait 314 en 1885), et que la majeure partie des réserves est composée d'hommes inexercés au moins depuis 6 ans.

Ce que j'appellerai le cadre permanent de l'armée est excellent. Ses officiers bénéficient en Europe, au point de vue de l'instruction professionnelle et du savoir scientifique, d'une réputation aussi solidement établie que justement méritée.

Mais cela ne suffit pas, hélas[1] !

Ce qu'il faut à la Belgique c'est une réorganisation plus complète de sa force armée par l'abolition du remplacement, et l'adoption du service personnel permettant au royaume de disposer sûrement d'une armée de 150.000, peut-être même de 170.000 hommes.

Le parti politique au pouvoir est malheureusement contraire à cette réforme, et c'est dans les rangs de l'opposition gouvernementale que se groupent autour de M. d'Oultremont les partisans de cette rénovation.

Le roi, on le sait, est personnellement partisan convaincu de la réforme. Il n'a jamais négligé aucune occasion d'affirmer ses vues, que ce soit au mois d'avril de l'année dernière, en remettant à Laecken, au capitaine Mercier, l'étendard des chasseurs de la garde civique, que ce soit cette année en recevant à

---

[1] Voir pour les détails d'organisation la faiblesse des effectifs, ce qui manque pour constituer la formation de réserve, etc., etc., les articles du journal *la Belgique militaire :* « *Sommes-nous prêts ?* », n° 887 et suivants (1888).

l'occasion du 1ᵉʳ janvier, le bourgemeister Buhl, que ce soit enfin en laissant à quelques personnalités marquantes de son entourage le soin de publier (janvier 1889) la fameuse *brochure verte :* « *La Belgique actuelle au point de vue commercial, colonial et militaire. Programme de politique nationale* », qui a fait vibrer à l'unisson le patriotisme de la presse libérale (*Précurseur*, *Opinion*, *Journal de Gand*, la *Meuse*, la *Gazette*, l'*Etoile*, la *Nation*, etc.).

Peu importe l'auteur réel de l'écrit, le colonel Labure, le général Brialmont, le baron Lambermont ou M. Banning ; la collaboration tacite que l'on s'entend généralement à attribuer au roi, fait espérer qu'il aura l'énergique volonté de faire adopter ses vues au cabinet que préside M. Beernaert.

En un mot, la lutte est sérieusemnnt engagée cette fois entre les deux partis, dont l'un prend pour mot d'ordre « Personne soldat contre son gré », et demande qu'on abolisse entièrement la conscription et le tirage au sort, pour adopter, comme en Angleterre, une armée de volontaires, et dont l'autre, sans tomber absolument dans l'excès contraire, réclame le service personnel, non pas tant pour faire cesser l'odieuse injustice des inégalités sociales que pour organiser solidement et fortement la défense nationale.

Les auteurs de la brochure verte, aussi bien que le comte d'Oultremont dans un nouveau projet, sont d'accord sur la nécessité de porter de 13.000 à 20.000 hommes environ l'effectif du contingent annuel, afin de permettre à l'armée entretenue à 106.000 hommes de pouvoir mettre en ligne à la mobilisation de 250 à 300.000 hommes.

Je signalerai enfin, pour ne rien négliger dans cet important débat, l'essai de recourir comme en Suisse au système des milices, essai que patronne la petite brochure de propagande « La *Nation armée* » de M. Georges Lorand, rédacteur en chef de la *Réforme*, avec préface par Paul Janson.

La situation très critique faite à la Belgique, entre la France et l'Allemagne, par les soupçons que chacun des deux voisins nourrit à l'égard de l'autre, provoque dans la presse une incessante polémique, jamais lasse[1], et abordant pour l'alimenter, toutes les questions incidentes qui peuvent se rattacher à la grande discussion.

Deux de ces questions ne peuvent être omises, car elles se présentent pour ainsi dire comme les corollaires du sujet principal. Ce sont : la question des langues ou la lutte sur le terrain philologique, la question des canons ou la lutte sur le terrain industriel.

NOTE

On s'étonnera peut-être que je néglige l'occasion de cette étude pour réfuter à fond le roman politique et stratégique édité par la *Nouvelle Revue*.

Il y a quelques mois, au moment de l'incident de l'évê-

---

[1] Quand la presse reptilienne est par trop à court d'arguments ou d'incidents, elle impute à la Belgique une inféodation aux idées républicaines, attendant de la grande sœur voisine la liberté politique.

La *Gazette de la Croix* s'attribue le plus souvent le privilège de ces insanités.

que de Strossmayer, la *Gazette de Cologne* avait la primeur d'une lettre adressée à Léon XIII, par le grand patriote slave.

On constatait, quelques jours plus tard, que ladite gazette avait été mystifiée par un jeune farceur, le sieur Victor Hahn d'Esseg.

La *Nouvelle Revue* a été également victime d'un habile faiseur, n'en déplaise au comte Vassili qui, de parfaite bonne foi, a endossé la responsabilité de ces prétendues révélations.

L'ignorance des questions géographiques, techniques et militaires, qui s'étale notamment dans le second article, suffisait amplement à discréditer — au point de vue du savoir — l'auteur, coupable de cette imposture politico-littéraire, et l'éditeur responsable de s'être laissé choir dans un piège si grossièrement agencé.

Et là-dessus silence et discrétion ; bien des personnes au monde y ont intérêt.

QUESTION DES LANGUES

LE FRANÇAIS, LE FLAMAND, L'ALLEMAND

La tentative des puissances de former en exécution de l'article secret du traité de Chamont (1er mars 1814) du traité de Paris, 30 mai 1814, et du congres de Vienne (9 juin 1815) un royaume hollandais, comprenant les anciens Pays-Bas autrichiens et espagnols, avec le Luxembourg et le comté de Chiny, cette tentative, disons-nous, ne fut pas heureuse.

Le souverain du nouveau royaume, par ses ordonnances du 15 septembre 1819 et 26 octobre 1822, voulut faire du flamand la langue officielle à l'exclusion complète du français.

Cette violence, cette outrageuse méconnaissance du principe des nationalités ne contribuèrent pas peu à l'explosion de la révolution de 1830.

Le gouvernement provisoire s'empressa par décret du 30 octobre 1830 de faire du français la langue officielle du nouvel Etat.

La lutte contre la prédominance, trop longtemps abusive, du régime flamand se poursuivit quelque temps encore avec un certain excès que justifiait la nécessité d'une crise immédiate; c'est vers cette époque que Charles Rogier poursuivait avec acharnement l'extirpation de l'idiome flamand, rêvant pour l'avenir une union plus intime entre la Belgique et la France.

Dans cette lutte d'influences nationalistes, l'élément flamand a longtemps eu le dessous. Le gouvernement, fidèle aux principes de 1830, ne secondait que médiocrement l'instruction primaire en langue flamande, malgré les protestations incessantes et souvent énergiques de quelques séparatistes, à la tête desquels se signalent Jan, Franz, Willems. Ceux-ci ne désespèrent jamais, et c'est d'eux que procèdent les hommes qui, comme Pol de Mont, Julius Sabbe, Paul Frederico, Hippolyte Harinck, ont su profiter des événements de 1870-71 pour se faire les champions du pangermanisme.

Car, il ne faudrait pas s'y tromper, conscientes ou non, mais probablement très conscientes, ces revendications flamandes ne cachent — et ne cachent que mal — les aspirations pangermanistes.

Les preuves de ces tendances insinueuses abondent. Nous n'en voulons pour témoignages que l'appui aussi chaleureux qu'intéressé de la pédagogie et du journalisme allemand, les articles de M. Julius Sabbe dans le *Beiaard* de Bruges (le *Carillon*), l'allure du *Zweeps* (le *Fouet*), etc., enfin, et surtout, l'extension de plus en plus grande de l'enseignement de la langue allemande dans les écoles normales : Arlon, Virton, Saint-Roche, Liège, Bastogne, Gosselies, Mons, Champion, etc.

En même temps, les véritables colonies allemandes, toujours plus grouillantes, créent, comme à Anvers, des établissements d'instruction, auxquels le gouvernement sait par bien des moyens témoigner sa vive sollicitude.

Les temps sont bien changés depuis le premier triomphe obtenu par la loi du 17 août 1873, complétée en 1888, admettant l'emploi de la langue flamande en justice [1]. De concession en concession le gouvernement se trouve forcé d'admettre le dualisme de langue et dans le parlement [2] et dans l'armée. Une loi nouvelle (loi Visart-Hanssens) réorganisant l'école militaire, impose déjà à tous les officiers la connaissance élémentaire obligatoire de la langue flamande.

L'exemple de difficultés considérables faites à l'armée austro-hongroise, précisément sur cette question de langue officielle, aurait dû être pour le gouvernement du roi Léopold. un exemple le dissuadant de s'exposer aux mêmes périls.

Reste à savoir, en dernier lieu, si cette intrusion du pangermanisme est justifiée?

Il suffit de consulter les *recensements généraux* de la *population* et les *Annuaires statistiques de la Belgique* pour répondre négativement. Les chiffres des populations française et flamande sont à peu de chose près équivalents (2.361.000 et 2.454.000); mais

---

[1] Discours de M. Coremans, député d'Anvers, en langue flamande.

[2] En janvier 1888, la *Belgique militaire* se prononça très catégoriquement contre cette loi.

La *Défense nationale*, moins nette, regrette simplement que l'on ait cru nécessaire de faire une loi. « Trop de précision nuit souvent en matière d'administration. » Elle ajoute encore que dans la discussion de cette loi au parlement, le jeu dans les coulisses a eu plus d'importance que celui sur la scène.

la proportion se déséquilibre quand on tient compte, comme il convient, des populations bilingues.

Ainsi le français et le flamand sont parlés par 578.000 habitants, l'allemand avec idiomes hollandais et patois du Luxembourg et le flamand par 11.000 habitants.

Quant à l'allemand seul (hollandais et patois luxembourgeois), les statistiques allemandes accusent 39.550 personnes, soit principalement 17.698 pour le Luxembourg (province), (168.128 parlent français) et 14.068 pour la province de Liège (556.397 parlent français).

Très typiques d'ailleurs, les protestations que certains savants allemands font valoir aujourd'hui contre les erreurs commises par la commission de délimitation entre la Belgique et Hollande! Comme les délégués faisaient usage de la vieille carte de Ferraris, ils furent trompés par les noms français donnés sous la République à 23 communes *allemandes*, qui, prises pour wallones, furent cédées à la Belgique au lieu de demeurer à la Hollande.

LA QUESTION DES CANONS

Le pangermanisme est trop PRATIQUE pour circonscrire sa lutte au seul terrain linguistique, ethnique ou littéraire. Il recherche avant tout le triomphe sur le terrain économique.

Une réclame très bien menée, très intelligemment soutenue par le gouvernement, pratiquement facilitée par des « arrosages » a fait admettre jusqu'à ce jour, et accrédite encore la supériorité de l'industrie allemande, notamment en ce qui concerne le matériel militaire.

Krupp à Essen, Gruson à Buckau-Magdebourg sont, suivant les prétentions allemandes, les seuls fournisseurs permis à tout gouvernement qui se respecte.

Nous savons déjà ce qui s'est passé pour la Serbie, la Roumanie et la Turquie. La Belgique est à son tour exploitée.

Le matériel de l'artillerie de campagne est demandé à Krupp. 30 canons de 15 centimètres ont été commandés pour Anvers, et c'est pour une partie de ces pièces, que la commission de réception n'a pu faire autrement que de constater « l'écartement entre les frettes ».

La poudre prismatique vient également d'Allemagne, ainsi que les projectiles, dont l'insuccès au polygone de Braschael n'a même pas pu être caché.

L'industrie belge, lorsque la construction des forts sur la Meuse a été décidée, caressait l'espoir d'une revanche sous forme de commande des coupoles cuirassées et des grosses pièces nécessaires à l'armement de ces ouvrages.

Grâce à de laborieuses négociations, la commande de coupoles n'a pas été faite exclusivement au profit de l'industrie allemande. Deux syndicats franco-belges ont été admis à y participer, mais il n'en a pas été de même pour le matériel belge, et l'Europe — nous ne pouvons pas dire seulement la Belgique — est demeurée stupéfaite de l'attitude prise, et par le ministre de la guerre patronnant l'industrie étrangère au préjudice de la production nationale, et par l'inspecteur général de l'artillerie, le général Nicaise, dont les sympathies allemandes sont si peu cachées qu'il s'en ouvre librement aux reporters qui viennent l'interviewer. (*Le Rapide.*)

Malgré un mouvement très énergique qui s'est manifesté sous forme de meetings (nov. et déc. 1888), par des articles de la presse, par l'éloquente et patriotique intervention de M. Emile de Laveleye, par des interpellations, le gouvernement s'est refusé de s'adresser, tant à la fonderie royale qu'à l'industrie privée représentée par d'importants établissements universellement appréciés, comme Cockerill de Seraing.

Le Ministre de la guerre, à plusieurs reprises, pris à parti, s'est contenté de nier les imperfections que l'on reproche au matériel Krupp. Il a refusé toute explication catégorique, se bornant à des généralités, affirmant son grand désir, chaque fois que la chose serait possible, de donner la préférence aux usines du pays.

On conviendra que la manière d'agir des généraux Pontus et Nicaise prête à de bien sévères critiques.

Les Allemands, grâce à ces faveurs, sont devenus tellement gourmands, qu'ils ont été fort déçus du succès remporté par le syndicat franco-belge dans l'adjudication pour les travaux des forts de la Meuse. Ils ont eu l'impudence à ce moment de crier à la trahison !

La *Gazette de la Croix* écrivait en mai : « Le seul fait de confier les travaux de forts aux citoyens de l'état contre lequel ces fortifications doivent servir. est un procédé inexplicable et étrange. Il est inadmissible qu'un gouvernement dans une question aussi importante se laisse guider par des considérations économiques [1]. »

A vrai dire, les offres des soumissionnaires soutenus par les capitaux allemands n'avaient pas été agréés.

Après la campagne menée par toute la presse allemande en faveur de l'usine Krupp, cette feinte indignation est simplement caractéristique.

C'est une étiquette.

L'*Indépendance belge* estime avec raison que ces

---

[1] Une haute personnalité parlant de ces forts a pu dire: « Payés par les Belges, construits par les Français, destinés aux Allemands. »

articles sont officieux, et la *Nation* (Belge) du 2 juin apprécie comme il convient cette honteuse polémique, dans un bel article « Belgique et Allemagne » signé Victor Arnould.

Pour se venger de cet échec, l'Allemagne a suscité au gouvernement belge de procéder au rachat des quelques lignes ferrées, exploitées par des compagnies françaises, Givet, Namur, Liège, Maestrich.

Vallée de la Sambre ;
Entre Sambre et Meuse.

Le comte de Alvensleben, à peine transféré de Washington à Bruxelles en a été pour son premier échec.

XII

SUISSE

LA NEUTRALITÉ DU CHABLAIS ET DU FAUCIGNY

SUISSE

L'année 1880 a été marquée en Suisse, par une très vive agitation autour de la question dite, des *fortifications*.

Le gouvernement fédéral, entraîné par l'opinion publique, était à la veille de se décider pour un projet de défense, manifestant hautement la formelle intention de ce valeureux petit peuple, de faire respecter l'indépendance de son territoire.

La comédie politique qui se jouait vis-à-vis de la Belgique se reproduisait au delà du Jura. La nation helvétique était tenue dans l'incertitude de qui elle avait le plus à redouter de l'Allemagne ou de la France.

Chacune des deux puissances mise en cause, en se dégageant de toute mauvaise intention, imputait à son adversaire les projets les plus odieux.

Cette polémique, je n'ai pas besoin de le dire, se reproduit dans les écrits des auteurs suisses, suivant les fluctuations de leur sentiment ou les intérêts de leur situation.

On n'a pas peine à démêler, depuis les dernières années, que les craintes de la Suisse, en ce qui concerne le péril d'une invasion française, se sont notablement amoindries. Une compréhension plus nette de la situation, exposé auquel la belle étude. « *La question des fortifications en Suisse (Journal des Sciences militaires*, 1881) a assurément beaucoup contribué, et certains aveux ou indiscrétions dont le gouvernement fédéral a su faire son profit, ont donné à comprendre à la nation voisine, que si l'attitude de la France devait être absolument passive, il n'en était pas précisément de même pour l'Allemagne et sa vassale alliée l'Italie.

On ne prête que médiocre créance aux hypothèses fantaisistes, à tendances provocatrices, des deux brochures «*Die Schweiz im Kriegs falle* (Zurich 1885)» que l'on sait avoir pour auteur un ex-officier allemand, faux socialiste à la solde de M. Kruger. On ne croit pas davantage avec l'officier allemand, auteur également anonyme de la brochure « La *Frontière franco-allemande* » que le rapide passage à travers la Suisse est indispensable à l'offensive française.

Et l'on réfute aisément les conclusions de la brochure d'un officier de milice « *Die deutshe-frangösische Grenzfestungen und die Landesbefestigungs frage* » établissant ces méfiances, plutôt à l'égard de la France que de l'Allemagne, parce que la première tourne à la Suisse son front le plus fort, et que ce serait folie à la seconde d'emprunter à la Suisse le passage sur son territoire pour, tout exprès, aller saisir le taureau par les cornes.

En somme, comme l'a si bien établi l'auteur de l'article « la neutralité de la Belgique et de la Suisse en cas de guerre entre l'Allemagne et la France » paru *sans signature* dans le numéro de janvier 1883 de la *Revue militaire Suisse*, ni la France, ni l'Allemagne n'ont un intérêt quelconque à violer la *neutralité* helvétique.

Lorsque le gouvernement fédéral était à la veille de résoudre le problème de la défense nationale, on pouvait supposer qu'il adopterait le principe de la défense concentrique avec deux, peut-être trois places d'armes *improvisées*, formant les saillants d'un triangle dessiné autour du réduit central.

Les considérations économiques ont fait rejeter ce mode, et le gouvernement, comme nous le verrons par la suite, a couru au plus pressé, l'organisation de la frontière méridionale.

En somme, l'état-major de Berne paraît se désintéresser quelque peu de la vallée de l'*Aar*, théâtre principal des opérations probables dans les hypothèses redoutées.

Ce désintéressement a sa signification.

Le théâtre principal dont l'étude fait conclure à l'adoption de la défense par réduit central, affecte la forme d'un parallélogramme allongé, ayant pour bornes le Rhin sur deux faces, le Jura et les Alpes sur les deux autres.

La projection linéaire de cette figure a 370 kilomètres, de Genève à Rorschach, 210 kilomètres de Delle à Genève. La frontière allemande dessinée par le cours du Rhin et l'ensellement du lac de Constance en compte 160. Sa largeur moyenne est de 80 à 100 kilomètres.

Du côté de la frontière française, trois lignes de défense couvrent les approches de la position centrale :

Le *Jura* qui est sans grande valeur pour la défense Suisse.

La *ligne de la Venoge* et de la *Sarine* qui n'est guère tenable, pouvant être tournée par le pied du Jura et atteinte depuis Pontarlier, les Rousses et Genève.

La *ligne de l'Aar* qui est le véritable boulevard de la résistance Suisse, également défendable en ses deux secteurs *Thoune-Aarberg* et *Aarberg-Waldshul*, suivant la division adoptée par l'auteur des *Fortifications en Suisse* (canevas de la conférence donnée à Fribourg le 21 février 1880).

L'étude du front Nord après nous avoir indiqué une première ligne de défense essentiellement passive, celle du Rhin, nous ramène à la position de déploiement de la *Limmat et de l'Aar*, et définit ainsi, sans plus de démonstration nécessaire, le point essentiel de tout le système défensif Suisse, le pivot de manœuvre stratégique *Brügg-Turgi-Baden*.

Sans entrer ici dans le détail de l'organisation tactique de cette position, constatons simplement que le terrain se plie, on ne peut plus favorablement, aux exigences que nous voudrions formuler. Sur la rive droite de la Limmat inférieure (*Siggenthal*) et de l'Aar, entre ces deux cours d'eau et la *Wehn*, s'étale une série de plateaux couvrant les approches de la position. Sur la rive gauche, courent les hauteurs de *Rein* et de *Lauffohr*. Enfin, entre la Limmat et la Reuss, entre la Reuss et l'Aar, se trouvent d'autres positions encore, sur lesquelles il est superflu de retenir plus longuement l'attention.

Sans méconnaître l'importance de cette position *Brügg-Turgi-Baden*, il a semblé à quelques écrivains militaires suisses, qu'elle pouvait ne pas être suffisamment *centrale* et qu'il y avait lieu de lui en préférer une autre, Berne, Zurich, ou même Lucerne.

Mais on est aussitôt obligé, si l'on adopte ces considérations, de donner au projet défensif une extension plus considérable[1] en majorant la valeur de ces avancées.

On est ainsi conduit à des projets très séduisants, très étudiés, mais fatalement fort onéreux, comme celui proposé par le colonel *Siegfried* dans sa brochure *die Schweizerische Landesbefestigung* qui invoque quelques souvenances du projet présenté en 1838 par le major *Bruno Uebel*.

Le projet du colonel Siegfried adopte deux places centrales, véritables camps retranchés, *Berne* et *Zürich*.

4 forts d'arrêts dans le Jura :

Repais
Reuchenette } fermant le col des Rangiers.
Ballstall

Saint-Sulpice entre Verriers et Baveret.

2 ouvrages pour fermer la trouée entre le lac de Neuchatel et celui de Léman, à *Morges* et *Éclepens*.

Enfin un fort à *Bouveret*, point d'une extrême importance, au seuil où le Rhone s'épanouit dans le Leman.

---

[1] L'auteur de *Das Vertheidigungs und Befestigungs System der Schweiz* (Berne-Haller) a des prétentions encore plus exigeantes au point de vue des fortifications : 2 places centrales, 3 grandes places, 24 ou 26 forts d'arrêt, si bien qu'il ne resterait plus un soldat pour tenir la campagne. Ces erreurs sont vivement combattues par les *Betrachtungen über militærische Verhæltnisse der Schweiz*, étude qui a paru dans l'*Allgemeine Militær-Zeitung*.

Sur la frontière du Nord :

Un fort à Turgi ;

Un à Olten ;

Un groupe d'ouvrages autour de Bâle afin de conserver aussi longtemps que possible à la défense cette importante tête de pont.

Trois ouvrages paraissent nécessaires : 1° un grand fort dans la plaine, près de l'Haguenauer-Schange, couvrant le chemin de fer Bâle-Olten, le pont du Rhin et celui sur le Bisse.

2° Un fort d'arrêt dans le défilé d'*Augenstein* sur le chemin de fer de Dolémont, près de la station de *Dornsbach*.

3° Un troisième fort sur le *Ruttihard-hübel*.

J'ai énuméré avec plus de détails les points principaux de l'étude du colonel Siegfried, parce qu'une partie, celle qui concerne les forts d'arrêts, paraît avoir été adoptée quoique sous une forme un peu différente, par le gouvernement fédéral.

On sait en effet, que le département de la guerre a fait très soigneusement étudier certaines positions voisines des frontières, sur lesquelles il espère avoir le temps, au moment décisif, de faire élever des fortifications en style provisoire. Les outils et les matériaux tels que briques et pierres, etc., pour l'établissement de ces ouvrages, sont déjà réunis en de grands dépôts, et les travailleurs doivent être fournis par le Landsturm.

Plagne au nord de Biel paraît être une de ces frontières de défense.

Le système est économique et peut si rien ne cloche dans le fonctionnement donner de bons résultats. Quoi qu'il en soit, bon gré, mal gré, le gouvernement fédéral s'y est décidé, afin d'attribuer les modestes ressources dont il dispose annuellement, à l'organisation de sa frontière méridionale.

Je ne commettrai assurément aucune indiscrétion, en faisant remarquer que cette préoccupation, pour sa frontière méridionale, n'a pu être inspirée à la Suisse, que par de très formelles indications.

Et de fait, on connaît à Berne, au département militaire, par quelques indiscrétions d'une indiscutable authenticité, certaines vues échangées entre les états-major de Berlin et de Rome, la Wilhelmstrasse et la Consulta.

On a eu la preuve des travaux auxquels s'adonnent les agents secrets allemands et italiens dans les vallées suisses. Travaux de reconnaissance, de statistique, de vérification de carte. Ce service est dirigé de Genève.

Enfin, les avertissements officieux n'ont pas fait défaut non plus. Ils avaient tout au moins l'avantage de solliciter l'attention, et de rappeler ce que le général *Dufour* écrivait dès 1870 dans la *Revue militaire suisse*, au sujet de ses craintes de voir les Italiens, utiliser pour opérer leur jonction avec une armée alliée, le faisceau de communications qui débouchent dans la vallée du Rhône.

Le major *Vellini* a été du reste fort explicite dans sa brochure « *Sull'ordinamento della nostre ferrovie alla frontiera Suizzera* ». « L'Italie alliée à l'Allemagne contre la France aurait un grand avantage à violer la neutralité suisse. L'occupation du territoire de la Confédération lui donnerait la facilité d'agir vers le bas Jura, en élargissant la base d'opération de son armée et en permettant à celle-ci, d'effectuer sans peine sa jonction avec les armées allemandes, agissant dans la vallée du Doubs ou dans les Vosges. »

Et d'autre part aussi, l'Allemagne donne son avis comme nous le lisons par exemple dans la livraison d'avril 1885 de l'*Internationale Revue,* à propos d'une étude sur la vallée d'*Urseren :* « Le désir bien ardent que depuis bien des années on nourrit dans le pays du soleil de posséder la frontière septentrionale naturelle de la jeune Italie, au passage du Saint-Gothard, sera peut-être réalisée par la marche audacieuse et rapide de bataillons alpins par les cols de Novène et de la Furca, le jour où une grande complication politique provoquera une guerre dans l'Europe centrale, si les Suisses se laissent aller à une négligence grosse en conséquences. »

Mais les Suisses ne veulent pas commettre cette négligence. Ils ne veulent pas que leur pays soit la *membrane fragile* dont parle le colonel *Perruchetti.* C'est pourquoi aussi, ils se sont décidés tout en premier lieu à affecter leurs crédits disponibles à l'organisation défensive du massif du Gothard, auquel la perforation par une voie ferrée attribue plus que jamais une importance stratégique considérable.

Les travaux sur le versant sud, pour commander le défilé de Stalvetro, à l'entrée du tunnel, sont en bonne voie d'exécution. Le fort d'Airolo, achevé, sera armé en 1889, et l'ouvrage de *Fondo del Bosco* se complète par l'établissement de batteries annexes à *Motto Bartolo,* ayant des vues sur le *Tessin* et le *Bedretto.* Ce système sera complété sur le front nord par l'établissement d'une position fortifiée, ayant son centre à *An-*

dermatt avec annexes à *Oberalp* et au col de la *Furca*[1].

L'occupation de ces annexes ne sera pas, croyons-nous, permanente; des pourparlers ayant été récemment engagés avec l'autorité cantonale, pour le remisage à *Hospenthal* de baraques démontables, destinées à ces garnisons éventuelles.

Andermatt, *Oberalp*, la *Furca*, le *Gothard* sont déjà connus dans notre propre histoire par la fameuse campagne de *Gudin* et *Loison* en septembre 1799.

C'est par le sentier muletier de la Furca, transformé depuis 1867 en une belle route carrossable, que Gudin opéra sa retraite, et Oberalp a vu passer les invincibles de la 38e, de la 67e et de la 109e demi-brigade.

Le gouvernement fédéral consacre annuellement aux travaux du Gothard une somme de 500,000 fr. L'organisation défensive de la frontière méridionale sera probablement complétée par la réfection du fort d'arrêt de *Saint-Maurice*, ou mieux par l'établissement de nouveaux ouvrages au *Bouveret*.

La Suisse, on le constate, se rend parfaitement compte du péril que fait courir à sa neutralité, certaines clauses de la convention militaire, appendice du traité entre l'Allemagne et l'Italie. Nous devons lui savoir gré de cette préoccupation, à laquelle nous sommes si directement intéressés, par la menace d'une jonction des extrémités allemande et italienne, quelque part entre *Lausanne* et *Olten*.

---

[1] Fâcheusement, le génie fédéral en était, en décembre 1888, à son septième ou huitième projet.

Mais c'est avec une fière confiance que la Suisse compte plus encore sur sa valeureuse armée que sur ses fortifications inertes et, cette confiance ne peut paraître exagérée à ceux qui veulent se renseigner attentivement sur la solidité et l'ingénieuse organisation de cette armée de *miliciens*.

L'instruction militaire, *très raisonnée*, donnée à la jeunesse [1], l'extension très heureuse attribuée aux sociétés de tir, l'aptitude fructueusement spécialisée des cadres permanents, le sérieux des cours d'instruction tout cet ensemble contribue plus en réalité qu'en apparence à donner à cette milice de très solides et utiles qualités [2].

Enfin, la récente organisation du *Landsturm* (loi du 5 décembre 1887 réglant les divers détails de l'organisation, de l'armement, du contrôle, de l'em-

---

[1] J'ai sous les yeux un article du *Bund* du 18 novembre 1887, fixant à 5,503 l'effectif de 47 compagnies de cadets existantes dans 13 cantons. Cette organisation ne préjudicie en rien, bien entendu, l'instruction militaire, procurée par l'école et les sociétés de gymnastique, instruction patronnée et réglementée par l'État, pour éviter la dégringolade dans les ridicules abus que nous ne connaissons que trop.

Nous renvoyons ceux de nos lecteurs que la question intéresse, à un article très complet de la *Revue militaire* de l'étranger du 15 janvier 1888.

[2] La Suisse marche dans beaucoup de questions techniques à la tête du progrès, notamment en ce qui concerne l'armement C'est elle qui la première a adopté une arme à répétition, le *Vetterli*. C'est chez elle aussi que prit naissance la question de la réduction du calibre, grâce aux travaux du professeur *Hebler* de Zurich et du major Rubin. Les armes théoriques construites par ces persévérants initiateurs, restent le prototype des transformations actuellement en cours dans les armées européennes.

ploi, etc.) est venue compléter l'état de cette armée, des troupes *fédérales* et des troupes *cantonales*.

L'armée comprend :

Troupes fédérales : les 12 compagnies de guides, parcs et trains de l'artillerie, 8 batteries du génie, troupes administratives et sanitaires.

Troupes cantonales :

	Elite	Landwehr
Bataillons de fusiliers............	98	98
— carabiniers.........	8	8
Escadrons de dragons............	24	24
Batteries de campagne...........	48	8
Batteries de montagne..........	2	»
Artillerie de forteresse (campagne)[1]	10	15

Organisées en 8 divisions actives correspondant aux divisions territoriales. I^e Vaud, Genève, Valais, IIe, Fribourg, Neuchatel, Jura bernois; IIIe, Berne, IVe, Berne, Lucerne, Unterwalden, Zug; V^e, Soleure, Bâle, Argovie; VIe, Schaffouse, Zurich, Schwitz; VIIe, Thurgovie, Saint-Gall, Appenzell; VIIIe, Glaris, Uri, Grisons, Tessin, partie de Schwitz et du Valais.

Au 1er janvier 1888 l'effectif s'élevait à 499,404 hommes.

Savoir :

	Elite	Landwehr	
Infanterie........	88.172	64.035	
Cavalerie........	2.820	2.634	
Artillerie.......	18.318	9.569	Budget de la guerre
Génie	7.263	2.164	1888-1889
Troupes sanitaires..	4.950	1.555	22.116.526 francs
Administr. diverses.	1.508	301	
	123.031	80.248	
Landsturm...........		296.125 hommes.	

Par décret du 28 décembre 1888, les 25 compagnies d'artil-

Le landsturm, prévu par constitution fédérale du 25 mai 1874, voté par assemblée féderale le 4 décembre 1886, rendu exécutoire le 15 mars 1887, comprend tous les citoyens de 17 à 50 ans (55 pour les officiers), non affectés à l'élite et à la landwehr. Ces ressources sont réparties en deux catégories. La première absorbe tout ce qui peut rester de jeunes gens au-dessous de vingt ans, pour en constituer des bataillons de recrues destinés à combler les vides dans l'élite, et à pourvoir aux besoins des services auxiliaires de première ligne.

La deuxième catégorie constitue à proprement parler le landsturm. Une partie de cette deuxième catégorie, environ 70 à 80.000 hommes seulement, est armée pour former des bataillons d'infanterie et des compagnies d'artillerie de positions ; le surplus est affecté aux services auxiliaires et doit être employé, peut-être en majeure partie, à la construction des ouvrages de défense à élever au moment du besoin.

Une seule ombre au tableau. Il est à craindre que l'armée helvétique ne soit affligée d'une fâcheuse lenteur dans son œuvre de mobilisation et de concentration.

Cet inconvénient nous semble être une des conséquences des tendances séparatistes de certains cantons.

---

lerie de forteresse ont été réparties en 5 divisions (deux compagnies d'élite et deux compagnies de Landwehr).

Chaque compagnie à l'effectif de 122 hommes (officiers et troupe) possède un matériel de 32 pièces.

Au total : 98 pièces de 12 centimètres.
70 mortiers de 12 centimètres.
56 pièces de 8 centimètres.

Le comité central de la Société des officiers suisses a pris l'initiative d'une campagne pour réclamer la dépossession de privilèges cantonaux, et une puissante centralisation fédérale en matière militaire.

Nous ne pouvons qu'applaudir à cette initiative de réforme, qui seule, peut procurer à la Suisse, ce qui lui manque encore, pour parfaire au gré de ses efforts, la valeur de son état militaire.

LA NEUTRALITÉ DU CHABLAIS
ET DU FAUCIGNY

Une question, nous intéressant plus spécialement, se greffe au chapitre traitant de la Suisse. Nous voulons parler de la neutralisation du *Chablais* et du *Faucigny*. Ce n'est pas, en effet, sans raison que M. le colonel J. Richard a pu écrire dans sa petite brochure « *Les nouvelles percées des Alpes* » : « La neutralité de la Suisse et celle de la Savoie septentrionale sont sœurs. »

Bien des études ont été écrites sur ce sujet, et, de toutes celles que nous avons dû lire (brochures et articles de journaux) une seule nous paraît mériter d'être citée : *La zone neutre de la Savoie*, par M. Ch. Fescourt, lieutenant-colonel du génie en retraite.

Nous établirons donc :

1° Pendant deux siècles, la maison de Savoie a poursuivi la neutralisation du duché, et elle a fini par l'obtenir partiellement, pour les provinces du Chablais et du Faucigny, ainsi que pour le territoire au nord d'Ugine, par l'acte du 29 mars 1815 et l'acte final du congrès de Vienne du 9 juin, en échange de la cession à la Suisse de douze communes (dont celle de Cavorige).

2° La Suisse en acceptant, au point de vue militaire, l'assimiliation à son territoire du pays neutralisé (la confédération helvétique peut juger à propos d'y envoyer des troupes) la considère comme une charge dont elle a reçu remunération. Ce caractère de charge ressort très explicitement des instructions données en décembre 1815 au plénipotentiaire suisse envoyé à Turin.

3° La substitution de la France à la Sardaigne, le 21 mars 1860, annule la clause de cette neutralisation obtenue par la seconde contre la première de ces puissances.

L'article 2 de cet acte est ainsi conçu :

« Il est également entendu que S. M. le roi de Sardaigne ne peut transférer les parties neutralisées de la Savoie qu'aux conditions auxquelles il la possède lui-même, et il appartiendra à S. M. l'empereur des Français, de s'entendre à ce sujet, tant avec les puissances représentées au congrès de Vienne, qu'avec la confédération helvétique, et de leur donner les garanties qui résultent des stipulations rappelées dans le présent article. »

Dans sa correspondance avec le représentant Français à Berne, et près des cours signataires des traités de 1815, M. Thouvenel, notre ministre des Affaires étrangères faisait très explicitement ressortir, que la neutralisation de cette partie de la Savoie n'avait pas été combinée en 1815, en vue de protéger la frontière suisse, mais était une garantie stipulée au profit de la Sardaigne, réclamée par elle et acceptée par la confédération helvétique en échange d'autres avantages.

Cette communication du ministre français actuel, équivaut à la déclaration que la France était dégagée de toute immixtion de la Suisse. Telle était aussi la pensée de lord Russel dans la communication faite par lui à la Chambre des communes le 23 juin 1864.

4° Enfin, lors même que l'interprétation des événements de 1860 ne serait pas ainsi admise, les traités de 1815 n'existent plus aujourd'hui, et l'on est en droit de se demander pourquoi leur respect seul serait imposé à la France. La Suisse qui a la première intérêt à en réclamer l'explication, n'a-t-elle pas aussi été la première à les violer, en ce qui concerne le maintien de la religion catholique dans les communes cédées au canton de Genève, obligation imposée par le paragraphe 1 de l'article 3 du protocole de Vienne ? A notre avis donc, la neutralisation du Faucigny et du Chablais n'existe plus de fait, et ce ne peut être que par gracieuse condescendance, que le gouvernement français s'abstient de certains actes qui pourraient troubler ses paisibles et excellentes relations avec la Suisse (fortifications du Mont-Vuache, manœuvres dans les Bauges, etc.).

Cette question est du reste de celles qu'il n'est pas indispensable de faire élucider en temps normal. Il n'y a intérêt pour nous à la faire décider que le jour d'un conflit franco-italien. Si les Suisses se prévalant des droits équivoques de 1815 s'empressent d'occuper le pays, nous y avons tout avantage, libre à nous de pourvoir à sa protection contre les incursions des partisans piémontais.

BIBLIOGRAPHIE

La question des fortifications en Suisse (Journal des Sciences militaires, Paris, 1881).
La frontière franco-allemande.
Die Schweiz im Kriegsfalle (Zurich, 1885), et les commentaires complets de cette publication dans la *Nueu militærische Blætter,* livraison de juin 1885. (Postdam.)
Die Landesbefestigung der Schweiz, von V. Meister. (Zurich.)
Die Wehrkraft der Schweiz. (Gotha, 1872.)
Vergleich der charakteristischen Vorschlæge für eine Schweiz. Landesbefestigung. (Zurich, 1881.)
Studien uber die Frage der Landesbefestigung, du Dr Wagner dans l'*Allgemeine Schweizrische Militær-Zeitung.* (Bâle. 1885.)
Die deutsche-frangosische Grenzfestuugen und die Landesbefestigungsfrage.
La neutralité de la Belgique et de la Suisse en cas de guerre entre la *France et l'Allemagne.* (*Nouvelle Revue,* janvier 1883, et *Revue militaire* suisse, janvier 1883, comme la contradiction revue et complétée.)
Les fortifications en Suisse, conférence par le capitaine Fribourg. en février 1880.
Die schweizrische Landesbefestigung colonel Siegfried.
Das Vertheidigungs- und Befestigungswesen der Schweiz. (Berne).
Betrachtungen über militærische Verkæltuisse der Schweiz, dans l'*Allgemeine Militær-Zeitung.*
Dei Wehrkraft der Schweiz und ihre Bedeutung fur einen europæischen Krieg (Berlin, 1889). Critique trop souvent injuste notamment en ce qui concerne certaines personnalités militaires : colonels Feiss, Potospletz, Hungerbuhler, etc., etc.
Géographie militaire de la Suisse, par le colonel (fédéral) Bollinger. Lausanne, 1884.

XIII

ITALIE

ITALIE

J'appliquerai à l'Italie le procédé d'étude que j'ai déjà adopté pour la Russie.

J'examinerai d'abord l'organisation de l'armée et de la marine, pour formuler de cette première partie, la valeur numérique de la puissance militaire.

Je scruterai ensuite le terrain et le rendement stratégique du réseau ferré.

Enfin, suivra la discussion des hypothèses commandant le groupement des masses et faisant préjuger de leur emploi.

Les lois organiques de 1876 et du 29 juin 1882 établissent l'obligation du service personnel et obligatoire pour une durée de dix-neuf ans (20 à 39 ans), mais cette servitude, par suite des considérations économiques très dommageables, se répartit inégalement sur l'ensemble du contingent, établissant trois catégories dont la proportionnalité est fixée chaque année par la loi des finances. Les jeunes gens placés dans la première catégorie servent trois ou quatre ans dans l'armée active (suivant qu'ils appartiennent aux troupes à pied ou aux armes à cheval), cinq ans dans la réserve de l'armée active, quatre ans dans la *milice mobile* et sept ans dans la *milice territoriale*.

Il a déjà été question au cours de plusieurs législations, de fixer uniformément à trois ans, la durée du service sous les drapeaux. Les jeunes gens des 2ᵉ et 3ᵉ catégories demeurent neuf ans à la disposition de l'armée active, passent ensuite quatre ans dans la milice mobile et achèvent leurs dernières sept années dans la milice territoriale.

Les deux catégories ne se distinguent que par la durée des périodes d'instruction, généralement de 3 mois pour la deuxième catégorie, de 10 à 30 jours pour la troisième catégorie.

L'armée italienne use également du volontariat d'un an, et procède ainsi par considérations budgétaires aux libérations anticipées.

Ainsi : la loi du 29 juin 1882 fixe à 76,000 hommes l'effectif à admettre dans la première catégorie, effectif sur lequel 13,000 hommes sont à renvoyer au bout de deux ans.

La loi du 29 mars 1887 fixe ce même effectif pour la classe de 1867 à 82,000 hommes sur lesquels 10,000 hommes ne font que deux ans. Des 82,000 hommes, 79,778 seulement ont été appelés en réalité.

La deuxième partie du contingent comprend un peu plus de 20,000 hommes (23,537, classe de 1864 ; 20,372, classe de 1863), dont 18,000 environ (18,400 en 1887, 18,200 en 1882) accomplissant des périodes d'instruction de 50 à 60 jours.

La troisième catégorie compte dans les 80,000 hommes (83,438 de la classe 1864 ; 85,061 de la classe 1863) dont le quart tout au plus accomplit une période de quinze jours.

Puisque nous sommes sur le chapitre du contingent, il n'est pas sans intérêt de détailler le rendement d'un de ces contingents. Prenons celui de 1886, 293,625 hommes nés en 1866. En y ajoutant les omis et ajournés des classes précédentes, 352,857 jeunes gens.

Réformés........................	72.875 (20, 35 p. 100)
Ajournés........................	76.560 (21, 38 p. 100)
Dispensés de la 1re et 2e catégorie.	89.802
Disparus........................	11.529
	250.766
Disponibles pour la 2e et 3e catég.	102.091
	352.857

Des 71,605 jeunes gens réellement incorporés :

Infanterie...............	49.016
Cavalerie...............	8.092
Artillerie...............	8.005
Génie...................	2.623
Gendarmerie...........	2.249
Services auxiliaires.....	1.301
Écoles.................	319
	71.605

Des 72,875 réformés, 22,000 l'ont été par défaut de taille, les autres pour infirmités ou faiblesse de constitution.

Les détails que nous venons de produire ne sont pas superflus, car ils donnent très exactement à connaître, combien est grande dans la masse des hommes dont l'Italie dispose, le nombre de ceux dont l'instruction et l'éducation militaires sont absolument insuffisantes. Nous le noterons encore avec plus de précision lorsque nous arriverons à la récapitulation des forces.

L'*arme de l'infanterie* comprend 96 régiments à 3 bataillons et un dépôt, 12 régiments de bersaglieri et 7 régiments de troupes alpines (Alpini). Soit 346 bataillons.

Les régiments de bersaglieri sont à 3 bataillons l'un, mais les bataillons affectés chacun d'un numéro sont indistinctement répartis dans les régiments.

Ainsi : 3ᵉ régiment. Bataillons, nᵒˢ 18, 20 25.
8ᵉ régiment. Bataillons, nᵒˢ 3, 5, 12.

Les troupes alpines, depuis la nouvelle organisation du 23 juin 1887, comptent 22 bataillons et 75 compagnies réparties en 7 régiments.

Il n'est pas inutile de donner avec plus de précision la répartition de ces troupes jusqu'à peu de temps encore particulières à l'Italie, car nous commençons seulement à spécialiser un certain nombre de nos bataillons de chasseurs.

	Bataillons		
1ᵉʳ régiment	à Pieve di Teco	3	comp.
	Ceva	4	—
	Mondovi	3	—
2ᵉ régiment	Borgo San Dalmozzo	4	—
	Vinadio	4	—
	Dronero	4	—
3ᵉ régiment	Fenestrelle	4	—
	Suse, nᵒ 1	3	—
	Suse, nᵒ 2	3	—
4ᵉ régiment	Pinerolo	4	—
	Ivrée	3	—
	Aoste	4	—

	Bataillons.		
5ᵉ régiment	Morbegno	3	comp.
	Tirano	3	—
	Edolo	3	—
	Rocca d'Anfo	3	—
6ᵉ régiment	Verone	4	—
	Vicenze	3	—
	Bassano	3	—
7ᵉ régiment	Feltre	3	—
	Pieve di Cadore	3	—
	Gemona	4	—

Toutes les compagnies actives (75) et les 22 compagnies de milice, qui reviennent à raison de une à chaque bataillon, portent la série des numéros de 1 à 97. La compagnie est sur le pied de paix à l'effectif de 4 officiers et 139 hommes. Ces compagnies sont cantonnées en permanence dans le district sur lequel elles auront à opérer en temps de guerre. Elles forment une troupe remarquablement bien recrutée et entraînée, devant rendre à la mobilisation d'excellents services comme troupes de couverture et partisans, pour les reconnaissances et petites opérations offensives dans nos vallées.

La compagnie d'infanterie compte sur le pied de guerre 225 hommes; le bataillon 920 fusils. L'infanterie est armée du fusil Veterli du calibre de 14^{mm}4, actuellement transformée en une arme à répétition à magasin central par l'adoption du chargeur détachable (caricatori) Vitali. Cette arme dite du modèle 70-84 est un excellent fusil qui s'est très brillamment comporté aux essais faits au camp de Beverloo, pour l'adoption d'un fusil à répétition à l'usage dans l'armée belge. Il a été apprécié supérieur au Mannlicher autrichien. L'Italie commence à songer à l'adoption d'une arme de calibre réduit, mais la question est encore à l'étude et la question d'argent fera qu'on se décidera le plus tard possible à cette onéreuse transformation.

L'infanterie italienne est, à tous les points de vue, excellente, et sur le champ de manœuvre et en terrain varié. Elle a une très bonne instruction dans le tir.

L'arme de la cavalerie compte 24 régiments à 6 escadrons, les deux derniers ayant été formés en novembre 1887.

Ces régiments portent outre le numéro de série générale, le nom d'un chef honoraire ou une appellation territoriale. Exemple : 1er régiment, Nice, 3e régiment, Savoie, 10e régiment, Victor-Emmanuel, 23e régiment, Humbert I, etc.

Les dix premiers régiments armés de lances sont dit plus spécialement « lancieri »; les quatre premiers portent le casque, les six autres le colback. Les autres régiments sont simplement dénommés «cavallegieri».

Les régiments se distinguent entre eux par la couleur des caissons, des parements, des bandes, passepoils, etc.

Les régiments de lanciers portent au collet l'étoile sur fond uni. Les régiments de cavalerie ont une sorte de flamme ou crête de coq.

Ainsi, 7e régiment (Milan), écusson et passepoil amarante, parements noirs.

21e régiment (Padoue), même couleur, mais flamme noire à l'écusson du collet.

Les 24 régiments sont répartis en 9 brigades. Les chiffres, entre parenthèse, indiquent le nombre de régiments composant la brigade : 1re Turin (2) ; 2^e

Alexandrie (3) ; 3° Milan (4); 4° Vérone (2) ; 5° Padoue (2); 6° Bologne (3) ; 7° Florence (3); 8° Caserte (2) ; 9° Naples (2).

A la mobilisation, la répartition de la cavalerie paraît être la suivante :

Un régiment par corps d'armée, 3 divisions indépendantes à 4 régiments l'une.

La remonte de la cavalerie italienne n'est pas sans quelque peu préoccuper les généraux de l'arme. Elle a besoin de 40,000 chevaux, et il faudrait, en prévision de la mobilisation, procéder à des achats à l'étranger. De très louables efforts ont été tentés pour se dégrever de cette servitude ; création et extension des dépôts de remonte et jumenteries de Grosetto, Persano, Palmanova, Porto-Vecchio, Scordia et Bonorva; gros sacrifices pour l'achat d'étalons, primes accordées, loi de protection en vue d'affranchir, au 1ᵉʳ juillet 1900, le pays, de l'importation. Mais les résultats, si jamais ils doivent être acquis avec complète satisfaction, sont longs à se réaliser et la cavalerie italienne subit une période critique que ne se dissimulent pas certains esprits éclairés et honnêtes, tel que le général Boselli, d'une très parfaite compétence en toutes les questions de l'arme. C'est ainsi que le général Boselli répudie l'optimisme ministériel, et que ses constatations ne se trouvent pas toujours en concordance avec les déclarations officielles. Nous nous rappelons entre autres, au moment de la discussion qui a précédé la création des deux derniers régiments, que le général contestait l'exactitude du chiffre de 15,840 cavaliers, proclamé par le ministre de la guerre, tandis qu'il n'en comptait, lui, que 13,200.

La cavalerie italienne, quoique toujours assez médiocre, commence néanmoins depuis quelques années à s'améliorer.

Signalons avant de quitter ce paragraphe, l'excellent organe de l'arme, la *Revista di cavalleria*, traitant avec beaucoup de compétence les questions d'enseignement technique.

Il a été question de former la cavalerie à 30 régiments de 5 escadrons l'un.

L'arme de l'artillerie réorganisée par la loi du 23 juin 1887, qui a été appliquée le 1ᵉʳ novembre 1888, comprend :

24 régiments d'artillerie de campagne dont 12 régiments divisionnaires et 12 de corps d'armée; chaque régiment est à deux groupes de 4 batteries et 2 compagnies du train d'artillerie, la batterie est à 6 pièces (4 en temps de paix).

Le corps d'armée est par suite, doté de 96 pièces, savoir : 72 lourdes de 9 et 24 légères de 7.

Un régiment d'artillerie à cheval à 3 groupes de 2 batteries avec train correspondant.

Cinq régiments d'artillerie de forteresse, formés 3 à 3 groupes de batteries, 2 à 4 groupes et train correspondant.

Un régiment d'artillerie de montagnes constitué à 3 groupes de 3 batteries avec train.

Inutile d'énumérer les services spéciaux de l'artillerie, tels que sections de munitions, parcs de corps d'armée et d'armée, deux parcs de siège, formés à 200 pièces, etc., etc.

Au total 2,400 pièces de campagne.

Comme appréciation générale : très bonne arme, bien instruite, mais plus théoriquement que pratiquement, excellent matériel; les attelages laissent à désirer.

L'arme du génie également réorganisée par la loi du 23 juin 1887, comprend 4 régiments.

Les deux premiers sont formés à 6 brigades de 3 compagnies l'une, 2 compagnies de sapeurs conducteurs et un dépôt.

Le troisième régiment compte 7 compagnies de sapeurs en 3 brigades, 3 sections de télégraphistes (6 compagnies), une section technique, 3 compagnies de sapeurs-conducteurs et un dépôt.

Le quatrième régiment compte 8 compagnies de pontonniers en 3 brigades, 1 bataillon d'ouvriers de chemins de fer, 2 compagnies de laguniers, 3 compagnies de sapeurs-conducteurs et un dépôt.

B. *La milice mobile* comprend, la cavalerie exceptée des troupes de toutes armes, plus une formation particulière à l'île de Sardaigne.

Infanterie.....	48 régiments d'infanterie à 3 bataillons. 18 bataillons de chasseurs. 22 compagnies alpines (n° 76 à 97).
Artillerie.....	12 groupes à 4 batteries avec train. 34 compagnies de forteresse et de côte. 9 batteries de montagnes.
Génie	21 compagnies de sapeurs-mineurs. 4 — de pontonniers. 2 — d'ouv. de chem. de fer. 3 — de télégraphistes. 4 — de sapeurs-conducteurs. 1 — de laguniers.

12 compagnies de troupes sanitaires.

12 compagnies de troupes d'administration. (Loi du 20 octobre 1888.)

Comme formations spéciales à la Sardaigne :

3 régiments d'infanterie, 1 bataillon de chasseurs, 1 escadron de cavalerie, 2 batteries d'artillerie de campagne, 1 compagnie du train d'artillerie, 1 compagnie d'artillerie de forteresse, 1 section d'artillerie de forteresse, 1 section d'artillerie de montagnes, 1 compagnie du génie, etc.

Les régiments d'infanterie et les bataillons de chasseurs se constituent à la mobilisation, dans des centres spéciaux où se tiennent les contrôles, et où s'entretiennent les magasins du corps. Les Alpins et les troupes d'autres armes se constituent près des dépôts correspondants de l'armée active.

Au total 295,674 hommes dont 2.914 officiers, savoir :

Sur ces 295,674 hommes de troupe 52 p. 100 appartiennent à la première catégorie, 48 p. 100 aux deux autres.

    5.507.......... sous-officiers
    24.475.......... caporaux.
    265.692.......... soldats.

Répartition par arme :

Infanterie..............	247.164
Troupes alpines........	19.149
Artillerie..............	17.702
Génie.	4.813
Compagnies sanitaires..	4.595
Comp. de subsistances..	1.381
Cavalerie (Sardaigne)..	400
Gendarmerie...... ...	160

Comme nous l'avons déjà fait valoir, l'instruction et l'éducation militaires de cette milice mobile sont notoirement insuffisantes, et l'on ne peut réellement compter que la fraction des quatre classes ayant passé par l'armée active.

L'instruction professionnelle des officiers est faible et les cadres sont très insuffisants, 2,914 officiers pour 295,000 hommes de troupe.

En somme, l'Italie ne possède en armée de seconde ligne qu'un instrument de faible valeur.

L'état-major de la Pilotta projette de constituer, avec une partie de cette milice, des divisions de réserve pour l'armée de campagne, et d'en employer une partie à la défense des côtes et des places fortes. C'est ainsi que la garnison de guerre du camp retranché de Rome, comprend deux divisions de cette milice.

C. *La milice territoriale* (organisation du 8 novembre 1888).

La milice territoriale constitue 320 bataillons d'infanterie, 22 bataillons alpins (75 compagnies), 100 compagnies d'artillerie de forteresse et de côtes, pouvant être éventuellement réunies en bataillons (20 au maximum), 30 compagnies de génie pouvant être éventuellement réunies en bataillons (6 au maximum), des troupes sanitaires et administratives, à raison de une unité par corps d'armée.

Sardaigne : 5 bataillons.

La milice territoriale pourrait être employée comme troupe de campagne, mais son organisation est fort peu avancée et elle est à tous les points de vue d'une mobilisation très pénible.

Les officiers font défaut aussi.

L'appel de la milice territoriale commence par les sept classes des hommes ayant servi dans l'armée active, soit environ 250 à 280,000 hommes.

Les sept classes de la deuxième catégorie sont douteusement utilisables ; celles de la troisième catégorie ne valent rien.

Signalons enfin divers essais d'organisation d'une milice communale (228 communes).

Comme valeur numérique, 1.337.227 hommes.

Dont : 5.512...... officiers
11.677...... sous-officiers.
54.072...... caporaux.

Des hommes de troupe :

300.203.......... 1re catégorie.
256.530.......... 2e —
714.745.......... 3e —

Autrement :

Instruits................ 575.496
Non instruits.......... 695.982

Prenons, maintenant que nous avons passé en revue les éléments constitutifs de l'armée italienne, les données de la statistique officielle du général Torre, à la date du 1er juillet 1887.

Armée active et réserve.. 871.464 hommes.
Milice mobile............ 295.674 —
Milice territoriale........ 1.337.227 —

Total général....... 2.504.365 hommes.

Plus 32.459 officiers, savoir :

Armée active	17.998	Ce qui donne à peu près 1 officier pour 17 hommes. En Allemagne la proportion est de 1 officier pour 28.
Milice mobile	2.914	
— territoriale	5.512	
Retraités	3.769	
Services auxiliaires	2.266	

Si maintenant nous retranchons du total général le personnel des écoles, les invalides, les détenus, etc. nous trouvons par arme :

Infanterie	665.896
Cavalerie	33.349
Artillerie	118.034
Génie	29.520
Services	21.116
Gendarmerie	24.739
Dépôts, fonctions sédent	264.678

Total qui se répartit par âges :

17 à 20 ans	43.856
20 à 25	436.107
25 à 30	476.656
30 à 40	209.349
40 ans	1.171
	1.167.139

D'autre part, le ministre de la guerre, dans une assez récente déclaration, décomptant les forces en trois groupes : *hommes de 1re catégorie* (armée permanente et milice mobile), *troupes de complément* (hommes de la 2e catégorie) et *milice territoriale* (hommes des 1re et 2e catégories), énonce l'effectif de 1,360,000 hommes.

Enfin, le *Popolo romano*, dans un article du mois de janvier de cette année « *La questione dei fucili* », reprenant la statistique dernière du général Torre, mais lui faisant subir quelques corrections (déchet, etc.). Chiffre 1,293,000 hommes.

Nous ferons simplement remarquer que ces totaux, quelle que soit leur provenance, sont fastidieusement exagérés. Il faut, pour les composer, tenir compte de toutes les non-valeurs imaginables, négliger l'insuffisance des cadres, la forte proportion des hommes incomplètement instruits, les manquements dans les approvisionnements de réserve, etc.

Des renseignements, dont je ne puis ici indiquer l'origine, me portent à fixer à 850,000 hommes, la valeur numérique de l'armée italienne *réellement utilisable*.

Et quand je dis, *réellement utilisable*, cela s'entend encore dans les limites de temps permises par la mobilisation et la concentration.

Je tiens à noter ici, pour indiquer combien mon enquête est consciencieuse et indépendante, que les manquements dans les approvisionnements de réserve précédemment signalés, ne portent que sur certaines des fournitures indispensables à la mobilisation d'une armée.

C'est ainsi que l'Italie possède en fusils plus qu'il ne lui est nécessaire. Les 126,770,000 francs accordés par les diverses lois, depuis celle du 16 juin 1871 jusques et y compris celle du 2 juillet 1885, lui ont permis la fabrication de 1,400,000 fusils, dont 800,000 du modèle Vetterli-Vitali et 250,000 en cours de transformation.

C'est précisément l'exacte appréciation de cette situation qui a provoqué en décembre 1888 et en janvier 1889 un intéressant et instructif débat parlementaire, souligné par une polémique entre l'officieux *Esercito* et le *Popolo romano*.

L'*Esercito* soutenant la demande ministérielle de 36 millions, pour achever la fabrication des armes, le *Popolo romano* prouvait que la dépense était superflue car elle devait servir, soit à armer la totalité de la milice territoriale ce qui était inutile, soit à couvrir d'autres dépenses.

Cette dernière conjecture est fort plausible, en admettant toutefois qu'une partie du crédit demeurerait réellement affecté à la fabrication de nouvelles cartouches.

Nous déterminerons par la suite, en examinant le rendement du réseau ferré, la capacité de concentration de l'armée. Disons, dès maintenant, quelques mots de sa mobilisation.

L'Italie, malgré son *unification* tant vantardée [1], n'a pas cru pouvoir encore adopter le recrutement régional. Elle reste divisée en grandes zones sous-réparties en 87 districts [2] de recrutement, fournissant chacun à l'infanterie une fraction de son contingent. Pour les autres armes, le contingent est prélevé sur

---

[1] Qu'on veuille bien se souvenir de l'incident Misdea, dans une caserne de Naples, incident que le commissaire du gouvernement a très franchement imputé à l'esprit particulariste, vestige non disparu des anciennes divisions de la péninsule.

[2] Chacun de ces districts possèdent un certain nombre de compagnies spéciales qui fournissent à la mobilisation les troupes de garnison « bataglione e compagnie presidarie ».

l'ensemble du territoire. Les compagnies alpines ont un recrutement local. Ainsi : le bureau de recrutement de Naples fournit 8 régiments d'infanterie, 1 de bersaglieri, 1 du génie, 2 d'artillerie, 2 de cavalerie et 2 compagnies sanitaires. Autre exemple : le 7° régiment de cavalerie (Milan) reçoit les hommes des districts de Avellino, Bari, Brescia, Catane, Macerata, Mantoue, Massa, Rovigo. Or, comme les réservistes rejoignent, non le corps le plus à proximité, mais celui d'origine, et qu'ils font le détour par le bureau de district, on se rend aisément compte combien la mobilisation italienne est péniblement compliquée et grevée d'une fâcheuse complication. Il est vrai que pour compenser, dans la mesure du possible, ces lenteurs et ces difficultés de mobilisation et de concentration, la carte de dislocation des troupes accuse la plus forte densité dans la partie continentale du royaume.

Nous y relevons, sauf changements, sans grande conséquence :

47 régiments d'infanterie ;
23 bataillons de chasseurs ;
Toutes les troupes alpines ;
9 régiments d'artillerie ;
2 régiments du génie ;
15 régiments de cavalerie.

Quant à la valeur même de l'armée italienne il serait injuste de ne pas l'apprécier. L'infanterie surtout a d'excellentes qualités. L'ensemble est parfaitement instruit, et sur le champ de manœuvre, et dans les camps d'instruction, et les grandes manœuvres en

Emilie, confirment amplement cette excellente opinion, que nous savons partagée par tous ceux, qui sans se laisser accrocher par quelques légères mésaventures, ont pu être spectateurs du combat du 2 septembre à Ghiardo et de la revue près de *Rubiero*.

A Sehange, ces appréciations sont moins favorables. J'ai sous les yeux diverses correspondances anglaises datées de Massaouah, dont une signée par un officier supérieur de l'armée des Indes, et des extraits de journaux allemands, y compris le fameux article du *Militar Wochenblatt*, d'avril 1887, qui a causé tant de déplaisir à la Pilotta, parce que l'on n'y cachait pas, sous assez de fleurs, une sévère critique de l'organisation italienne.

Les revues, que le jeune empereur allemand a été passer, de l'armée et de la flotte de son allié, à Centocelle et à Naples, n'ont point modifié cette fâcheuse appréciation.

Je me garderai bien, à ce sujet, d'émettre un avis personnel, préférant de beaucoup laisser dire un correspondant du *Berliner tageblatt* (28 novembre 1888)[1]. Le correspondant ne cache pas la mauvaise impression ressentie par l'état-major allemand, et la néces-

---

[1] Je signalerai également un article dans le *Times* (22 octobre), de son correspondant de Rome, rendant compte de la revue de Centocelle.

Cet article dans une note générale très favorable à l'armée italienne, contient néanmoins quelques critiques :

1° Les chevaux de l'artillerie et de la cavalerie laissent à désirer ;

2° Si l'armée n'est pas ce qu'elle doit être, la faute en est au corps d'officier ; le système de promotion dans les grades supé-

sité qui lui a été imposée de faire entendre un blâme :

1° La principale de ces remontrances porte sur l'insuffisance du réseau ferré pour satisfaire aux besoins de la mobilisation.

Outre qu'elle se trouve fort exposée, la ligne de la mer Thyrénéenne à un rendement tout à fait insuffisant. L'organisation du service des chemins de fer laisse à désirer, le matériel roulant est en mauvais état et en quantité insuffisante.

Ces remontrances ont été entendues.

Une demande de crédits spéciaux, présentée en décembre, a pour but d'améliorer la ligne Pistoya-Bologne, par l'établissement de voies de garage, et de donner, vers Faenza, une nouvelle traversée de l'Appenin.

L'organisation militaire des chemins de fer se modifie dès à présent sur le modèle prussien.

Quant au mauvais état et à la pénurie du matériel, le ministre des travaux publics a fait comprendre aux compagnies, qu'elles étaient les premières intéressées à modifier cet état... aux frais de leurs actionnaires et obligataires. De petites notes habilement jetées

nieurs, donne prise à la critique et est trop dépendant du favoritisme ;

3° Le système de centralisation à outrance enlève toute initiative aux grades subalternes ;

4° Le plus grand péril pour l'Italie en cas de mobilisation, est l'organisation défectueuse de son service des chemins de fer. Le transport de trente et quelques mille hommes qui ont pris part à la revue, a complètement bouleversé l'exploitation normale.

5° Un autre grave défaut dans l'infanterie est l'absence complète de discipline du feu

dans les journaux, signalent journellement depuis lors, l'encombrement obstruant les voies, tantôt à Milan, tantôt à Gênes, et auquel les compagnies ne peuvent remédier qu'en augmentant leur matériel.

2° En second lieu, l'insuffisance, en nombre et en qualité, des officiers de l'armée de seconde ligne; l'imprévoyance et l'imperfection des dispositions prévues pour les détails de la mobilisation.

Ici, la critique du correspondant allemand est d'autant plus autorisée, qu'elle emprunte en totalité les récriminations énoncées par l'*Esercito* dans un article en date du 9 novembre, portant appréciation sur les dernières convocations de la milice mobile et de la milice territoriale.

Dans ces deux milices, les officiers sont en nombre insuffisant, et leur instruction professionnelle donne prise à d'identiques reproches. Ils s'adressent seulement — et c'est là toute la différence — dans la milice territoriale, aux capitaines et aux officiers supérieurs.

Dans cet ordre d'idées encore, les conseils venus de Berlin ont été docilement suivis. Pour la quantité, on a eu recours à de nouvelles promotions; pour améliorer la qualité, des cours spéciaux d'instruction ont été organisés.

J'ajouterai enfin, le journaliste allemand ayant cru devoir passer ce fait sous silence, que l'état-major de Berlin a vivement conseillé à celui de Rome, une intelligente épuration dans le haut personnel de l'armée, épuration d'autant plus nécessaire que la retraite par limite d'âge ne frappe pas nos collègues de l'armée italienne. Le roi Humbert s'est incliné et n'attend que l'occasion d'agir.

J'ai tenu essentiellement — pour éviter tout reproche de partialité — à faire dire à l'armée italienne les vérités qui lui sont pénibles à entendre, par des compatriotes ou des amis. Toutes ces critiques peuvent à mon sens se résumer en une simple formule : quantité fictive au préjudice de la qualité.

Gênée comme elle l'est par des finances obérées, l'orgueilleuse alliée de l'Allemagne n'est que trop fatalement condamnée à compromettre les qualités sérieuses de sa véritable armée, à la vanité de dénombrer des masses considérables.

Les dépenses, sans cesse croissantes, prétextées par la défense nationale, s'élèvent pour l'exercice courant à 632,410,272 francs.

Savoir :

Budget de la guerre.	dépenses ordinaires. . . .	244.431.419
	dépenses extraordinaires.	153.390 000
		397.821.419
Budget de la marine.	dépenses ordinaires. . . .	89 065.853
	dépenses extraordinaires.	65 523.000
		154.588.853
Chemins de fer stratégiques	. . . .	86 000.000

Peu importe au fond de discuter, si c'est à Mezzacapo ou à M. Crispi qu'incombe la responsabilité d'une situation économique à ce point compromise, que le ministre des finances en est réduit aux plus misérables expédients, non pour sauver la situation, mais seulement pour retarder la catastrophe.

Les aveux de l'infortuné successeur de M. Magliani, M. Perazzi, sont toutefois bons à recueillir, ne serait-ce que sous forme de conseil adressé à nos nationaux, assez imprudents et malavisés, pour trop hésiter à se défaire d'une valeur italienne soutenue facticement, par des spéculations chèrement rétribuées à certains banquiers de Londres et de Berlin.

Ces aveux résumant un historique très complet et fort sincère des finances italiennes, depuis la fondation de l'unité, portent sévère condamnation du système suivi dans ces dernières années.

De 1862 à 1870, le déficit moyen était de 339 millions.

De 1871 à 1875, il est réduit successivement et disparaît complètement.

De 1876 à 1881, période de véritable prospérité, les recettes dépassent les dépenses.

En 1882, l'excédant qui était encore de 54 millions en 1881 tombe à 4 millions. En 1887-88 le déficit atteint 73 millions. Celui de l'exercice courant est de 191 millions, et, à la fin de ce même exercice, le découvert total du trésor se chiffrera par 460 millions!!!

Dans de telles conditions, l'incident du général Mattei, directeur de l'artillerie et député, se refusant à voter les crédits militaires, a-t-il réellement besoin de beaucoup de commentaires [1] ?

---

[1] Le général Mattei, comme on l'a vu par des indiscrétions de la *Gazetta di Venezia* (2 janvier 1889), a voté contre les dépenses militaires, alors que d'autres de ses collègues s'étaient simplement abstenus, parce qu'il n'a pas confiance dans l'administration actuelle de la guerre et qu'il y soupçonne des tripotages, entre autres, choses, n'admettant pas la demande de 49 millions, pour fabrication d'armes portatives, le département de la guerre possédant plus de fusils qu'il n'y a de combattants.

Le général Mattei, mis en disponibilité, a depuis cette époque demandé sa mise à la retraite. Quant au parlement il n'a pas tenu à ce que la lumière se fît sur les tripotages soupçonnés.

Les gens bien informés ont prétendu que, lors de l'entrevue célèbre entre M. Crispi et M. de Bismarck, le ministre italien avait reçu le conseil très pressant et fort impératif de soigner avant tout la marine.

M. de Bismarck aurait insisté particulièrement sur ce point délicat, que l'action éventuelle de l'Italie devait se prononcer principalement aux deux ailes du déploiement stratégique, et qu'il était de principe admis à Berlin, que toute pénétration en Provence était irréalisable, si l'attaquant n'était pas maître de la mer.

Ce principe exprimé sous une autre forme, « la victoire reste à qui sait se servir de la mer », sert de thème à la curieuse étude *Rome et Berlin* (signée Charles Roppe), et cette considération, impose au gouvernement du roi Humbert, comme préoccupation essentielle, l'augmentation et le développement de la puissance navale italienne.

L'étude du budget de la marine prouve surabondamment ces tendances.

La marine italienne est absolument spécialisée et particularisée par des types de colosses, armés d'une formidable artillerie, doués d'une bonne vitesse, masses offensives autant que défensives, dont les prototypes sont le *Duilo* et le *Dandolo*.

Tels : le *Lepanto* et l'*Italia* cuirassés à 430 mètres, armés de 4 pièces de 103 tonnes et 8 pièces de 15 centimètres, dotés d'une machine de 18,000 chevaux, donnant une vitesse de 17 nœuds, un peu supérieure à celle des nouveaux bâtiments *Nile* et *Trafalgar* que l'Angleterre vient de mettre à la mer. Le *Re Umberto*, qui vient de quitter les chantiers de Castellamare ; la *Sicilia*, en construction à Venise ; la *Sardegna*, qui s'achève à la Spezia ; le *Morosini*, le *Doria*, le *Ruggeris di Lauria*, tous trois de 10,000 tonnes complètent cette brillante série.

Les 18 cuirassés de 1er rang dont nous venons de citer les spécimens les plus remarquables, ne sont pourtant pas tous de même valeur. Nous y retrouvons les vieux types de 1863 à 1865, avec des vitesses de 13 nœuds, de faibles cuirassés (110 à 120 mètres) et un tonnage de 2,125 comme le *Castelfidardo*.

Courant 1888, les 12 cuirassés se répartissaient ainsi : 5 armés, 7 en réserve, 3 en deuxième réserve, 3 en construction.

Des 16 cuirassés de 2e rang (8 armés, 4 en réserve, 3 en deuxième réserve, 1 en construction), presque tous sont des bâtiments de choix filant 17 nœuds : *Vespucci, Saroja, Fieramoscà, Bausan, Etna, Vesuvio. Stromboli, Tripoli, Folgore, Dogali*, etc.

Les 9 avisos qui forment la 3e classe n'ont rien de remarquable, même en cherchant bien dans les 170 bâtiments que les Italiens font entrer dans cette catégorie.

Ajoutons-y encore 17 canonnières et 106 torpilleurs : 21 de 2e classe, n°s 1 à 21, 38 de 1re classe dont 2 en construction et 47 de haute mer dont 32 en construction.

Les Italiens, comptant absolument sur tout ce qui flotte, prétendent posséder 247 bâtiments dont 43 en construction. En 1897, à l'achèvement complet du programme élaboré en 1877, l'Italie pense avoir 282 bâtiments ainsi répartis :

76 bâtiments d'escadre	16 de 1re classe, type Duilo et Italia. 20 de 2e classe, type Savoie. 40 de 3e classe.
16............	transports.
190 torpilleurs.	12 avisos. 120 de haute mer. 58 pour la défense des côtes.

Cet ensemble constitue assurément une belle et puissante flotte, mais incapable à elle seule de tenir la Méditerranée, et devant se résigner à attendre des circonstances exceptionnellement favorables pour risquer l'attaque de notre escadre, tenue sagement, en un mot, à la défense et à la protection de ses côtes.

Ceci dit, pour se tenir dans un équitable milieu, à égale distance de l'enthousiasme officiel[1] ou officieux

---

[1] Rappelons seulement le banquet à Turin du mois de septembre 1888 dans lequel M. Brin a fait devant ses électeurs le pompeux éloge de la marine et surtout de son activité personnelle. A retenir entre autres :

1° Constance des efforts se traduisant en chiffres par la valeur du matériel : en 1866, ce matériel valait 160 millions, en 1874, tombé à 100 millions, relevé aujourd'hui à 360 millions.

2° Tendances à substituer l'industrie nationale à la production étrangère. Le *Duilo*, le *Dandolo*, le *Lepanto*, l'*Italia*, ont été construit avec le matériel étranger. Le cuirassé *Lauria* a déjà une partie de sa cuirasse de provenance nationale. Les cuirasses du *Doria* et du *Morosini* seront entièrement fournies par l'industrie italienne. Pour le *Re Umberto*, la *Sicilia*, la *Sardegna*, le progrès sera plus accentué encore, les machines auront été construites en Italie. Ces progrès sont dus en majeure partie au développement de l'aciérie de Terni.

3° Enfin comme appréciation : « La flotte italienne est un excellent instrument de défense. »

et des trop violentes critiques de quelques pessimistes comme M. *Molli*, ancien officier de marine, rédacteur de la *Riforma*[1], ou des sévères études de M. de Jerbi, développant, dans la *Nuova-Antologia*, le programme du rôle qu'il attribue à la marine de son pays.

L'Italie, comme toutes les autres puissances, a pris des dispositions avec les grandes compagnies de navigation pour la mise en service d'une flotte auxiliaire de transport. Toutefois, à quelques exceptions près (Solférino, Rosario, Corrière di Livorno), les bâtiments de la Société de *Navigazione générale* ou de la *Veloce*, sont mal conditionnés. Aussi la compagnie de *Navigation générale* se serait-elle récemment engagée avec promesse d'une très forte subvention — près de 40 millions — à se conformer au programme proposé par le contre-amiral Morin, de construire des bâtiments neufs : 29 transports et 33 croiseurs.

Enfin, le gouvernement n'a rien négligé pour développer à la Spezzia, à Naples, à Castellamare et à Venise, les chantiers de construction navale, l'aciérie de Terni et la succursale que la maison Armstrong a créée à Puzzoli. Les torpilleurs, dont quelques-uns ont été achetés en Angleterre et à Elbing, se construisent en Italie sur les chantiers Orlando, Pattison, Nicolo Ordero, Harothorn, Guppy, etc.

Nous avons déjà donné le chiffre du budget de

---

[1] Cet écrivain dans une dernière brochure, déclare illusoire la solidité des navires, trop limité la protection des cuirasses, défectueux les appareils moteurs. Il fait valoir la délicatesse excessive du mécanisme de la grosse artillerie que la moindre avarie peut mettre hors de service, et il estime dangereux la longue période que nécessite l'armement des vaisseaux.

l'exercice courant, rappelons ceux des exercices antérieurs :

1884-85.	57,992
1885-86.	76,870
1886-87.	94,218
1887-88.	102,385

y ajoutant le crédit de 85 millions réparti en dix annuités accordés par la loi du 25 mai 1885.

Enfin, il n'est pas inutile de faire remarquer, pour achever cette caractéristique de la marine italienne, que de l'avis même de certains, il n'y a pas unité de pensée dans le corps des officiers. D'une part, se trouvent les partisans du ministre Brin; d'autre part, les adhérents des amiraux Acton et Saint-Bon. Ce dernier surtout, dont l'absence à la revue navale de Castellamare a été très commentée, a eu avec le ministre de la marine une succession de conflits qui lui ont fait perdre son emploi de président du conseil supérieur de la marine.

La *Tribuna* a couramment consacré à ce sujet un article très justement remarqué «*Decapitazione della armata* ».

En dernier lieu, les 507 officiers inscrits aux contrôles sont en nombre insuffisant pour satisfaire aux exigences de la mobilisation ; il en faudrait 1,200 environ.

L'instruction des équipages n'est que médiocre et, comme l'a reconnu aussi le député Toscanelli, leur mobilisation est compromise par de grandes difficultés et une excessive lenteur.

DE L'UTILISATION DÉFENSIVE DU TERRAIN ET DU RENDEMENT OFFENSIF DU RÉSEAU FERRÉ

Le 23 janvier 1862, sur l'initiative du pouvoir exécutif, fut instituée une Commission permanente pour la défense de l'Etat, présidée par le prince de Carignan.

La Commission sommeilla jusqu'en 1871, époque à laquelle elle présenta un projet de loi demandant 152 millions de dépenses extraordinaires pour fortifications, savoir :

    36 millions pour les frontières.
    162 — pour l'intérieur.
    108 — pour les côtes.

Ce projet, même réduit, n'a jamais été approuvé dans son ensemble. Les ministres ont dû se contenter des sommes successivement disponibles, savoir :

	Frontières	Intérieur	Côtes	
Loi de 1872........	»	»	22	millions.
Loi de 1875........	7	4	1	
Loi de 1880........	18	3	4	
Loi de 1882........	19	11	25	
Loi de 1885 (en bloc).............................				152 mil.
Total..............		266 millions.		

Nous ajouterons, mais pour mémoire seulement, la demande de crédits extraordinaires présentée au Parlement le 1er décembre 1888, par les ministres de la guerre et de la marine.

Ces crédits s'élèvent à la somme totale de 145 millions à obtenir :

1° Par prélèvement anticipé, au profit de l'exercice 1888-89, des sommes déjà accordées par diverses lois, notamment par celle du 2 juillet 1885, soit 53 millions pour la guerre et 17 millions pour la marine.

2° Par consentement à de nouveaux sacrifices à répartir sur deux exercices, savoir :

1888-1889. 38.000.000 (guerre) 19.000.000 (marine)
1889-1890. 19.000.000   —

Les députés italiens, justement alarmés de la malheureuse situation économique du royaume, ont eu la prudence de ne pas accorder à M. Crispi le vote hâtif qu'il sollicitait de leur complaisance. Le projet a été renvoyé à une commission militaire, tandis qu'une autre commission, dite des finances, s'efforce d'aider le ministre des finances à créer de nouvelles ressources.

Les fortifications de la frontière consistent en forts de barrages établis sur la frontière de l'ouest et de l'est — la commission de 1873 ayant considéré la frontière septentrionale comme couverte par la neutralité de la Suisse — dans les vallées de la Koja, de la Doria Riparia, de la Dora Baltea, du Cenis, dans les vallées d'Arrosia, de Neva, de Lanavestra, Maremola et Porra, d'Adda, val Camonica, Sehio, Sugano, Chièse, position de Rivoli, vallées de Léogra, de la Brenta, rade de Sansobbia (col de Giovo) et de Gor (col de Turchino).

Laissons de côté comme d'un intérêt secondaire, et pour nous, et par suite des conditions politiques du présent moment, les défenses du front est, pour nous attarder avec plus de complaisance à la frontière des Alpes, en ne nous occupant, bien entendu, que des hypothèses plus ou moins fantaisistes admises par les Italiens.

La région des Alpes occidentalles est traversée par un certain nombre de routes et de sentiers muletiers qui peuvent être groupés en six faisceaux au nord : le Petit Saint-Bernard, le mont Cenis, le mont Genèvre ; au sud : Argentière, Tende et Cadibone.

Les communications du premier faisceau dévalent le versant italien par les vallées de la Dora Baltea, de la Dora Riparia et du Chisone. L'entrée de la plaine est fermée par le fort de Bard.

La route du col du mont Cenis est formée par des ouvrages sur la *Corna Rossa*, le fort et la tour de la *Cassa* remplaçant l'ancienne redoute de la *Tour du Chab*. Ces défenses pourraient à la rigueur être tournées par le col de Clapiers.

Exilles et *Suse* gardent la vallée de la Doria Riparia, qui donne passage au chemin de fer et à la route du mont Genèvre, près du col de l'Assiette. entre le mont Chaberton. et les escarpements du val de Thurres dessinent une assez bonne position de défense. Le col de Sestrières conduit par-dessus le mont de l'Assiette dans la vallée du Clusone. où se trouve Fenestrelle avec le fort Mutia sur la rive droite. et le tracé, qui, sur la rive gauche, descend du fort de l'Elme et du fort de Vallées. Mais Fenestrelle peut être tourné par le col d'Albriès, qui suit la vallée de la Germanasca, et les ouvrages de la place sont dominés par les contreforts du massif de l'Assiette et de l'Albergian.

Le col de l'Argentière (route de Barcelonnette à Coni) emprunte en Italie la vallée de la Stura et traverse le fameux défilé des Barricades. Vinadin, qui ne vaut pas grand'chose, obstrue cette communication. Vinadin peut, de plus, être tourné au nord par la route de Castel Delfino à Demonte, par le pas de la Mule, et au nord, par trois chemins dont celui du col de Fremamorte — entre autres — a été utilisé en 1793 et 1794.

La vallée de la Maira n'a aucune importance militaire. Il est toutefois surprenant que les Italiens aient négligé la vallée de la Vraita, au fond de laquelle débouchent les trois chemins d'Agnello, du Longet et du Lautaret, convergeant sur Castel-Delfino.

Tous les chemins dans les Alpes-Maritimes sont commandés par des forts d'arrêt. Col de Tende[1] (route de Nice à Coni) en arrière duquel se pose le fort de San Dalmazzo ;

Col de Nova (d'Oneille à Ponte di Nova) ;

Col de San Bernardo (Albenga à Garessio) ;

---

[1] Quelques détails techniques sur les fortifications du col de Tende, les plus importantes de tout le système. Ces ouvrages sont :

Le fort Central ou de Colle alto, date de 1881. Achevé, armé et occupé.

Le fort de Margheria (1855 mètres d'altitude) bat la rive droite de la Roya, la route et le vallon de Caramagna, achevé, armé et occupé.

Fort de Taborda, bat le vallon de Rio Feddo, les lacets de la vieille route du col de Tende et la rive gauche de la Roya, non encore complètement achevé, armé et occupé.

Fort de Pernante (2116 mètres d'altitude). A les mêmes ob-

Col de Melogno (Finale-Borgo à Callizano) avec deux ouvrages, celui de Melogno et de Capra Joppa;

Col de Cadibone (Savone à Carcare);

Route de la Corniche avec la petite place de Vintimille, les ouvrages de Zuccarello et ceux de la hauteur de San-Benedetto au-dessus de Abbenga.

La valeur de tous ces ouvrages n'est que très relative.

On a souvent déjà appelé l'attention sur la structure différente des versants alpins et des vallées qui y sont creusées.

Sur le versant italien, la direction des vallées détermine trois groupes de thalswegs qui convergent :

Celui du nord vers Turin ;

Celui du milieu sur le mont Tanaro ;

Celui du sud vers Alexandrie.

La possession de ces vallées permet donc à l'envahisseur, le dispositif en plusieurs colonnes convergentes, mais sans bonnes communications transversales dans les hautes vallées, ce qui l'oblige à la jonction de ses masses sur le champ de bataille même. La défense bénéficie de la position centrale et de la manœuvre sur les lignes intérieures.

Cette position centrale, ou mieux, cette zone de concentration, est logiquement indiquée sur la ligne Ca-

---

jectifs que le fort Margheria, mais outre qu'il protège les trois forts de première ligne, il bat profondément le vallon de Caramagna et atteint les ensellements de Saluta et de Margheria; sera terminé et armé en 1889.

Fort de Giaura (2260), bat tout le haut bassin de la Roya, pas achevé.

Fort Pepino, non achevé.

sale-Alexandrie, prolongée par les hauteurs marquées par Toriglia, mont Antola, mont delle tre Croce, Rocca di Stradella, couvrant les communications avec Plaisance et Gênes par la vallée de la Scoffera. Cette barrière est coupée seulement à Vargi par la route de Voghera à Bobbio.

La position, quoique un peu trop éloignée du débouché des Alpes, est fort bien aménagée, et appuie très solidement les deux principales masses de l'armée à former autour de Turin et d'Acqui.

Casale et Alexandrie sont, aux mains d'un envahisseur qui aurait remporté un premier succès, des points trop dangereux pour qu'on puisse songer à les fortifier, alors qu'ils ne sont pour la défensive que d'une médiocre utilité. Les vieux ouvrages de ces places n'ont donc pas été améliorés, ce qui donne nettement à l'aire de concentration que nous venons de définir, le simple caractère d'une position de résistance tactique.

Les lignes d'opérations, éventuellement de retraite, franchissent le défilé de Stradella que ferme la place de Plaisance, aisée à convertir en un camp retranché par l'établissement de têtes de ponts à Pavie et Mezzanacorte. Quant à la place même, il a déjà été plusieurs fois question d'améliorer ses ouvrages : à l'ouest, positions de Roccadel Vesovo-Capella-Serra ; à l'est, batteries à Brioni, Bonasco, etc.

D'une façon générale, les obstacles du franchissement des Alpes et la rupture des résistances à vaincre dans les hautes vallées, sont peu de chose en comparaison des difficultés qu'une armée d'invasion aurait à surmonter dans le secteur au sud du Po.

Enfin, assis en arrière de tout le système, formant en quelque sorte réduit central, et commandant les lignes d'invasion dans l'Italie péninsulaire, se trouve le camp retranché de Bologne (forts Morosini, de la Madona, de Santa Lucia au sud; forts Strada Maggiore et Vitale à l'est; forts Donato, Galiera, Bevera au nord; fort San Felice à l'ouest).

On a pu se rendre compte, combien était important dans toutes les combinaisons hypothétiques le rôle de Gênes, point d'appui de gauche du dispositif stratégique; que celui-ci s'oriente face à l'ouest ou qu'il effectue en arrière son changement de front.

Gênes, malgré ce caractère, n'a pas comme place de guerre une valeur considérable.

La Spezzia, second verrou tiré à l'entrée de l'Italie péninsulaire lui a nui.

Gênes, outre ses batteries rasantes sur le front de mer et son enceinte gravissant le contrefort entre la Polcevera et le Bisagno, est pourvu d'ouvrages détachés tels que :

Forts de la Crocetta, il Diamante, mont Croce, mont Ratti, San Martinos d'Albaro et l'Iuhen.

C'est à la Spezzia que l'Italie accentue son effort le plus considérable, car la Spezzia n'est pas seulement un camp retranché, mais surtout et avant tout une station maritime.

L'arsenal date de Cavour (1860) et près de 80 millions ont été dépensés pour le mettre en état de recevoir, tant bien que mal, dans ses bassins, de gros cuirassés comme l'*Italia* et le *Lepanto*.

La *Spezzia*, qui a été le théâtre (1er juillet 88) de ces fameuses manœuvres navales, qui n'ont eu d'autre résultat que d'égarer l'amour-propre des Italiens, se trouve au fond d'une baie dont l'entrée est défendue par une série de très bons ouvrages que nous énumérons comme suit :

Front de mer. —a). Fermant le golfe en avant de la digue sous-marine, entre les forts Santa-Maria et Sainte-Thérèse : fort Palmaria en l'île du même nom; à la pointe della Senola, batterie blindée système Gruson, et à la pointe della Mariella, projecteur électrique; fort de la Castagna sur l'emplacement de l'ancien ouvrage du même nom. De l'autre côté de la rade, en face du fort de la Castagna, à la pointe de Maramozza, coupole cuirassée Gruson et projecteur électrique, puis fort de Lerici et batterie de Falconara.

b). En arrière de la digue, à l'intérieur de la rade ; à gauche en pénétrant dans la rade : batterie du Lazaret, batteries hautes et basses de Pezzino. En face de la tour, de l'autre côté du port intérieur, batteries du Moulin-à-Vent, batterie des Capucins, batterie du Val de Lochi, haute batterie et batterie rasante de la pointe de San Bartolomeo, batterie du monte Pianellone, batterie haute et batterie rasante de Saint-Teresa.

c). Couvrant la place sur le front ouest : fort Muzzerone dominant les escarpements de la côte, haute batterie della Castagna, et fort de Castellana. Sur l'arête même du relief, fort projeté à Santa-Croce, batterie projetée au Monte-Bramapane, fort en construction au Monte-Parodi (cote 627) et un peu au-dessous, fort projeté sur le Monte-Verugoli.

Front de terre à l'ouest ; fort de Vissegni, fort de Marinasco, fort du Monte-Castellazzo, fort du Monte-Albano, fort du Monte-Vallerano (en projet) ouvrage de bon Viaggio (projeté), fort du Monte-Bastia (non achevé), fort de Vezzano Capitolo (projeté); puis s'inclinant au sud-est et dominant le vallon de la Magra, fort de Fresonara (projeté), ouvrage au Monte-Graggiano (projeté), ouvrage de Trebiano (projeté), fort de Canarbino au-dessus des batteries entre Lerici et Sainte-Thérèse, batterie projetée à Ginestrone, au-dessous du fort de Canarbino, fort projeté au Monte-Branzi, au-dessus de Lerici, fort projeté au Monte-Valestieri, fort de Monte-Rochetta (non achevé), et enfin fort projeté de Monte-Marcello sur le cap Corvo.

La *Spezzia* nous amène directement à traiter la question de la défense des côtes, système auquel *Rome* s'est en quelque sorte réduite. Ou si l'on préfère, *Rome* est la plus importante, des places fortes maritimes de l'Italie péninsulaire.

Les Italiens, par suite d'une opinion que nous n'avons heureusement pas à discuter, mais simplement à constater, opinion que bien certainement ils n'ont pas été seuls à inventer, s'imaginent que toute l'étendue de leur côte, sur la mer Thyrénienne, est exposée au péril d'une attaque de la flotte française; attaque pouvant se réduire aussi bien à de simples tentatives de bombardement d'un port quelconque, de destruction de la voie qui court parallèlement au littoral, ce qui gênerait fort la mobilisation, ou même à un débarquement en force, menaçant directement Rome.

Je crois n'avoir pas besoin de beaucoup insister

pour établir combien cette croyance est devenue pour la majorité des Italiens un article incontesté de foi.

Il suffirait presque de rappeler le fameux article que M. Crispi inspira en mars 1888 à l'*Esercito*, et l'appel qu'il fit à l'assistance anglaise, appel qui amena dans la Méditerranée l'escadre de l'amiral *Hervett*.

Comme l'écrivait alors à la *France militaire* son correspondant d'Italie, cet affolement fait peu honneur à la bonne organisation et à l'exact fonctionnement du service d'information que l'Italie doit avoir établi en France.

Si le signataire de cette correspondance, au lieu de séjourner à Naples avait résidé à Berlin, et s'il avait pu s'y créer de bonnes intelligences, il n'aurait pu mieux faire que d'attribuer cette colossale fumisterie à la seule Italie. L'Italie n'a été qu'un *complice joué*.

Mais nous ferons tout aussi bien de rechercher des documents plus sérieux, tels l'article de *M. Zerbi* dans la *Nuova Antologia* (mars 1888); telles les discussions qui ont eu lieu dans l'enceinte de Monte-Citorio. M. Crispi a trouvé plus d'une fois des compères, dont M. Nicotera, son ancien collègue, et les mois de juin et de juillet ont été occupés par quelques séances fort intéressantes.

Dans ces séances, on a insisté sur le péril que faisait courir à la défense nationale, l'absence presque complète de défense côtière. Gênes, Naples¹, Palerme

---

¹ Naples 450.000 hommes. Arsenaux et chantiers importants, les ouvrages qui couvrent la place sont de vieilles bicoques sans intérêts. Sainte Elme, au nord, Castello del Ovo, au sud, et sur le port même, Castello Nuoro, Castello Capnaro, Castello del Carmine.

sont exposées aux insultes d'une escadre française.

Le ministre de la guerre, le général Bertole Viale, et l'ex-président du comité d'artillerie, le général Mattei, ne protestent que faiblement devant les clameurs alarmistes de MM. Nicotera et Toscanelli; mais le gouvernement est obligé de reconnaître que d'après les études précédentes, le développement complet du système de défense coûterait 140 millions, et que ces millions sont bien difficiles à trouver. Avec soixante millions, on pourrait déjà faire besogne utile, en ne protégeant que les grandes cités commerciales comme le proposait *M. Sola*. Une commission a été nommée et sanctionne ce mode de procéder. Seulement il reste à trouver l'argent, impossible d'opérer une réduction sur le programme des voies ferrées projetées, et depuis longtemps promises. Il ne reste que l'impôt ou la répartition de la défense sur plusieurs exercices.

Les Italiens pourtant ont déjà fort bien fait les choses.

Spezzia, *Messine*, *Tarente* et *la Maddalena* avec Venise, pour mémoire seulement, sont ou seront les quatre ports d'attache, de ravitaillement et de construction de la marine italienne, lui permettant de demeurer maîtresse de la faculté de combattre.

Le projet de *Tarente* date de 1862, mais n'a été adopté qu'en exécution de la loi du 29 juin 1882. — La courbe (mare grande), qui entame le côté entre les caps *Rondinella* et *San Vido*, est jalonnée à peu près en son milieu par l'île de *San Pietro*, flanquée d'une annexe, l'îlot *San Paolo*. Seule la passe entre l'îlot et le cap San Vido est praticable aux gros bâtiments. La ville même est sise sur une lacune séparant la rade (mare grande) du bassin intérieur (mare piccolo). Un des plus remarquables travaux d'aménagement a été l'établissement, plus exactement l'amélioration du chenal sud (Porta Lecce), pour faire communiquer le port intérieur (mare piccolo) avec la rade (mare grande). Ce chenal mesurant 380 mètres de longueur et 12 de profondeur, commencé en 1883, a été achevé le 22 mai 1887, et coûte 4.200.000 francs.

Messine, déjà armé de pièces Krupp de 40 centimètres, étend son camp retranché sur les crêtes qui couvrent la ville (forts Polverina, Croce Camina, fort du col de Salice, ouvrage près de San Marco, de Gresso et de Tarantone, plus ou moins partiellement achevés) et forme tête de pont sur l'autre côté du détroit.

La position de la *Maddalena* enserre son bassin entre les îlots de la Maddalena et de Caprera[1] et les caps Orso et Ferro de la Sardaigne. Elle se complète par la mise en état de défense préparée des hauts plateaux de Galura-Ozieri en Sardaigne.

Messine et la Maddalena sont, à proprement parler, ports de refuge, et en même temps stations stratégiques, permettant par la combinaison de toutes les manœuvres, la jonction aussi bien que la disjonction d'escadres, l'action offensive et l'attitude défensive.

---

[1] Ouvrages : Vidodisquila, Porta Teggia Moneta, Porte Vecchio sur l'île de Maddalena ; Punta Rossa et Stagan sur l'île de Caprera.

La Spezzia forme avec Messine les deux solides extrémités de la ligne de défense extérieure, couvrant les côtes italiennes. A peu près au milieu de la ligne se trouve la station de la Maddalena. Ainsi appuyée, la flotte italienne espère pouvoir fournir aux tâches diverses qui lui incombent :

Gêner le transport en France du XIXe corps mobilisé en Algerie.

Couvrir Rome et les côtes de la Sardaine et de l'île d'Elbe, contre une agression de la flotte française, en attendant l'arrivée espérée des escadres anglaises ;

Assurer le transport par mer du XIIe corps (Sicile). « Con proprio sacrifigio », ainsi que le dit très bien le colonel Perruchette ;

Appuyer et ravitailler en partie l'aile gauche de son armée ;

Menacer la Corse ;

Insulter les côtes de nos possessions africaines, et se saisir de la Tunisie.

Néanmoins, avant de songer à l'action offensive, l'Italie a la sagesse de se préoccuper d'abord de la protection de son propre littoral.

Le long développement des côtes paraît avoir été réparti en six secteurs :

Le premier, avoisinant la frontière française, est compris entre *Ventimiglia* et *Vado*. Buggio, d'après certaines indications, paraît être le point de concentration de la défense mobile ;

Le second secteur s'étend de Vado à Gênes ;

Le troisième, de Gênes à la Spezzia ;

Le quatrième, de la Spezzia à Piombino, y compris l'île d'Elbe et l'archipel Toscan ;

Le cinquième s'étale jusqu'à Terracine ;

Le sixième, appuyé à la place de Capoue, qui deviendra plus tard un camp retranché, va de Gaete à Naples et s'annexe les îles de Ponza, Capri et Ischia.

La protection de la côte du Salernitano, de Cilento et de la Calabre est principalement confiée aux milices locales.

Les Italiens, dans leur affolement, craignent non pas seulement pour la côte toscane, et la côte romaine de Talamone ou San Stefano à Gaete, mais bien encore pour le golfe de Naples.

Pourtant, les approches de Florence sont aisément défendables, et la région est couverte par la chaîne de Monte-Albano, commençant au col delle Pilastre, passant à Monteluppo, pour se terminer non loin de Signa. La chaîne domine la cuvette de Pistoja et de Prato, et son versant ouest très abrupte est difficilement accessible du côté de la mer.

Mais c'est pour Rome surtout que nos voisins affectent les plus grandes appréhensions. C'est cette inquiétude qui a motivé la transformation de la capitale en un camp retranché et qui fait obstruer tous les chemins, qui, de la côte peuvent y donner accès.

N'a-t-il pas été calculé par leurs écrivains militaires, que le matin du septième jour après la déclaration de la guerre, un corps français pourrait avoir achevé son débarquement en un point quelconque entre Talamone et Gaete ?

Le camp retranché de Rome date de 1877-1878. Les travaux des 15 ouvrages qui le composent auront coûté environ 15 millions. Ces ouvrages sont :

Rive droite du Tibre, de la Via Triumphale à la Via Portuense :

Monte-Mario et son annexe San Onoforio, Braschi, Val Carnata, Aurélia Antica, Trojani, Portuense.

Rive gauche : Grotta Perfetta, Appia Antica, Casilina, Premestina, Tiburtina, Monte-Sacro, Monte-Antenna.

Ces forts ou ouvrages intermédiaires, à intervalle de 2 à 4 kilomètres, doivent être armés chacun de 12 à 24 pièces. Leur établissement est sujet à bien des critiques, autant par le choix peu judicieux des remplacements, que par les conditions défectueuses de leur construction et de leur organisation intérieure. Le génie italien n'a fait que piètre besogne, et ses travaux ont tout au plus la valeur d'ouvrages en style provisoire.

Talamone doit porter un ouvrage sur le Monte-Pretrosco; Civita-Vecchia sera couverte par la hauteur des Capucins; Port-d'Ecole, qui n'a que peu de profondeur mais qui est bien garanti des vents du large, juchera ses défenses sur le piton du télégraphe du Monte-Argentario; à San Stefano la hauteur de Torre-Argentario commande à 250 mètres d'altitude toute la côte du cap Lividonia à Santa-Liberta, ainsi que les vallées de Pozzarello et de Campone.

Porto-Angio, Terracine et Fiumiccino sont sans intérêt, et peuvent être négligés.

Gaete ne vaudra quelque chose, que quand le Monte-Orlando aura été couvert d'un bon ouvrage.

Je me garderai bien de discuter l'opportunité de ces travaux.

De Talamone, pourtant, le chemin sur Rome est

rendu bien difficile par les contreforts entre l'Albegna, la Fiora et la Marta, et l'on peut sérieusement douter qu'un général ennemi ose débarquer son corps à Naples ou à Capoue, à 12 ou 14 étapes de la ville sainte, ayant à franchir bien des obstacles, et ne serait-ce que Volturno.

Mais, allez donc raisonner avec des gens qui ont cru sérieusement au bombardement en pleine paix !

Donc, passe encore pour les fortifications. L'Italie dépense des millions et arrive tant bien que mal au résultat qui peut plus ou moins la satisfaire, mais il est un autre facteur influant, le rendement de sa puissance militaire, dont elle est inhabile à corriger les imperfections.

Je veux parler du réseau ferré à utiliser pour la mobilisation.

Si nous jetons un coup d'œil d'ensemble sur la carte d'Italie, nous constatons : un excellent réseau à l'ouest de la transversale Gêne-Milan, dans la zone même de concentration.

Deux lignes seulement débouchant de la péninsule, pour se souder sur la rive droite du Pô à cette transversale.

A proprement parler, trois lignes qui sont :

La voie bordant l'Adriatique, courant de Rémini, par Bologne à Plaisance ;

La voie qui suit le littoral Thyrénien ;

L'artère centrale traversant une région difficile et franchissant l'Appenin à Pistoja pour se rattacher à Bologne.

Toutes ces lignes sont encore à une voie, leur tracé

est défectueux, les voies de garage sont trop peu abondantes, le matériel fait défaut, le personnel d'exploitation est peu expérimenté et négligent.

La ligne Savone-Gênes-la Spezzia-Pise-Civita-Veccia-Rome suit fidèlement le littoral, et si la flotte est impuissante surtout au début des hostilités, à tenir la mer, les Italiens n'ont plus à compter sur cette ligne. Ils s'en rendent du reste si parfaitement compte, que tous leurs efforts tendent à rejeter à l'intérieur leurs transports militaires, en augmentant dans la mesure du possible le rendement de l'artère centrale, et en créant de nouveaux raccordements avec la ligne de l'Adriatique (secteur Florence-Faenza).

L'artère centrale Naples-Rome-Florence, va être doublée sur les secteurs Naples-Rome et Rome-Chiusi, où la ligne se dédouble par Stena et Trezzo, pour se ramifier de nouveau à Florence.

Mais cette artère n'en reste pas moins dans de très fâcheuses conditions. Le secteur Florence-Pistoja-Bologne, affligé de fortes rampes et de courbes très malheureuses, obligeant à des machines spéciales traînant des trains de 15 voitures, fournit un rendement inférieur de marche, au moins à celui des lignes à simple voie.

En somme, cette ligne ne peut pas transporter plus de 6,000 hommes par semaine et dans de telles conditions il y aurait encore avantage à faire débarquer l'infanterie et la cavalerie à Florence.

L'Italie s'est beaucoup préoccupée en ces dernières années de modifier l'état défectueux de son réseau ferré, mais l'état de ses finances ne lui permet que l'exécution d'une très minime partie des vastes projets conçus par ses ingénieurs et par ses politiciens.

Dès 1879, le Parlement décidait la construction de 6,000 kilomètres de voie, répartis suivant leur importance en trois catégories, dont la première comprenait les chemins de fer de l'Etat et la seconde ceux subventionnés. Les dépenses devaient être réparties en annuités 15, 18 et 21. Une loi de 1882 vient modifier les dispositions de celle de 1879, diminuant de moitié la durée de construction, et activant surtout la construction des lignes désignées par le ministre de la guerre, comme ayant une importance militaire. Ces lignes, au nombre de 14, sont :

Mantoue-Legnano ; Ceva-Ormea ; Cuneo-Col de Tende (achevé) ; Aulla-Lucques ; Gajano-Borgo, San Domingo (achevé) ; Bassano-Primolano ; Lecco-Collicô ; Gazzano-Domo d'Ossola ; Fabriano-San Arcangelo ; Bologne-Verone (achevé) ; Avezzano-Ceprano-Roccasecca ; Sulmona-Iserhia-Campobasso ; port de Catanzaro-Col Veraldi ; Cosenza-Noceva-Tirrenao.

La construction décrétée de ces chemins de fer représente une dépense de 2,431,000,000 francs. Jusque fin 1888, il en a été établi 1,922 kilomètres ; savoir : 1,299 kilomètres dans la partie continentale et 623 kilomètres dans la péninsule.

La discussion qui a eu lieu en juillet 1888 au Parlement, suffit à indiquer dans quelles singulières conditions avait été réglé le programme de ces travaux.

M. Deprètis fixait à 322,000 fr. la dépense moyenne par kilomètre. M. Baccarini réduit cette somme à 234,000 francs, puis à 227,000. Le Parlement rogna à son tour, réglant les frais à 200,000 francs au kilomètre.

Il est résulté, de cette façon de procéder, un déficit dont M. Saracio, le ministre des travaux publics, a répudié avec raison la responsabilité.

Ainsi sur la ligne Novarre-Pino, les dépenses, prévues à 20 millions, se sont élevées à 45 millions.

La ligne de Giovi, évaluée à 21 millions, en coûte 70.

Sur la ligne Gallarata-Laveno, les dépenses sont plus que doublées (13 millions au lieu de 6), etc., etc.

Les modifications apportées par la dernière loi se traduisent naturellement par des accroissements de dépense.

Ainsi :

> Ligne Parme-Spezzia, ancien projet, 46 millions, nouveau projet, 132 millions ;
>
> Ligne Faenza-Florence, ancien projet, 40 millions, nouveau projet 76 millions et demi ;
>
> Ligne Cunéo-Ventimiglia, ancien projet, 33 millions, nouveau projet 87 millions ;
>
> Ligne Gênes-Ovada-Acqui, ancien projet 50 millions, nouveau projet 80 millions.

Où trouver tout cet argent ?

Malgré les conditions défectueuses de son réseau ferré, l'Italie compte pouvoir transporter 250,000 hommes en cinq jours.

D'autre part les Italiens ne peuvent cacher que, malgré certains récents remaniements, il serait imprudent de compter que les réservistes auront rejoint avant le 20° jour leur corps d'affectation.

Si nous tenons compte de la répartition territoriale des corps d'armée, de la densité prépondérante des effectifs dans la région continentale, des ressources en matériel qui y sont déjà accumulées, nous pouvons admettre que l'Italie déplacera immédiatement, sous la protection de ses troupes de couverture, six corps d'armée pour parer aux plus pressantes éventualités, plus exactement pour donner à son allié des gages immédiats de son bon vouloir.

Ce n'est que successivement, et sur place que se complètera cette mobilisation. En un mot, l'Italie ne tenant aucun compte des enseignements donnés par le début de la campagne de 1870, prétend commencer ses transports de concentration aussitôt que possible, peut-être même le 3ᵉ jour, pour l'infanterie et l'artillerie, et n'achèvera qu'ensuite sa mobilisation.

Mais, supposons la mobilisation et la concentration terminées afin de discuter les hypothèses qui peuvent commander le groupement de ces armées.

Le colonel *Perruchetti* a écrit un fort savant ouvrage « La difesa della stato » avec une objectivité trop particulière, pour que nous puissions accepter comme remède souverain et surtout d'une immédiate application, la position de la *Cattolica-Spezzia*. Nous avons dit ce que nous pensions de l'excellence de cette position, mais seulement en seconde éventualité. Que dirait donc l'état-major de Berlin si l'armée italienne allait se dérober si loin de nos frontières ? L'allié veut des masses agissantes et non simplement présentes.

L'armée italienne doit se montrer en avant de sa véritable position de défense.

Nous admettrons donc le choix d'une zone de déploiement, pouvant être approximativement définie par les points de Chivasso, Turin et Coni.

Ce déploiement permet de tenir tête à l'attaque frontale que l'on peut attendre par le mont Cenis et par le mont Genève, et, ce qui est l'essentiel, de surveiller une menace bien improbable venue de la Tarentaine, par le col du petit Saint-Bernard, et descendant sur Ivrée par le val d'Aoste. Enfin le dispositif couvre également la pénétration dans la région Onéglia-Savone, et les tentatives de franchissement par les routes Onéglia-Mondovi, Albenga-Mondovi, Finale ou Savone-Cairoo.

Gênes même est très efficacement protégée, tant que la flotte française n'aura pas opéré un débarquement dans une des rades d'Alasio, de Vado, de Voltri ou de Sestri. Seule la rade de Vado est réellement tentante, celle de Voltri, peut être plus avantageuse, offrant l'inconvénient de n'être sise qu'à 15 kilomètres de Gênes.

Quelle est maintenant l'expression numérique de la force que l'Italie peut en fin de compte, et tant bien que mal, assembler dans sa zone de concentration, et sur sa zone de déploiement?

Nous croyons à un groupement de trois masses offrant la valeur de dix corps d'armée.

Deux autres corps d'armée semblent réservés à une destination spéciale, quoique difficile à concilier avec l'ensemble de faits et d'incidents que l'on est convenu de dénommer « Res Tridenttina, Res Tirolenses ».

Toutes les autres formations existantes, ou à improviser, sont maintenues dans l'Italie péninsulaire.

L'Allemagne qui n'a cherché dans son alliance avec l'Italie qu'à compenser le préjudice que lui cause sur la frontière de la Vistule l'immobilisation d'une armée, prétend, nous l'avons dit, imposer à sa très docile alliée, un rôle agissant, et lui assigne comme objectifs de son offensive :

1° La ligne de Turin-Lyon par le Saint-Bernard, le mont Cenis et le mont Genève; tout en constatant pour ne pas tomber dans l'absurde, la gêne créée par Briançon et Albertville.

2° Des opérations secondaires dans les Alpes maritimes.

3° La pénétration par la vallée de la Stura dans celle de la Durance, pour balayer la région entre Nice et Briançon.

Enfin, il n'est pas inutile de rappeler qu'il a déjà été fréquemment question du transport, soit par le Saint-Gothard, soit par le Brenner, d'une fraction de l'armée italienne (un ou deux corps) pour joindre directement l'aile gauche du dispositif allemand.

Le passage par le Brenner ne regarde que l'Autriche qui assurément s'y prêterait de fort bonne grâce. Service pour service.

Quant au franchissement du Saint-Gothard, c'est probablement une autre affaire. Nous savons par l'étude consacrée à la Suisse que nos voisins ne sont nullement disposés à laisser violenter la neutralité de leur territoire et à rééditer, s'il est besoin, la campagne de 1799 [1].

---

[1] En mai 1799, Soult était chargé de la pacification du canton d'Uri et Suchet de celle du canton des Grisons. Cette dernière

Malgré les si pressantes instances de leurs alliés, les Italiens ne cèdent que mal leur prudente préférence pour la défensive, et leur tendance à attendre le débouché des colonnes françaises, ce qui leur permet d'utiliser les avantages de la position centrale.

Ils n'ont peut-être pas absolument tort.

Rappelons, en effet, pour autoriser nos conclusions :

1º Les conditions défectueuses du système de réserve ne fournissant à l'armée, qu'en proportion réduite d'un petit nombre d'hommes suffisamment instruits ;

2º Le système non moins fâcheux de mobilisation ; le rendement peu favorable de ses lignes, obligeant l'Italie à des opérations successives, et l'exposant à toutes les aventures ;

3º La nécessité de maintenir au sud des Apennins une notable partie des forces du royaume ;

---

soutenue par les troupes autrichiennes du général Saint-Julien force Soult à franchir le col de *Oberalp*, qui n'avait pas encore été pratiqué, pour rentrer dans la vallée de Urseren. L'insurrection dans le canton d'Uri devient générale, mais les Français après s'être refaits, reprennent l'offensive dans la vallée de la Reuss, et le 17 août emportent le pont du Diable. Quelques jours plus tard, Souvarow gravissaient le Saint-Gothard avec les Russes, et 600 hommes de la division Lecourbe arrêtaient 4,000 Russes à Stalvedro, plus exactement à Casa dei Pagani, un peu au sud d'Airolo. Néanmoins, le 25 septembre Souvarow occupait Airolo avec ses 25,000 hommes, et les Français se repliaient dans col Tremola, qu'ils sont ensuite forcés de vider devant la furieuse attaque de front des Russes, combinée avec un mouvement tournant du général Schweikowski, par Sarescia.

Malgré une étonnante défense de Lecourbe dans la vallée de la Reuss, l'énergie de Souwarow, triomphe de tous les obstacles, comme par exemple les 5 et 10 octobre au franchissement du col de Panix

4° L'obligation qui lui serait imposée de porter hors de son territoire, quelques fractions de l'armée.

Nous conclurons donc d'une façon générale, que l'Italie est tout au plus capable de nous créer des embarras, mais qu'elle est absolument impuissante pour tenter à notre préjudice quoi que ce soit de sérieux.

On peut même oser plus encore, et se demander si l'Italie, la constante fanfaronne, ne se bornera pas à de simples mais bruyantes démonstrations, criant au delà des Alpes à l'Allemagne, son zèle et son bon vouloir.

Une nation qui toujours a eu la bonne fortune de profiter même de ses défaites, peut bien espérer qu'il lui suffira, pour avoir sa part du gâteau convoité, de balayer l'office et d'aider à mettre le couvert.

Quant à nous, ne l'oublions pas, la grosse partie doit se jouer sur les Vosges. Ne nous laissons donc pas distraire sur les Alpes.

Notre flotte doit suffire pour tenir, dans la Méditerranée l'Italie en respect, pendant les quelques jours que nous avons besoin pour régler notre compte avec l'Allemagne.

Espérons que notre marine sera à la hauteur de sa tâche.

XIV

ESPAGNE

ESPAGNE

Nous déclarerons tout d'abord dès les premières lignes de cet article ne pas être de ceux qui croient à l'existence d'une convention secrète entre l'Espagne et l'Allemagne, convention qui aurait été négociée entre MM. de Hatzfeld et Vega de Armijo, et à laquelle, les voyages à Berlin de Alphonse XII, et à Madrid de Frédéric prince royal, auraient servi de témoignage public.

Nous ne croyons pas non plus, comme le publiait au mois d'août de l'année dernière *la Voz de Guissuzcoa*, que l'Espagne négocie sa reconnaissance comme grande puissance, au fait de son accession à l'alliance des puissances centrales.

Nous réputons mensonges, à la manière du vieux Crispi, tout ce que certains journaux italiens ont pu publier à ce sujet.

Nous croyons fermement que le gouvernement de la reine régente Christine et la nation espagnole sont mieux intentionnés à notre égard et qu'ils sont désireux, préoccupés avant tout de leurs propres intérêts, de demeurer le cas échéant dans la plus loyale neutralité.

Nous ne pensons pas non plus que les Espagnols

aient à notre sujet des craintes que rien ne justifierait. Nous ne prenons donc pas au sérieux les fantaisistes alarmes du colonel Juan. L. Lapoulide parues sous le titre *Vencidos*, au commencement de cette année, dans l'organe militaire *El Ejercito*. L'auteur aura simplement voulu, dans un tableau aux sombres couleurs, sous forme de production dans le genre des batailles imaginaires. forcer l'attention de ses compatriotes sur les réformes *de l'armée*.

Ce n'est donc pas sans un certain regret que j'ai noté l'importance exagérée et mal interprétée, donnée aux récents travaux de fortifications que le génie espagnol vient d'achever dans la partie nord de la péninsule.

Ces derniers travaux, on le sait, consistent dans l'achèvement des forts *San Marcos* et *San Cristobal*.

L'ouvrage de *San Marcos* est auprès du cap Figuier, entre Saint-Sébastien et notre frontière. Une des batteries annexes de l'ouvrage a vue sur Saint-Sébastien et Passages. L'autre commandera Irun et Oyarzun et croisera ses feux avec la redoute de Guadeloupe, commencée seulement l'année dernière.

Dans le voisinage du fort San Marcos, le génie a établi en outre des travaux préparatoires pour un camp retranché dominant la vallée de l'Uruméa vers Saint-Sébastien, Hernani et Astigarraga.

Le fort de San Cristobal, vers Chalender, dont il a été également parlé, appartient au système de Pampelune, se rattachant plus ou moins à la question du transpyrénéen dont l'établissement n'est plus qu'une affaire de temps.

Il en est de même des ouvrages en construction en *Jaca* et entre cette place et le Somport. Il serait plus que puéril de notre part d'interpréter avec malveillance ces travaux définitifs, tout gouvernement ayant non seulement le droit strict, mais aussi le devoir d'admettre dans les préoccupations qui concernent la sécurité nationale, les hypothèses même les moins vraisemblables.

Une invasion française en Espagne entre forcément dans le domaine du plus invraisemblable, même dans ses conceptions générales. A plus forte raison quand il s'agit des Pyrénées centrales.

Aussi, les quelques études sérieuses publiées à ce sujet en Espagne, répondent-elles presque toutes à des préoccupations particulières, spécialement à la ligne de Canfranc. Je citerai seulement, à titre d'exemple, un article datant déjà de plusieurs années, de MM. *Leandro Mariscal* et *S. del Castillo* dans la *Revista cientifico militar* et du lieutenant-colonel *Don Ramiro de Bruna* dans la *Revista militar Espanola*. Je ne puis guère faire exception — tout au moins pour les ouvrages à ma connaissance — qu'en faveur de l'ouvrage du capitaine *D. Modesto Navarro y Garcia* « estudios militares aplicados al caso hipotetico de una guerra con Francia ». A condition de complètement négliger l'argumentation politique et de n'admettre que la simple étude de géographie militaire, l'ouvrage est bien travaillé et instructif à lire.

L'auteur, parlant d'une donnée qu'il n'est pas possible d'accepter, admet sur le versant nord des Pyrénées la formation d'une armée d'environ 300.000 hommes dont 250.000 seraient sur la Bidassoa, 10.000 dans les Pyrénées centrales et 30.000 en Roussillon.

Il préconise pour l'armée espagnole, la défensive

dans les Pyrénées occidentales, en indiquant deux lignes de défense, dont la plus importante court par la Sierra San Adriaa, Urquiola Durango (gauche), la Nerra Urbasa et la Sierra de 'Andia au centre, pour s'appuyer à droite aux Montes del Perdon et Alaix. Par contre, il adopte dans les Pyrénées orientales l'offensive par la vallée de la Sègre avec Mont-Louis pour objectif, conseillant en cas d'insuccès la retraite par la Catalogne, pour tenir successivement la résistance derrière le cours d'eau, couvrant les approches de Barcelone, la Houga, le Fluvia, le Ter et le Lobrégat. Le savant officier s'est naturellement beaucoup inspiré des mémorables campagnes de Don Antonis Ricardos.

Les ouvrages dans la vallée de Canfranc, que j'ai eu à plusieurs reprises occasion de visiter, ne sont pas encore achevés. Je ne puis donc, pour plusieurs d'entre eux, parler que du projet qui les concerne :

Dans la vallée de Penticosa et au sud de cette station balnéaire, la vieille tour de Santa Elena doit être remplacée par une batterie casematée pour cinq pièces, taillée dans le roc, avec une galerie pour cent cinquante fusils. Dans cette même vallée, et plus en aval, un petit murage doit être établi à Sabiñánigo.

A la descente du Samport, au col de Ladrones, s'achève un fort pour dix pièces, qu'appuiera sur le hauteur de Saguëtas une batterie pour cinq pièces. Entre le col et Canfranc se voient deux tours du style Arroquia, portant deux pièces sur la plate-forme.

Jaca, dont l'antique enceinte pentagonale date de Philippe II, doit être amélioré et presque transformé en un petit camp retranché. Les collines de Asiero et de Rapitan doivent être couronnées de petits ouvrages. Un autre doit être établi à cinq kilomètres plus loin sur la rive gauche du Rio Gas, et sur le chemin de Penticosa. Enfin à treize kilomètres de la place, couvrant l'accès de la Navarre, un dernier ouvrage doit s'élever à Paco-Mondano. Quelle que puisse être un jour l'importance, fort contestable du reste, de ces ouvrages, la configuration du massif suffit à elle seule, pour attribuer tous les avantages à une défense sachant d'abord utiliser le terrain pour la résistance pied à pied, et déboucher ensuite par le canal de Berdun pour menacer le flanc de la ligne d'invasion.

Je veux dire aussi combien peu il faut au soldat espagnol pour s'accrocher au terrain, et rendre par son courage la plus mauvaise place imprenable. J'ai visité peu de temps après l'insurrection, alors que les dommages n'étaient pas encore réparés, les champs de bataille de cette guerre. J'ai vu Bilbao avec les forts improvisés qui dominent l'entonnoir, j'ai vu Puycerda avec sa brèche voisine de la grande place, si héroïquement défendue, j'ai visité la Seu d'Urgel avec ses antiques ouvrages, et je me suis toujours et partout demandé, comment les défenseurs avaient pu être assez follement braves pour tenir derrière ces murs délabrés.

Plus tard j'ai parcouru encore l'Espagne.

J'ai revu Bilbao dont les ouvrages étaient accrus par la tour de *Serantes*, fichée à 300 mètres d'altitude en face de Portugalette, et plus bas une caserne pour l'artillerie, solidement mise en état de défense. En somme Portugalette avec le Serantes, San Roque, Campanzas et Cruz de Cueto, qui bat le rio Galinda, peut bien jouer en petit, le rôle d'un minuscule camp retranché, maintenant libres les communications de Bilbao avec la mer, mais avec cette prétention, que la guerre civile est de plus en plus improbable.

J'ai visité Santona et le *Ferrol*. Je me suis embarqué à Cadix pour *Algesiras*, faisant dans une détestable carriole le tour de la baie pour aller coucher le soir à Gibraltar. J'avoue, dans ce long itinéraire, n'avoir vu nulle part, sauf à Cadix, et encore, ce que j'appellerai de sérieuses fortifications.

Inutile de ne pas à appliquer à l'Espagne et j'en suis fort aise, les procédés dont je me suis servi au cours de quelques-unes de ces études.

Il peut me suffire de faire connaître d'une façon très superficielle l'état général de l'armée espagnole, et de compléter cet aperçu par un exposé des *reformes militaires et navales*, question qui, à l'heure actuelle, domine en Espagne même la situation politique.

L'armée espagnole subit incessamment, depuis la fin de la guerre carliste, une succession de réformes qui fâcheusement n'adoptent pas un programme raisonné, et dont l'exécution, malgré de très nobles efforts, est retardée par la crise économique et les fréquents changements ministériels, conséquence fatale de l'évolution des partis.

Je reviendrai plus tard sur cette question politique. Les essentielles réformes organiques ne prennent toutefois date que du décret du 1er juillet 1882, décret partageant le royaume en cent quarante districts, acheminement possible, quoique bien retardé, à l'adoption du *recrutement régional*.

Mais l'organisation de l'armée est encore entachée d'une seconde hérésie non moins condamnable. Le service n'est ni obligatoire ni personnel, et le remplacement est admis pour une prime moyenne de 2.000 fr. De 1877 à 1881, on compte 32.230 remplaçants.

Une loi annuelle fixe l'effectif du contingent à incorporer et la répartition en est faite par décret militaire au prorata du nombre des inscrits.

La durée du service est de trois ans dans l'activité, trois ans dans la première et dans la deuxième réserve.

Armée active comprend :

Infanterie : 60 *régiments* à 2 bataillons (4 comp.) et deux cadres de compagnie de dépôt ; effectif réglementaire, 910 hommes (mais toujours au-dessous). Les régiments, y comprenant le régiment d'Afrique (Fija de Ceuta) sont numérotés de 1 à 61 et portent, de plus, un nom patronymique : colonel honoraire, province, événement historique, etc. Ex. : rég. de la Reine, de la Princesse, de l'Infant, d'Isabelle II, de Zamora, de Cordoue, de Baylen, de Tetuan, de la Constitution, de la Loyauté, etc., etc.

Vingt bataillons de chasseurs (cazadores), d'Alphonse XII, de Catalogne, de Madrid, de la Habana, des Trapilés. J'ai eu le plaisir de voir ce dernier dans la caserne de la Montana à Madrid et il m'a donné la plus favorable impression de la parfaite instruction de ces corps, et de la qualité exceptionnelle du recrutement de l'infanterie espagnole.

L'infanterie est armée du Remington, et l'on n'a pas encore sérieusement pensé à l'adoption d'une arme à répétition, quoique l'on suive avec beaucoup d'attention, à l'école de tir de Tolède, que dirige le colonel Gallardo, l'état de la question à l'étranger, et que des officiers de l'armée nationale aient eux-mêmes présenté des modèles d'armes ou de chargeurs rapides, entre autres le capitaine Mata.

La cavalerie que j'ai vue dans diverses de ses garnisons, dont j'ai visité l'école à Valladolid (notre école de Saumur), et que j'ai eu occasion de revoir sur l'hippodrome de Casa de Campo, m'a frappé par l'excellence de ses remontes, qui presque toutes, proviennent des provinces du midi (établissements de Ubeda, Cordoue, Jerez, Moron, etc.), et par les brillantes qualités de son personnel. La cavalerie compte 28 régiments à quatre escadrons :

8 régiments de *lanciers* créés de 1815 à 1818, supprimés, puis recréés en 1844 (régiments de la Reine, du Prince, etc.).

4 *de dragons* (9 à 12) dont l'origine se rattache au premier régiment créé à Vittoria en 1638, et dont l'histoire a eu de bien nombreuses vicissitudes. En 1749 les dragons sont si en honneur que la cavalerie espagnole compte 17 de ces régiments qui supprimés en 1803 réapparaissent de 1805 à 1818.

2 *régiments* de *hussards*, celui de la *Princesse* et de *Pavie* (n°s 19 et 20).

14 *régiments de chasseurs* (13 à 18 et 21 à 28) (Alphonse XII, Marie Christine d'Alcantara, de Totavera, etc.). Les chasseurs datent de 1803. Supprimés en 1825, ils réapparaissent en 1848, comme chasseurs d'Afrique, et sont définitivement rétablis en 1815.

Il n'y a donc pas actuellement dans la cavalerie de cuirassiers (coracero). Après avoir été transformés en lanciers, puis recuirassés, ils ont été définitivement supprimés en 1874.

L'Artillerie compte :

2 régiments de montagnes à 6 batteries de 6 pièces.
1 régiment de siège à 4 batteries de 6 pièces.
5 régiments de corps à 4 batteries de 6 pièces
5 régiments divisionnaires à 6 batteries de 6 pièces.
9 bataillons d'artillerie de forteresse à 4 ou ou 6 comp.

Arme bien instruite comme j'ai eu occasion de le constater au polygone de *Carabanchel*. Très beau matériel, entièrement de construction nationale. Du reste l'exposition de Barcelone a été pour l'artillerie espagnole, présentant quelques spécimens de ses nouvelles pièces « *Sotomayor* » un réel succès.

Génie. 4 régiments de sapeurs-mineurs à 2 bataillons de 4 comp.

1 régiment (bataillon) de pontonniers;

1 bataillon de chemin de fer ;

1 bataillon de télégraphe ;

Une brigade topographique.

Le génie est remarquable dans l'armée espagnole par son corps d'officiers, extrêmement savant et à hauteur du progrès, par ses nombreux travaux et par son caractère scientifique. A Guadalaxarra, il y a une remarquable école de l'arme, et l'instruction qu'on y donne est certainement des plus complètes et des plus scientifiques.

Maintenant, quelques chiffres sous forme de récapitulation générale.

	Ensemble	dont au nord de l'Ebre
1.	576 compagnies d'infanterie...	178
	114 escadrons................	35
	68 batteries.................	22
	42 compagnies de forteresse..	17
	36 compagnies de génie......	13

L'armée de la Péninsule compte, d'après la fixation budgétaire, pour l'exercice 1888-1889, loi du 4 juillet 1888), 95.200 h., dont le tiers environ est réparti entre les Pyrénées et l'Ebre. Les plus fortes garnisons sont : Zadagoga, Pampelune et Barcelone. Ajoutons encore :

Douaniers (carabineros), environ 14,200 h., dont 4.400 dans le nord et *Gendarmes* (guardia civile) 15.500 h., dont la moitié dans le nord; compagnies auxiliaires dépendant l'une du ministère des finances, l'autre de celui de l'intérieur.

II. *Corps des colonnes.*

A. *Cuba.*

6 rég. d'infanterie à 2 bataillons.
4 batteries de chasseurs.
2 batteries de milice.
3 régiments de cavalerie.
4 régiments de cavalerie de milice.
1 bataillon de génie.
1 batterie d'artillerie.

} 20.000 hommes plus 4.000 gendarmes

B. *Puerto-Rico.*

2 régiments à 3 bataillons.
1 escadron de cavalerie.
1 batterie d'artillerie.
1 compagnie de génie.
1 compagnie de discipline.
1 regiment de gardes nationales.

} 3.155 hommes

C. *Philippines.*

7 rég. d'infanterie à 6 compagnies.
1 escadron de cavalerie.
1 rég. d'artil. à 2 batteries de 86^{mm}.
1 bataillon de génie.
3 rég. de gardes-nation. à 8 comp.

} 8.735 hommes plus 12 compagnies de gendarmes

L'effectif budgétaire est donc au total de 126.745 h.

L'Espagne en y comprenant ses formations de réserve (140 bataillons, c'est-à-dire un par district, 24 régiments de cavalerie, 6 régiments d'artillerie, 4 régiments de génie), peut disposer d'une solide armée de 460.000 hommes.

La levée en masse pour une guerre nationale donnerait, d'après les auteurs militaires espagnols :

La seconde réserve.........	350.000 hommes.
Milice nationale............	800.000
Levée extraordinaire de jeunes gens de 18 à 19 ans...	140.000
	1.290.000

Soit au total près de 1.800.000 hommes.

Comme j'ai eu soin de le dire, depuis nombre d'années tous les ministres de la guerre qui se sont succédé à Madrid ont plus ou moins tenté des réformes : Maréchal Quesada qui a beaucoup fait pour l'organisation des réserves, pour la cavalerie, pour le service des remontes, et qui a permis à la fonderie de canons de l'aciérie de Trubia d'arriver à son complet développement; le marquis de *Fuentefiel*, qui a créé les bataillons de réserve; Martinez Campos, Lopez Dominguez, Castillo et autres, mais aucun assurément n'a eu l'intention de faire plus radicalement que le général Cassola. C'est uniquement de son programme que nous aurons à nous occuper dans cette partie de notre étude, à laquelle peut se donner l'entête de *Riformas militaris*. Nous n'avons pas la prétention de pouvoir en quelques lignes détailler d'une façon complète le programme des réformes du général Cassola, programme comprenant 79 articles et remplissant 12 pages du Diaris de Sesiones de Cortes. Qu'il nous suffise d'en établir les points principaux :

A). Adoption du service personnel et obligatoire, de vingt à trente-deux ans : trois années sous les drapeaux, quatre ans dans la première et cinq ans dans la seconde réserve ; le remplacement et la susbtitution ne seraient admis que pour le service dans la péninsule. Conservation du volontariat d'un an.

B). Augmentation du contingent annuel, sans toutefois recourir au recrutement régional ; augmentation de l'effectif budgétaire, et par suite, formation de nouveaux corps.

L'armée active sur le pied de paix de 104.976 hommes, passant à la mobilisation à un effectif de 286.977 hommes, avec une réserve de 180.000 hommes, serait encastrée dans 71 régiments de ligne à 3 bataillons, 15 bataillons de chasseurs, 28 régiments de cavalerie, 24 régiments d'artillerie, 8 bataillons du génie, 1 régiment de pontonniers, etc.

C). Réformes dans l'état des officiers. Répartition plus égale de l'avancement :

1° Par la suppression de faveurs faites aux armes spéciales, grades honoraires qui permettent, par exemple, à un officier du génie d'être capitaine dans son arme et colonel de l'armée.

2° En ramenant à de plus équitables conditions la répartition des grades élevés. Ainsi, si l'on prend la proportion des colonels aux sous-lieutenants, on trouve : infanterie 5,46; cavalerie 10,5; artillerie 18,5; génie 17,47; état-major 59,52.

Le programme des réformes militaires est arrivé le 5 mars 1888 devant la Chambre, et quand la session a pris fin dans les premiers jours de juillet, le général Cassola avait été remplacé par le général O'Ryan, après un incident qui aurait pu amener la chute du cabinet Sagasta. En effet, pendant le voyage de la reine à Barcelone, l'infante Eulalie, femme de Don Antonio, fils du duc de Montpensier, était restée à Madrid, et le général Martinez Campos, capitaine général de la Nouvelle-Castille, s'était refusé à l'acte de courtoisie consistant à lui porter le mot (el santo y sena). Le ministre de la guerre aurait voulu sévir énergiquement contre le capitaine général, mais des considérations de politique intérieure obligèrent M. Sagasta à ne pas donner raison à son ministre de la guerre qui préféra se retirer.

A la session actuelle de la Chambre des députés le projet de loi militaire a été remis en discussion, pour donner tout au moins à l'armée, dont on ne tient pas à provoquer, le mécontentement un semblant de satisfaction.

M. Sagasta, malheureusement, se heurta à une vive opposition. M. Romero Robledo, ancien ministre de l'intérieur et M. Canovas y Castillo sont les adversaires déclarés du projet de réforme; M. Castelar s'est également prononcé contre ce projet avec beaucoup d'énergie, estimant que la discussion du programme serait fatale au parti libéral, et qu'il y avait à se préoccuper de plus urgentes réformes, ne serait-ce que la réforme de la loi électorale.

Du reste, le projet que défend aujourd'hui le général Chinchilla, refusant énergiquement toute réduction du contingent pour aider les efforts de son collègue des finances voulant combler un déficit de près de 56 millions de francs, ce projet, disons-nous, n'est plus qu'un squelette décharné, réduit par la commission parlementaire aux modestes proportions d'une loi sur l'avancement, laissant de côté tout ce qui concerne le service obligatoire, la division territoriale, etc.

En somme, personne n'aura été satisfait, et l'Espagne aura à attendre de meilleurs jours pour reprendre dans de meilleures conditions, le programme des réformes dont tous les patriotes acceptent l'impérieuse nécessité.

Les hommes d'action dans les divers partis politiques ne font pas défaut, pour satisfaire dans des conditions différentes, il est vrai, ce besoin de réorganisation militaire.

Les conservateurs pensent reprendre le général Cassola. M. Martos ou M. de Romero Robledo comptent sur Lopez Dominguez, le neveu du général Serrano, servi par de brillantes qualités et une ambition démesurée. Martinez Campos, le héros de Sagonte, illustration à son déclin, attendant le dernier honneur qui puisse lui être conféré, la grandeur promise par Alphonse XII, incline vers M. Canovas y Castillo, apportant au groupe le prestige non encore complètement effacé de sa grande personnalité.

Les trois partis qui se disputent le pouvoir, ont ainsi chacun leur général.

La triste affaire du 19 septembre 1886, dans laquelle le général Villacampa a pu seul être compromis a montré au parti républicain que le temps des *pronunciamentos* était passé.

Cette étude sur la qualité de l'Espagne comme puissance militaire serait incomplète, si je ne consacrais pas quelques pages à la marine qui, elle aussi, a son chapitre des *Reformas de marinas*.

Le souci de bien établir combien en la matière mon impartialité est grande, me porte à une appréciation étrangère. Au moment où l'incident des Carolines menaçait de faire naître un conflit entre l'Espagne et l'Allemagne, de nombreux journaux de la péninsule ont publié des renseignements sur la marine nationale. Entre autres un article de l'*Epoca* se résumait ainsi :

Effectif de la flotte 145 bâtiments, 515 canons avec un personnel de 637 officiers et 14,000 marins. L'infanterie de marine compte 376 officiers et 7,043 soldats.

Les bâtiments ont, pour la plupart, été achetés en France et en Angleterre. Le plus important de ces bâtiments, le *Vittoria*, a été acquis à Londres en 1868.

Au mois de septembre de cette même année, un organe spécial anglais, publiait l'article suivant que la *Gazette de Voss* ne désapprouvait pas :

« La conduite pleine de prudence du cabinet (espagnol) impressionne désagréablement la marine et, on dit même que le ministre de la marine aurait offert sa démission. Les officiers de la flotte doivent pourtant être les premiers à ne pas ignorer combien à tous les points de vue la marine espagnole est inférieure à celle de l'Allemagne, et qu'un combat de leurs vieux et impropres bâtiments contre les navires de leur adversaire aurait pour eux une tragique issue. La marine espagnole est inférieure par ses constructions, son artillerie et l'instruction de ses équipages. L'Allemagne est en situation d'assurer en peu de jours une flotte de cuirassés, de croiseurs, de torpilleurs, que ni la France ni l'Angleterre n'ont le droit de mésestimer. Nous ne voulons en rien humilier la marine espagnole, mais comme observateurs impartiaux (??) nous ne pouvons que conseiller à l'Espagne d'éviter un conflit qui, au début peut-être, pourrait être préjudiciable au commerce allemand mais qui se terminerait par l'anéantissement complet de la marine espagnole. »

La presse politique anglaise donnait dans la même note. Qu'il me suffise de rappeler ici un article du *Morning Post* « *The german and spanish navies compared* » que nous analyserons :

L'Allemagne s'est constamment tenue à hauteur du progrès, l'*Espagne* est demeurée stationnaire. Le plus fort cuirassé espagnol porte des plaques de 150 millimètres; l'Allemagne en possède deux avec 305 millimètres, 6 avec 254 millimètres, 2 avec 235 millimètres, 11 avec 203 millimètres. Les plus faibles ont 114 millimètres.

La flotte allemande porte 540 canons; les plus forts calibres sont de 30 cent. 5, les pièces de 26, 25,

21 centimètres, même celles de 17 et 15 centimètres perforeraient à 2,000 mètres les cuirassés espagnols. La flotte d'Espagne à 479 canons ; les plus forts sont de Armstrong de 10 centimètres.

L'Allemagne possède 27 cuirassés, l'Espagne 7 seulement. »

Je ne veux pas perdre mon temps à relever les exagérations artificielles de ces articles, écrits dans des antichambres par de plats valets. Je préfère dire brièvement les très louables efforts faits en ces dernières années pour la réorganisation de la marine, antérieurement déjà, mais surtout depuis la loi du 12 janvier 1887, dite *loi de construction de l'escadre nouvelle*.

Le général Béranger promoteur de la loi, ambitionnait avant tout d'attribuer à cette organisation un caractère essentiellement définitif et, donnait par suite un grand développement à la construction des torpilleurs.

Son programme élaboré avec l'assistance du conseil de la marine (consejo de gobierno de la marina) portait en substance trois types de constructions :

1° Bâtiments de combat, type de croiseurs de bonne vitesse (15 à 18 nœuds) ; armement 2 pièces de 28 centimètres. Ce groupe plaçait la marine espagnole à la tête de celles de deuxième rang. Il devait comprendre 8 bâtiments au nombre desquels le *Pelayo* construit à la Seyne et récemment livré (cuirassés en acier de 9,900 tonneaux ayant filé 15,76 nœuds au tirage naturel et comprenant dans son armement 2 pièces de 48 T., 2 pièces de 38 T., 12 pièces de 12 centimètres, 21 canons-revolvers.

2° Croiseurs de grande vitesse (bâtiments de course) pour faire la chasse à la marine marchande de l'ennemi; 8 de première classe, 7 de seconde, et 40 de troisième. Les croiseurs de première classe doivent avoir 95 mètres de longueur, 4,300 tonnes de déplacement et une vitesse 18 nœuds. Ils doivent être armés de 4 pièces de 20 centimètres, 6 de 12 centimètres et de canons-revolvers.

3° Groupe destiné à la protection des côtes : 150 torpilleurs et autres bâtiments, tels que batteries flottantes dans le genre du *Duque de Tetuan* au Ferrol.

L'amiral Arias, successeur du général Béranger, a fait modifier par un décret de la régente la loi de construction d'escadre nouvelle et cette décision a provoqué entre lui et son prédécesseur, un débat curieux, duquel le ministre de la marine s'est néanmoins tiré avec une vote de confiance lui accordant un crédit de 253 millions.

Le général Béranger, sacrifiant les théories qui lui sont chères, regrettait surtout la lenteur que ces modifications allaient apporter à la réorganisation de la flotte.

L'amiral Arias ne pouvait que difficilement se défendre de ces reproches. Il a toutefois fourni de très valables explications en exposant la ferme intention du gouvernement de favoriser avant tout l'industrie nationale.

Son projet porte création de : 6 croiseurs de 6.500 à 7.000 tonnes.

20 croiseurs.

30 torpilleurs.

Le projet bien décidé de ne faire construire qu'en Espagne est fort louable et en partie justifié par l'expérience. L'Espagne ayant été trop souvent mal servie par les constructeurs étrangers (anglais).

Ainsi, le fameux chasse-torpille *Destructor* construit en Angleterre en 1887, et qui avait été mis à la disposition de la reine pendant son séjour à San Sébastien, est aujourd'hui relégué comme une épave au Ferrol — les deux croiseurs-torpilleurs *Ile-de-Cuba* et *Ile-de-Luzan* (1.600 chevaux, 2.400.000 francs, 6 pièces de 12 Hontoria, 4 Hotschkiss, 9 Hordenfeld, 3 tubes lance-torpilles), fournis par la maison Armstrong n'ont été acceptés par l'amirauté que parce qu'il était impossible de faire autrement.

Actuellement l'Espagne fait construire dans ses trois forts de guerre, Carthagène, Cadix et Ferrol ; elle s'est entendue en septembre avec la maison hispano-anglaise, Martinez-Rivas-Palmer à Bilbao, pour la construction de 3 croiseurs avec production même pour les machines, uniquement espagnole. Un quatrième croiseur et des bâtiments de moindre importance ont été commandés à Cadix, et 24 torpilleurs ont été commandés à la maison La Grana au Ferrol.

Au résumé la marine espagnole subit actuellement une très heureuse crise de transformation, qui sous peu la portera **très** en avant des marines des Etats de second ordre. Nous la faisons figurer dans le tableau ci-après.

I. — CUIRASSÉS D'ESCADRE.

Le *Pelayo*.

A ajouter bâtiments d'ancienne construction, datant de 1861-1869.

Numancia (fer), *Vittoria* (fer), *Jaragoza* (bois), *Sagunto* (bois), *Mendez-Numez* (bois); sauf *Vittoria* qui a onze nœuds, les autres ont au plus, une vitesse de huit nœuds.

II. — CROISEURS.

a). Croiseurs cuirassés;

La *Reina Régente*, lancé en Angleterre en 1887, le *Don Alphonso XIII*, le *Lepanto*, en construction en Espagne. Ces bâtiments de 4.800 tonnes et du même type. La *Reina Regente* avec 778 chevaux, a donné vitesse de 18,68 nœuds. A tirage forcé 20,63, même 22 nœuds. Armement, 4 pièces de 24 centimètres, 6 de 12 centimètres, et de 18 canons-revolvers.

b). Croiseurs torpilleurs :

18, le plus ancien date de 1881, et plusieurs sont encore en construction :

Castilla, *Navarra*, *Alphonse XII*, *reina D. Cristina*, *reina D. Mercédès*, *isla de Cuba*, *isla de Luzan*, etc.

c). Canonnières :

18, datant en majeure partie de 1885 et 1886 :

Filipinas, *Magallanes*, *Général Concha*, *Général Lego*, *N.-S. del Carmen*, etc.

Les bâtiments de ces trois catégories remplaceront les neuf bâtiments, tels que l'*Aragon*, le *Jorge-Juan*, le *Fanchez Barcaiztegni*, etc.

III. — TORPILLEURS.

12 en service : *Ariete*, *Rayo*, *Halcon*, *Azor*, *Habana*, *Ejercito*, *Orion*, *Acevedo*, etc.

28 en construction
{ 3 de 450 à 500 ton., type Tallerie.
{ 4 type Ariète.
{ 20 de 60 a 70 tonnes, type Ejercito.

IV. — TRANSPORTS.

3 actuellement en service.

La marine de guerre peut trouver dans la flotte marchande et auprès des compagnies de navigation de très bons auxiliaires; — pour ne parler que de la flotte à vapeur, celle-ci comprend : 432 bâtiments représentant 397.837 tonneaux. — 145 vapeurs sont de plus de 100 tonnes et 97 de 500 à 1.000; l'inscription maritime donne 85.000 hommes.

LE TRANSPYRÉNÉEN ET LA QUESTION DU MAROC

Deux questions intéressantes pour nous doivent compléter notre étude sur l'Espagne.

Nous voulons parler du transpyrénéen et de la question du Maroc.

La question du transpyrénéen est depuis de longues années déjà à l'ordre du jour, et il est désirable dans l'intérêt des deux peuples qu'elle se réalise sans beaucoup tarder. Cette question a été tellement étudiée qu'il est superflu d'entrer dans une discussion technique. Qu'il nous suffise de la rappeler dans son état actuel.

Il y a de fâcheuses divergences de vues entre les deux gouvernements et chacun fait prévaloir ses propres intérêts. L'Espagne préconise la percée par *Canfranc* pour desservir les intérêts vinicoles de l'Aragon, et aussi, avec l'arrière-pensée de se gagner les faveurs des populations de ces provinces. C'est dans ces intentions que M. Sagasta a fait voter, le 29 mai dernier, la loi accordant une subvention kilométrique de 40.000 à ce tracé, subvention s'ajoutant à celle de 60.000 francs déjà consentie par la loi du 5 janvier 1882.

La ligne de Canfranc serait ensuite complétée

par celle de Soria, Castepon-Pampelune, évitant ainsi pour se rendre à Madrid, le grand détour par Miranda, Burgos et Valladolid.

La France accorde ses préférences au tracé par la vallée de la Nogueria-Palaresa, et un député M. Ascaradi a très justement fait ressortir que le gouvernement français s'était engagé à ne prendre sa part à la perforation du tunnel international de Canfranc, que si le gouvernement espagnol commençait simultanément les travaux dans la vallée de la Nogueria-Palaresa. Par suite une entente préalable est indispensable entre les deux gouvernements. Nous croyons savoir que cette entente ne tardera pas à se réaliser et qu'alors, de part et d'autre les travaux seront activement poussés sur les deux versants du Somport.

Jusqu'en 1884, l'influence anglaise qu'elle se manifestât par persuation ou intimidation, était prépondérante à la cour shérifienne.

Les Allemands, malgré tous les efforts de leurs missions commerciales et militaires n'ont pu réussir auprès de Mouley-el-Hassan-el-Taffilali, et, impuissants à lutter seuls, ils ont dû appeler à leur aide, une mission militaire italienne spécialement chargée de l'installation d'une manufacture d'armes.

Jusqu'à présent, malgré de pressantes démarches encore renouvelées au mois de février de cette année, l'Allemagne n'a pu réussir à se faire céder la station maritime qu'elle convoite entre le cap Tres Forcas (Melilla) et l'embouchure de la Moulaya, ou aux îles

Chaffarines, ou encore, mais c'est un pis aller, en face de Mogador. L'Allemagne n'a guère été plus heureuse dans ses entreprises commerciales, en dépit des subventions clandestinement accordées par des chambres de commerce ou des sociétés dans le genre de celle : Gesellschaft Zur Beforderung Uber-Seeischer Handels-Verbindungen.

Quant à notre mission militaire, malgré la valeur personnelle, l'énergie et la bonne volonté de quelques-uns des officiers qui la composaient, elle était trop mal dirigée et trop insuffisamment protégée par le précédent ministre de France à Tanger pour pouvoir prétendre à de bons résultats.

La mission une fois réorganisée et lorsque M. Patenôtre aura pris langue, nous pouvons espérer reconquérir au Maroc, une partie de l'influence qui nous y est légitimement due.

En attendant, l'Espagne est de toutes les puissances la seule ayant des intérêts sérieux engagés au Maroc.

La population européenne des villes est exclusivement espagnole, et l'influence qu'elle exerce sur cette partie de l'Afrique septentrionale ne date pas seulement de la mémorable campagne du cardinal de Sisneros, il y a quelque 378 ans. Seule, l'Espagne pourrait légitimer son droit d'intervention dans la crise à la veille de s'ouvrir.

L'Espagne a déjà montré à toutes les époques, en 1859-60 notamment, comment elle entendait affirmer et soutenir ses droits incontestables, sinon incontestés.

En 1859, comme elle se préparait à le faire en

octobre 1887, elle a commencé à former à Algésiras, à Cadix, à Malaga et à Antequerra des corps d'observations destinés tout d'abord à renforcer ses présidios : Ceuta, Alhucémas, Penon de Veley et Melilla.

Ce renforcement des garnisons espagnoles, pour la prompte exécution duquel sont rédigées des instructions confidentielles, est une première opération légitimée par le droit d'assurer une effective protection à la population entièrement espagnole de ces cités de la Barbarie.

L'action militaire peut malheureusement être obligée de s'étendre davantage, entre autre cas, si besoin était fait à l'Espagne de saisir des gages pour soutenir ses négociations diplomatiques.

Melilla est le port du *Rif*, mais les opérations militaires dans cette Kabylie marocaine ne sont nullement admissibles.

Tanger, siège du corps diplomatique et la seule ville pourvue d'une petite colonie européenne non exclusivement espagnole est à éviter pour ces raisons, et pour d'autres encore, au nombre desquelles je ne comprends toutefois pas les prétendues fortifications de la ville.

Reste *Tétouan*, qui peut être attaqué directement par un débarquement à Sainte-Marie, à trois heures de marche de la place à laquelle conduit la vallée de l'Oued Arouali. A moins de ne pouvoir faire autrement, les Espagnols renonceront sûrement à la voie de terre cheminant de Ceuta (deux petites journées) à travers les bosselures de l'Anjora.

Tétouan aux mains des Espagnols est déjà une

première compensation qui peut contraindre les Marocains aux satisfactions revendiquées. S'il était nécessaire d'étendre les opérations il faudrait se résoudre à marcher sur Fez.

Fez peut être atteint en quatre jours après un débarquement à Rabat.

Une campagne rigoureusement conduite ajouterait à l'expédition Rabat-Fez, la marche Sainte-Marie-Tétouan, en y joignant l'occupation d'*Arcila* et de *Larache* qui permettrait de menacer *El-Ksar-el-Kébir* à une journée et demie de la côte, ville de 12 a 15,000 habitants, très importante par sa situation entre Tanger et Fez, et commandant à l'ouest les défilés du *Rif*.

Et maintenant si l'on me demande quel compte je fais dans tout cela de l'armée shériffienne, je répondrai qu'il vaut autant ne pas en parler. Elle est inférieure. La campagne de l'empereur, au printemps de cette année, contre les tribus insurgées, l'a établi une fois de plus, et elle est, dis-je, de beaucoup inférieure aux contingents indisciplinés, non organisés, mais braves, des tribus qui ne reconnaissent que difficilement l'autorité du sultan[1].

---

[1] Les tribus berbères du Rif (les Amarzigs) ne sont que normalement soumises à l'autorité des souverains du Moghreb. Le plus souvent, des expéditions militaires sont nécessaires pour faire rentrer les impôts. Quant aux berbères du Souss (les Schleux), Mouley-el-Hassan a à peu près réussi par ses expéditions de 1882 et de 1886 à leur imposer des caïds de son choix, et à étendre sa domination jusqu'aux confins du Sahara.

XV
PORTUGAL

PORTUGAL

Le Portugal est très certainement le seul pays d'Europe que sa situation géographique mette, heureusement pour lui, à l'abri des convulsions qui, un jour ou l'autre, peuvent bouleverser le vieux monde. Néanmoins le petit royaume auquel nous attache de si étroites sympathies, n'a pas voulu se complaire dans une indolente sécurité. Il a travaillé et beaucoup travaillé pour parfaire son organisation militaire. Nous n'avons donc pas le droit de l'exclure de l'étude d'ensemble que nous consacrons aux diverses armées européennes.

Une loi organique toute récente, elle date du 12 septembre 1887, modifiant celle du 31 octobre 1887, a fait subir à l'armée portugaise une importante évolution, par l'adoption du service obligatoire et personnel, sauf toutefois en ce qui concerne les colonies où l'on admet encore la tolérance du remplacement.

Le jeune homme incorporé dans sa vingtième année sert trois ans dans l'armée active, cinq ans dans la première et quatre ans dans la seconde réserve (marine six ans d'activité et trois ans de réserve).

Les dispensés du temps de paix sont classés pendant douze années dans la seconde réserve.

Le contingent annuel qui est encore de 13,000 hommes, mais doit être porté à 15,000 hommes à partir de 1890, permet l'entretien sur le pied de paix d'une armée de 21 à 22,000 hommes, ainsi composée :

Infanterie : 24 régiments de ligne et 12 régiments de chasseurs à 2 bataillons actifs et un cadre de bataillon de dépôt.

Total 72 bataillons actifs et 36 bataillons de réserve, soit 108 bataillons, auxquels on peut encore ajouter 36 bataillons de dépôt à former à la mobilisation, en grande partie avec des hommes non instruits.

L'infanterie est armée d'un excellent fusil à répétition du calibre de 8 millimètres.

La cavalerie : 10 régiments à 3 escadrons actifs et 1 cadre d'escadron : 5,840 chevaux.

Les deux premiers régiments portent la dénomination plus spéciale de lanciers de Victor Manuel et de lanciers de la reine.

L'artillerie : 3 régiments d'artillerie divisionnaire à 8 batteries (pièces Krupp) ;

3 régiments d'artillerie de corps à 6 batteries (1 régiment incomplet).

1 régiment de batteries de montagnes à effectif réduit.

Soit 48 batteries montées et 6 batteries de montagnes.

- Enfin, deux régiments d'artillerie de forteresse à 2 bataillons actifs et une compagnie de réserve plus des détachements spéciaux aux Açores et à Madère.

Le génie est représenté par un régiment à 2 bataillons et un cadre de bataillon de dépôt.

Ce régiment satisfait par sa composition à toutes les exigences techniques de l'arme.

L'armée portugaise ainsi établie peut aisément fournir à la mobilisation :

156.000 hommes. { 104.000 h., armée d'opérations (active et sa réserve). 32.000 h. de troupes pour les services sédentaires (2ᵉ réserve, hommes instruits).

Enfin, douze classes non instruites de la deuxième réserve, soit 130,950 hommes.

Cette courte étude de l'organisation militaire du Portugal m'est grandement facilitée par un remarquable ouvrage « *A Fortificacao dos Estados a adefega de Portugal* » par M *Sebastiano Telles*, alors capitaine d'état-major et aide de camp de l'infant don Auguste.

Nous avons le grand avantage de trouver dans ce volume, outre les vues personnelles de l'auteur, l'historique des procédés suivis en Portugal pour la définition de son système défensif : étude très attentive des lignes de *Torres-Vedras*, d'après les mémoires de *J.-T. Jones* avec les modifications et perfectionnements du général *J.-L. Silva Costa* (1852); travaux et propositions du comité de défense (1859-66); travaux dus à l'initiative privée : *Le Portugal et son armée*, *Silva Bruschy*; *Etude sur la défense du pays*, *par le capitaine Osono de Vasconcellos*, 1869 ; *Essais sur la défense du Portugal*, par le général *José de Ckelmicki* (1878) ; enfin, les si recommandables *Méditations militaires* du colonel *Cuaha Vianna*.

On peut, avec le général *Silva Costa*, partager géographiquement le royaume en trois zones dont la plus importante au point de vue militaire, est la zone centrale, entre le *Douro* et une ligne tracée par *Elvas* la *Serra d'Ossa* et le cours du *Sado*. Cette zone renferme l'objectif essentiel, la capitale.

Trois voies livrent accès à cette zone rendue fameuse par les campagnes de Masséna. Celle d'Almeida-Coïmbre, par la vallée du Mondego (Beira-Alta); celle par Castello-Branco (Beira-Baixa) sur Thomar ou Abrantès, direction suivie par Wellington se rendant au champ de bataille de Talavera; celle de l'Alemtejo sur la rive gauche du Tage.

De ces trois directions, la première et la deuxième ont seules une importance relative. Elles conjuguent leur action pour conduire à Lisbonne par les deux rives du Tage.

C'est donc dans la région entre le Mondégo et le Tage, et sur la rive gauche du fleuve, que doit se concentrer toute l'activité de la résistance; l'arène plus exactement définie conduit son tracé : cours du Mondego, ligne tracée de Coïmbre par la Serna de Louza, cours du Zagère jusqu'à son confluent, le Tage jusqu'à Santarem, puis une délimitation conventionnelle de Santarem par Palmella à Sétubal.

Afin de garantir aux divisions concentrées dans la zone ainsi définie, une bonne pratique de la *défensive offensive* il peut être nécessaire de préparer des points d'appui des positions de recueillement, en arrière des forts d'arrêt obstruant les principales zones d'accès.

— *Porto*, *Celarico* ou *Guarda* dans le Beira-Alta, *Estremoz* ou *Evora* dans l'Alemtejo, semblent être les stations à choisir, pour l'assiette de ces camps retranchés dans le style provisoire. Il ne paraît pas nécessaire d'en établir dans la Beira-Beixa.

Dans la zone de concentration même, *Tancos* et *Santarem* sont à fortifier, *Coïmbre* doit être tout au moins en style provisoire.

Ces places couvrent en effet les approches du camp retranché de Lisbonne, dont l'opportunité est admise sans aucune discussion.

Le tracé général des ouvrages du camp retranché suivra probablement la première ligne de Torrès Vedras, par les cours du *Sizandro-Pobral* et *Alhandra* pour aboutir à Pova. Sur la rive gauche, le tracé différerait très peu de celui proposé par le colonel Cunha-Vianna de *Moita* par *Palmella* à *Setubal*.

Lisbonne enfin est armé en réduit central par une ceinture de protection appuyée à gauche au fort *Saint-Jullien*, à droite à *Sacavem*, le centre sur les hauteurs de *Cartaxo*.

Sur la rive gauche du Tage, les hauteurs d'*Alfeite* et de *Chibata* appuient la première ligne de défense.

Telles sont les grandes lignes du système devant assurer au Portugal, si jamais l'éventualité se produisait, la défense de son territoire.

Nous n'avons plus que quelques mots à consacrer aux *défenses maritimes.*

Lisbonne, Setubal, Cascaes, Peniche et *Porto* sont les points qu'il importe le plus de mettre à l'abri de toute tentative de débarquement. On y emploiera les moyens ordinaires de défenses maritimes, sauf peut-être pour *Porto* que sa qualité de seconde ville du royaume, sa grande importance commerciale, font vivement désirer voir plus complètement défendue.

Quelques écrivains, entre autres, le général *Chelmick* et *Osorio de Vasconcellas*, ont préconisé l'établissement à Porto d'un camp retranché ; mais on craint de compromettre par une division des masses, le principe si substanciel de la défense concentrée.

Quant à la marine du royaume, comme on l'a définie avec beaucoup de raison : « Grands souvenirs, faible par le nombre, mais formée par d'excellents et vaillants éléments, » le principal cuirassé est le *Vasco de Gama* qui date de 1876. Puis viennent sept corvettes qui s'échelonnent de 1858 (*Sagros* et *B. Diaz*) à 1884 (Alphonso de Albuquerque). Ces bâtiments, sauf le dernier qui file 13 nœuds, ont une vitesse de 10 à 11 nœuds.

Plus 13 canonnières, de construction récente armées d'une grosse pièce Armstrong.

Enfin, une escadrille spéciale de torpilleurs comprenant avec l'*Espadarte* et la *Fulminante*, quatre autres bâtiments commandés en Angleterre, est spécialement affectée à la défense de l'estuaire du Tage.

Rappelons à titre de simple mémoire, que les parties les plus importantes du riche empire colonial que possède le Portugal, entretiennent des forces particulières payées par leur propre budget.

Nous aurons occasion de constater dans un volume qui doit faire suite à celui-ci, combien est considérable et hors de toute proportion avec l'importance militaire de la mère patrie, la situation politique et économique que le Portugal doit au delà des mers à la prospérité et à l'avenir de ses possessions coloniales.

TABLE DES MATIÈRES

Préface 1
Avant-Propos. 1
I. Russie. 3
II. Autriche-Hongrie. 63
III. Turquie. 101
IV. Roumanie 131
V. Bulgarie et Roumélie orientale 151
VI. Serbie. 163
VII. Grèce. 173
VIII. Angleterre. 185
     Très court résumé de la question d'Orient. 213
     La Perse 218
IX. Danemarck. 225
X. Pays-Bas. 245
     Luxembourg. 259
XI. Belgique. Question des langues : le français,
     le flamand, l'allemand. 284
     La question des canons. 288

XII.	Suisse	203
	La neutralité du Chablais et du Faucigny.	308
XIII.	Italie	313
XIV.	Espagne	365
XV.	Portugal	393

ÉVREUX, IMPRIMERIE DE CHARLES HÉRISSEY

Collection in-18 jésus à 3 fr. 50

DOCTEUR S. BASCH
Maximilien au Mexique . . . 1
NAPOLÉON BONAPARTE
Œuvres littéraires, 2ᵉ édit. . . 4
EUGÈNE BONTOUX
L'Union générale . . . 1
ELEMIR BOURGES
Sous la hache, 2ᵉ édit. . . 1
Le Crépuscule des Dieux . . . 1
CHTCHEDRINE
Ces Messieurs Golovleff . . . 1
AUGUSTE CHIRAC
L'Agiotage sous la troisième République, 3ᵉ édition . . 2
La Haute Banque et les Révolutions . . . 1
ALBERT CIM
Institution de Demoiselles, 6ᵉ éd. 1
La petite Fée, 2ᵉ édition . . 1
Deux Malheureuses, 5ᵉ éd. . . 1
HENRI CONTI
L'Allemagne intime, 4ᵉ édit. . . 1
PAUL DARRAS
Causes célèbres de la Belgique 1
EDOUARD DRUMONT
La Fin d'un Monde . . . 1
FIDUS
La Révolution de Septembre . . 1
LÉONCE GRASILIER
Causes célèbres de l'Angleterre . 1
GUY-VALVOR
Ме Fille, 2ᵉ édit. . . . 1
Oiseau bleu . . . 1
JULES HOCHE
Le Vice sentimental, 2ᵉ édit. . 1
La Fiancée du trapèze, 2ᵉ éd. . 1
Causes célèbres de l'Allemagne . 1
LÉON HUGONNET
Chez les Bulgares, 2ᵉ édition . . 1
HENRIK IBSEN
Théâtre . . . 1
JEAN LAROCQUE
1871, souvenirs révolutionnaires . 1
JACQUES LE LORRAIN
L, 2ᵉ édition . . . 1
CAMILLE LEMONNIER
Noëls Flamands, 2ᵉ édition . . 1
Les Peintres de la Vie, 2ᵉ éd. . 1
Le Mâle, édition définitive . . 1
Ceux de la glèbe . . . 1
JULES LERMINA
Nouvelles histoires incroyables . 1
LERMONTOFF
Un Héros de notre temps . . . 1
PAUL THEUREUX
Hôtel Pigeon, 2ᵉ édition . . 1
JEAN LOMBARD
Agonie . . . 1
JEAN LORRAIN
Sonyeuse, 2ᵉ édition . . 1
Très Russe, 3ᵉ édition . . 1
FRANÇOIS LOYAL
Espionnage allemand en France 1
PAUL MARGUERITTE
Tous Quatre, 2ᵉ édition . . 1
Confession posthume, 2ᵉ éd. . 1
Maison ouverte, 2ᵉ édition . . 1

JULIEN MAUVRAC
L'Amour fantaisiste . . . 1
GEORGES MEYNIÉ
L'Algérie Juive, 5ᵉ édition . . 1
Les Juifs en Algérie, 3ᵉ éd. . . 1
LADISLAS MICKIEWICZ
Adam Mickiewicz, sa Vie & ses Œuv. 1
GEORGES MOORE
Confessions d'un jeune Anglais 1
MUSTEL
Rallye-Bot, 3ᵉ édition . . . 1
FRANÇOIS DE NION
L'Usure . . . 1
NARCIS OLLER
Le Papillon, préface d'ÉMILE ZOLA 1
ISA G. PAVLOVSKY
Souvenirs sur Tourgueneff . . 1
PARIA KOBIGAN
Le Tréfonds . . . 1
J. PENE-SIFFERT
La Marine en danger . . . 1
PEREZ GALDOS
Dona Perfecta, 2ᵉ édition . . 1
MARINA POLONSKY
Causes célèbres de la Russie . 1
EDGAR POE
Derniers Contes, trad. RABBE . . 1
TH. RECHETNIKOV
Ceux de Podlipnaïa, 2ᵉ édition . 1
EDOUARD ROD
L'Autopsie du docteur Z . . . 1
J.-H. ROSNY
Nell Horn . . . 1
Le Bilatéral . . . 1
L'Immolation . . . 1
LEON TIKHOMIROV
Conspirateurs et Policiers . . 1
La Russie politique et sociale . 1
COMTE ALEXIS TOLSTOÏ
La Mort d'Ivan le Terrible . . 1
COMTE LEON TOLSTOÏ
Ma Confession, 3ᵉ édition . . 1
Que Faire ? 3ᵉ édition . . . 1
Ce qu'il faut faire, 2ᵉ édition . 1
Dernières Nouvelles, 4ᵉ édit. . 1
Pour les Enfants, 3ᵉ édit. . . 1
L'École de Yasnaïa Poliana . . 1
La Liberté dans l'École . . . 1
COMTE N. TOLSTOÏ
La Vie . . . 1
JUAN VALERA
Le Commandeur Mendoza . . 1
VASSILI VERESCHAGIN
Souvenirs, ill. par l'auteur . . 1
A. VANDAM
Causes célèbres de l'Angleterre 1
J. VERDAGUER
L'Atlantide . . . 1
Le Canigou . . . 1
CHARLES VIRMAITRE
Paris qui s'efface, 2ᵉ édition . 1
Paris-escarpe, 9ᵉ édition . . 1
Paris-canard, 2ᵉ édition . . 1
Paris-boursicotier, 2ᵉ édit . . 1
Paris-palette, 2ᵉ édition . . 1
KALIXT DE WOLSKI
La Russie Juive, 3ᵉ édition . . 1

www.ingramcontent.com/pod-product-compliance
Lightning Source LLC
Chambersburg PA
CBHW070219240426
43671CB00007B/697